위험한 마약

All rights reserved. All the contents in this book are protected by copyright law. Unlawful use and copy of these are strictly prohibited. Any of questions regarding above matter, need to contact 나녹那碌.

이 책에 수록된 모든 콘텐츠는 저작권법에 의해 보호받는 저작물이므로 무단전재와 무단복제를 금합니다. 나녹那碌 (nanokbookcafe@naver.com)으로 문의하기 바랍니다.

위험한 마약

마약의 실태와 그 치명적인 영향에 대한 과학적 탐구

펴낸곳 | 나녹那碌
펴낸이 | 형난옥
지은이 | 정희선
편 집 | 형양자
내지 디자인 | 형양자
표지 디자인 | 고수진
초판1쇄 발행 | 2025년 5월 26일
초판2쇄 발행 | 2025년 7월 31일
등록일 | 제 300-2009-69호 2009. 06. 12
주소 | 서울시 종로구 평창21길 60번지
전화 | 02-395-1598 팩스 | 02-391-1598

ISBN 979-11-91406-28-3 93510

A Dangerous Drug

위험한 마약

정희선 지음

마약의 실태와 그 치명적인 영향에 대한 과학적 탐구

나녹
那碌

주요 마약류에 관한 필수 정보를 담은 책   머리글

마약이라는 분야에서 첫 발을 내디딘 지 어느덧 40여 년이란 긴 시간이 흘렀습니다. 돌이켜 보면, 1978년 국립과학수사연구소에 입사한 후 선배 선생님들이 백색 분말의 정체를 밝혀내던 그 순간을 옆에서 지켜보며 느꼈던 설렘과 긴장감이 생생합니다. 시간이 지나 처음으로 직접 마약 여부를 분석하며, 시약과 반응하여 나타나는 색 변화와 미세한 침전물의 형성에 신기해 하며 가슴 뛰었던 순간들은 지금도 마음 깊이 간직하고 있는 소중한 기억입니다.

1980년대 후반 우리나라는 메트암페타민(필로폰)의 급속한 확산으로 온 사회가 몸살을 앓았습니다. 다행히 국립과학수사연구소 약독물과에서는 이미 소변에서 필로폰을 검출하는 방법을 확립해 두었기에 신속하고 정확한 분석을 통해 마약 수사에 크게 기여할 수 있었습니다. 특히 필로폰 문제가 극심했던 부산과 마산 지역에서, 소변 샘플을 들고 매일 아침 비행기를 타고 서울로 올라와 제 출근을 기다리던 마약 수사관들의 모습이 생생하게 기억에 남습니다. 이 분들이 의뢰한 수많은 소변 샘플과 씨름하며 필로폰을 검출했던 나날들은 마약 전문가로 성장하는 계기가 되었을 뿐 아니라, 이 분야에 평생 헌신하게 만든 값진 경험이었습니다.

오랜 세월 마약과 관련된 연구와 강의를 하며 늘 아쉬웠던 점은, 전문적이면서도 일반 독자들도 접근할 수 있는 서적이 부족하다는 것이었습니다. 마약류의 종류가 방대하고 복잡하기에 모든 것을 담기는 어렵지만, 국내에서 많이 남용되고 국제적으로 문제가 되는 주요 마약류에 관한 필수 정보를 담은 책이 필요하다고 생각했습니다. 시의 적절하게 2022년 네이버의 요청에 따라 「정희선의 마약이야기」라는 프리미엄 콘텐츠를 쓰는 기회가 생겼습니다. 10분 이내에 읽을 수 있는 마약류에 대한 간단한 내용이었지만 마약류를 정리하는 기회가 되었습니다. 2023년부터 국내 마약 문제가 심각해짐에 따라 전문 서적의 필요성이 더욱 커졌고, 형난옥 대표님의 설득력 있는 제안에 드디어 마약 관련 전문서적을 준비하기 시작하였습니다.

2024년 현재 국내에서 규제되는 마약류는 마약 149종, 향정신성의약품 362종, 임시 마약 124종 등 총 600종에 달하기 때문에 본 서적에 담을 한정된 종류의 마약류를 선정하는 과정이 어려웠습니다. 선정 조건으로는 국내에서 남용이 문제가 되는 것과 국제적으로도 관심이 높은 마약류를 대상으로 하였습니다. 이 과정에서 국제법독성학회 회장, UNODC 포렌식 패널 활동 등을 통해 쌓아온 경험과 국내외 남용현황등을 참고하여 마약류 20종을 선정하였습니다. 20종이라고 하더라도 같은 부류에 속하는 다양한 약물과 신종 마약이 있어 실제 다루는 약물 수는 훨씬 많습니다.

책의 구성은 마약에 대한 기본적인 내용을 서문에 간단하게 싣고 이어 마약, 향정신성의약품, 신종 마약, 대마 순으로 서술하였습니다. 각 장에서는 독자의 이해를 돕기 위한 핵심 질문을 미리 제시하였습니다. 마약류에는 양귀비, 아편, 모르핀, 코데인, 헤로인, 코카인, 크랙코카인 그리고 최근 국제적 문제가 심각한 펜타닐까지 포함하여 약물의 역사와 특징, 작용 및 부작용 등을 설명했습니다. 더불어 독자의 흥미를 끌기 위해 아편과 셜록 홈즈의 관계, 모르핀 관련 범죄 사건, 코카인 밀반입 사례 등의 이야기도 곁들였습니다. 특히 펜타닐의 경우, 미국에서 2022년 한 해 동안만 76,226명이 사망하는 등 심각성이 매우 크기에 국내에서 대비할 수 있도록 원인과 문제점을 다루었습니다.

향정신성의약품으로는 메트암페타민을 비롯하여 LSD, 엑스터시, 물뽕(GHB), 프로포폴, 신경안정제, 수면제, 다이어트 약물, 기침약, 케타민을 대상으로 각 약물의 학술적 정보와 최근 사회적 관심을 끌었던 실제 사건들(대치동 마약 테러 사건, 버닝썬 사건 등)을 예시로 들어 독자의 흥미와 이해를 높이고자 하였습니다.

신종 마약 분야는 2000년대 후반 이후 사회적 이슈가 된 약물들을 중심으로 UNODC (UN마약범죄사무소) 모니터링 자료를 토대로 대표적 약물군인 합성대마, 펜에틸아민, 합성케치논, 피페라진, 트립타민, 알킬니트리트류 등을 소개하며 그 위험성을 간략하고 정확하게 전달하고자 했습니다.

마지막 장인 대마에서는 최근 합법화 추세가 증가하는 점을 반영하여 대마의 성분은 물론 헴프에 대한 내용을 포함하였습니다. 기호용과 의료용 대마의 형태, 규제 현황 및 의료적 효용성까지 포괄적으로 다루었습니다.

많은 마약류를 다 포함하지는 못했지만 이 책이 마약 문제 해결에 앞장서는 수사관들, 단속, 재활, 치료 및 예방을 담당하는 전문가들 그리고 관심을 갖고 계신 독자 여러분에게 의미있는 길잡이가 되기를 진심으로 바랍니다.

이 책을 마무리하며, 마약 수사를 지원하고, 과학적인 증거를 제공하기 위해 헌신하신 국립과학수사연구원 선후배님들께 깊은 감사의 마음을 전합니다. 대표로 책을 집필했지만 이분들의 헌신과 노고가 있었기에 가능했습니다. 또한 성균관대학교 과학수사학과 마약 포렌식 팀원들에게도 깊은 감사의 마음을 전합니다. 무엇보다도 이 책이 탄생할 수 있도록 기다려 주고, 지원해 주신 크리에이티브 콘텐츠기획&출판사 나녹의 형난옥 대표님께 깊이 감사드립니다. 끝으로 이 책이 나왔다고 하면 누구보다 기뻐하셨을 유영찬 소장님을 기리며 글을 마칩니다.

2025년 5월
지은이 정희선

차례

머리글/ 주요 마약류에 관한 필수 정보를 담은 책 5

서론 마약, 왜 못하게 할까

마약, 왜 못하게 할까 15
의약품 오남용의 경고 | 약물 남용의 정의와 사례
| 마약은 영어로 무엇이라고 할까? | 마약의 정의 | 마약의 의존성과 중독
| 마약의 사회적 영향 | 마약 사용의 치명적 결과 | 마약 규제의 필요성
| 국제적 마약 규제 역사 | 국내 마약 규제 역사 | 미국의 규제 역사

1장 양귀비에서 크랙코카인까지 다양한 마약의 종류

1 양귀비꽃이 품은 비밀, 아편 29
양귀비 | 아편

2 진통제의 왕, 모르핀의 과학적 분석 36
모르핀의 탄생

3 아편 속 다양한 마약 성분, 그 정체를 밝히다 42
아편 속의 다양한 마약 성분 | 코데인(Codeine) | 테바인(Thebaine)
| 파파베린(Papaverine)

4 헤로인이란 무엇인가 : 중독과 사회 문제 48
헤로인(Heroin)의 탄생 | 불법 헤로인은 어디에서 만들어질까?
| 헤로인의 작용 및 부작용 | 헤로인을 밀수하여 사형을 당하다

5 죽음의 약물, 펜타닐의 진실 56
펜타닐에 의한 사망 | 펜타닐은 무엇인가?
| 펜타닐 과다복용에 의한 사망의 원인 | 국내 펜타닐 패치 남용 사례
| 또 다른 합성 마약은 어떤 것이 있을까?

6 마약중의 마약, 코카인 67
코카인은 어디에서 만들어질까 | 코카인의 분리 및 남용
| 코카인의 작용 및 부작용 | 코카인을 사용한 유명 인사들
| 셜록홈즈와 코카인

7 코카인보다 더 무서운 마약, 크랙의 진실 75
크랙은 무엇인가? | 크랙코카인의 남용 추세 | 크랙의 제조 및 유통
| 크랙의 작용 및 부작용 | 크랙과 범죄

2장   향정신성의약품의 얼굴들

1 백색 가루의 유혹, 필로폰과 히로뽕의 진실 87

필로폰과 히로뽕 | 메트암페타민은 어떻게 생겼을까
| 메트암페타민의 국제적 사용 역사 | 국내에서 메트암페타민의 사용 역사
| 국내에서 메트암페타민을 제조하다 적발된 사례
| 메트암페타민의 작용 및 부작용 | 필로폰이 운전에 미치는 영향
| 메트암페타민과 인질극

2 증거는 남는다! 마약 검출의 과학 98

소변에서 마약검사 | 국내 최초 소변에서 메트암페타민 검출
| 모발에서 마약 검사

3 엘에스디란 무엇인가 : 환각제의 세계를 파헤치다 107

LSD의 탄생 | LSD의 형태 | LSD 작용 및 부작용 | LSD 관련 사건사례

4 엑스터시란 무엇인가? 댄스파티와의 위험한 만남 115

MDMA의 탄생 | MDMA의 생산지 | MDMA 제제의 형태
| MDMA의 국내유입 | MDMA의 작용 | MDMA의 부작용

5 무색 액체, 물뽕의 위험 123

물뽕은 무엇인가? | GHB 사용 역사 | GHB의 작용 및 부작용
| 국내 GHB 불법 제조 및 불법 유통사례 | GHB 복용 여부 판정의 어려움
| GBL(Gamma-Butyrolactone)의 작용 및 부작용

6 프로포폴: 두 얼굴의 약물 134

프로포폴은 무엇인가 | 프로포폴의 양면성 | 프로포폴의 중독 작용
| 프로포폴의 오남용 사례 | 프로포폴로 사망한 사람들
| 프로포폴로 인한 의료사고

7 신경안정제의 위험한 변신, 마취강도 사건의 진실 143

신경안정제는 무엇인가? | 벤조디아제핀류의 작용
| 벤조디아제핀류의 부작용 | 대표적인 벤조디아제핀류

8 환각 식물이란 무엇인가? 신비로운 식물의 세계 154

환각성 마약 식물 | 마약 선인장(Peyote)은 무엇일까?
| 환각버섯(Magic mushroom)은 무엇일까?
| 카트(Khat)는 무엇인가 | 크라톰(Kratom)은 무엇인가?

9 수면제의 대명사 바르비탈산 유도체류 165

바르비탈산 유도체는 무엇인가?
| 바르비탈산 유도체의 작용기전과 사용용도
| 바르비탈산 유도체의 중독증상 및 부작용
| 펜토바르비탈(Pentobarbital) | 페노바르비탈(Phenobarbital)
| 세코바르비탈(Secobarbital)

10 위험한 유혹: 청소년을 덮친 다이어트 약물의 그림자 174

비만 치료제가 다 마약일까? | 비만 치료제 종류와 사용 역사
| 향정신성의약품인 비만 치료제

11 기침약 남용, 미래를 앗아간 약물의 굴레 185

기침약에 의한 사망사건 발생 | 지페프롤은 무엇인가?
| 왜 지페프롤을 과량 복용했을까?
| 지페프롤과 덱스트로메토르판을 함께 투여하고 사망한 사례
| 덱스트로메토르판은 무엇인가?
| 덱스트로메토르판 과량 복용으로 인한 문제
| 지페프롤과 덱스트로메토르판관련 연도별 사망 사례

12 치료제에서 환각제로: 케타민의 두얼굴 194

케타민의 역사 | 케타민의 물리적 성상 및 작용 | 케타민의 부작용
| 불법 케타민 | 국내 케타민 남용 사례 | 국외 케타민 관련 사건
| 케타민에 의한 약물 운전 사건

3장 새롭게 나타난 신종마약과 그 종류

1 신종마약의 모든 것: 분류와 특징 한눈에 보기 207

신종마약의 분류 | 신종마약 명칭의 변화 | 신종마약의 특징

2 합성대마의 진화 역사부터 부작용까지 총정리 212

합성대마(Synthetic cannabinoids)

3 펜에틸아민류 이야기 218

펜에틸아민류(Phenethylamines)

4 합성 케티논 이야기 221

합성 케티논(Synthetic Cathinones)

5   피페라진류 이야기 225
      피페라진류(Piperazines)

6   트립타민류 이야기 227
      트립타민류(Tryptamines)

7   알킬니트리트류 이야기 229
      알킬니트리트류(Alkyl nitrites)

8   신종마약, 법으로 막는법: 주요 대응 전략 231
      임시마약류의 지정 | 포괄적 마약규제 및 유사물질 규제 체계 채택

4장　대마와 대마초:하나의 식물, 다양한 얼굴

1   대마초와 헴프의 과학:성장부터 산업적 활용까지 237
      대마초에 대한 이해

2   대마수지의 모든 것: 특성에서 생산지까지 한눈에 241
      대마수지(Cannabis Resin)란 무엇인가?

3   대마의 화학적 구성: 주요 화합물과 그 역할 244
      대마의 성분

4   액상 대마와 대마 카트리지: 국내로 스며드는 새로운 위험 246
      액상 대마는 무엇인가? | 대마카트리지는 무엇인가?

5   대마의 두얼굴: 규제속 의료용 대마의 가능성 249
      대마의 규제 현황 | 의료용 대마

참고문헌 253
용어해설 261
사진 출처 275

서론

마약, 왜 못하게 할까

마약, 왜 못하게 할까?

⦿ 의약품 오남용의 경고

'의약품의 오남용을 주의하십시오.' 누구나 한 번쯤 이런 문구를 봤을 것이다. 의약품을 용도에 맞게 쓰면 '사용(use)'이지만 용도를 잘못 사용하면 '오용(misuse)'이 된다. 병을 고치는 것이 아니라 비의약적 목적으로 사용할 때 이를 '남용(abuse)'이라 한다.

세계보건기구(WHO)는 남용의 위험성을 경고하고 있으며, 합법적으로 처방된 약물이라도 환자가 마음대로 사용하면 남용으로 이어질 수 있다.

⦿ 약물 남용의 정의와 사례

마약과 관련하여 꼭 알아 두어야 할 부분이 약물 남용이다. 약물 남용(Drug Abuse)이란 합법적인 의약적 목적과는 달리 다른 목적을 위해 약물을 사용하는 것을 의미한다. 예를 들어, 환각을 경험하기 위해 감기약을 복용하는 경우가 이에 해당된다. 약물 남용은 기분을 좋게 하거나, 흥분을 느끼고 싶거나, 자신을 다르게 보이거나, 꾸미기 위해 약물을 사용하는 것을 포함한다.

더 구체적으로 이야기하면, 우울한 기분에서 벗어나기 위해, 성적으로 매력적으로 보이기 위해, 또는 섹시하게 보이고자 약물이나 화학물질을 사용하는 것을 의미한다. 이는 단순히 치료를 위한 약물 사용이 아니라,

기분 전환이나 자기 이미지 변화를 목적으로 한 비합법적이고 부적절한 약물 사용을 말한다.

⊙ 마약은 영어로 무엇이라고 할까?

마약을 영어사전에서 찾아보면 'Dope', 'Drug', 'Narcotic'이라는 단어가 등장한다. 이 중 Drug은 우리가 생각하는 의미와 다르게 사용되고 있어 잘 알아두는 것이 필요하다.

'Drug'의 사전적 의미는 1. 불법적인 약물, 마약, 2. 의약품, 약으로 나뉜다. 우리나라에서는 주로 두 번째 의미인 의약품이나 약품을 가리킬 때 'Drug'를 사용한다. 그러나 다른 나라에서는 'Drug'이 마약을 의미하는 경우가 많아, 의약품을 말할 때는 'Medicine'이라는 단어를 사용하는 것이 안전하다. 예를 들어, 미국에서는 'Drug'이 주로 마약을 의미하므로 치료약을 뜻하는 'Medicine' 대신 'Drug'를 사용하면 큰 혼동을 초래할 수 있다. 미국의 마약 단속 기관인 마약수사청(Drug Enforcement Administration:DEA)의 이름에서도 'Drug'은 '마약'을 의미한다. 유엔의 마약범죄연구소도 'UN Office on Drugs and Crime'이라고 명명하여 'Drug'를 마약으로 표현하고 있다.

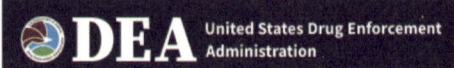

⦿ 마약의 정의

세계보건기구(WHO)에 따르면 마약은 약물 사용의 욕구가 강해 의존성이 생기고, 효과를 느끼기 위해 점점 더 많은 양을 사용하게 되는 물질이라고 한다. 또한 마약을 끊으면 견디기 어려운 금단증상이 나타나며, 개인 뿐 아니라 사회에도 해를 주는 물질이라고 정의한다.

마약에 속하는 약물은 1961년 UN의 단일조약에 의해 지정된 약물들이고, 1971년 UN 향정신성의약품 조약에 의해 규제되는 물질은 향정신성의약품에 속한다. 우리나라는 마약류 관리에 관한 법률에 따라 규제 약물을 지정하고 있다. 마약류라 함은 마약, 향정신성의약품, 대마, 임시마약류를 포함한다. 2024년 7월 현재 마약은 149종, 향정신성의약품은 362종, 대마 4종, 임시 마약류 124종이 규제의 대상이 되고 있다.

⦿ 마약의 의존성과 중독

마약은 아주 적은 양으로도 진통과 마취효과가 있어 오랫동안 의학적으로 사용되어 왔으나 정신적 의존성과 신체적 의존성을 모두 유발할 수 있다. 정신적 의존성은 담배처럼 몇 시간마다 약물을 사용하고 싶은 강한 욕구를 느끼는 상태를 말한다. 반면, 신체적 의존성은 신체이상이 생기는 상태로 중독(addiction), 금단현상(withdrawal symptom), 내성(tolerance)이 발생하는 것을 포함한다.

중독은 특정 약물에 대한 강박적인 의존 상태를 말한다. 마약 중독은 강박성, 내성, 금단현상, 지속성 등의 특징을 가지며, 코카인, 헤로인, 메트암페타민 등 불법 약물 사용이 주요 원인이다. 마약에 중독되면 마약 없이 견디기 어려워, 이를 얻기 위해 수단과 방법을 가리지 않고 필사적으로 행동하게 된다. 예를 들어, 절박한 상황에서 뜻대로 되지 않으면 폭언과 폭행을 하기도 한다.

금단현상은 약물 사용을 중단하여 몸속에 약물이 없을 때 나타나는 다양한 증상을 말한다. 이러한 금단현상은 기분이 나쁜 정도에서부터 생명을 위협하는 심각한 증상까지 다양하게 나타난다. 금단 증상은 사용한 약물의 종류, 투여량 및 방법, 다른 약물과 동시 사용 여부, 약물 사용의 빈도와 기간, 나이, 성별, 건강 상태 등에 따라 다르게 나타날 수 있다. 흔히 말하는 '약기운'이 떨어지면 불쾌감, 침울, 환각, 불면, 식욕 상실, 발한, 경련, 발작 등의 증상이 나타나며, 심한 경우 사망에 이를 수도 있다.

내성은 약물을 오랫동안 복용할수록 점점 더 많은 양을 필요로 하게 되는 현상이다. 예를 들어, '필로폰'이라 불리는 메트암페타민을 처음 사용하는 사람은 10~30㎎만으로도 각성 작용을 느낄 수 있다. 그러나 시간이 지나면서 같은 양으로는 효과를 느끼기 어려워지고, 점차 투여량을 늘리게 된다. 메트암페타민을 거래하는 사람들은 보통 1회 용량인 30㎎을 주사기에 넣어 거래하지만, 압수된 주사기에서는 30㎎의 10배 이상의 양이 발견되기도 한다. 메트암페타민 사용량을 계속 늘려 치사량인 2g까지 복용하면 매우 위험하다.

마약은 다른 의약품과 달리 자신도 모르는 사이에 정신적 의존성과 신체적 의존성이 생길수 있다. '중독이 되었다.'고 느끼는 순간, 이미 스스로 끊기 어려운 상태에 빠져버린다. 중독의 원인은 유전적, 환경적, 심리적 요인이 복합적으로 작용하며, 금단 증상을 완화하고 재발 방지를 위해서는 지속적인 관리와 사회적 지원이 필요하다.

⊙ 마약의 사회적 영향

2023년 대검찰청 마약류 범죄 백서에 따르면 10대와 20대 마약류 사범이 증가하는 추세를 보인다. 특히 마약류 사범 중 10대는 2000년에는 30명이었으나 2023년에는 1,477명으로 약 50배 가까이 증가하였다. 20대 마약류 사범도 2000년 1,658명에서 2023년 8,368명으로 약 5배 이상 증가하였다.

10대 중에서도 여성 청소년의 마약류 범죄가 많이 증가하고 있어 사회적인 관심이 요구된다. 10대 여성 청소년의 마약류 범죄 증가는 다이어트 약물 복용과 관련이 있다. 외모에 대한 사회적 압력, 또래 집단의 영향, 자기 이미지 변화에 대한 욕구, 그리고 심리적 스트레스 해소가 주요 원인으로 작용한다. 특히, 인터넷이나 주변 사람들을 통해 다이어트 약물을 쉽게 구입할 수 있다는 점이 큰 문제로 지적된다. 일부 청소년은 다이어트 약물이 불법인지조차 모르고 복용하기도 하며, 또래의 권유에 따라 복용하는 경우도 많다. 또한, 남성들의 권유로 불법 약물을 처음 사용하게 되어 중독되는 사례도 발생하고 있다.

청소년기 마약 중독은 심각한 문제이다. 청소년기는 신체적, 정신적으로 성장하는 중요한 시기이며, 마약은 뇌 발달에 영구적인 손상을 입힐 수 있기 때문이다. 또한, 청소년기의 마약 중독은 성인기까지 이어져 생산성 저하, 범죄, 그리고 사회 부적응을 초래할 가능성이 높다.

마약의 사회적 영향은 개인의 건강뿐만 아니라 사회 전반에 걸쳐 심각한 문제를 야기한다. 개인의 사회생활, 직업, 가정생활을 파괴하고 범죄에 노출될 가능성을 높인다. 또한 마약류 거래는 폭력, 범죄 조직, 자금 세탁 등과 연관되어 사회 안전을 위협한다.

⊙ 마약 사용의 치명적 결과

마약은 정신적, 육체적 피폐를 초래하며, 장기적으로도 치명적인 영향을 끼친다. 우리나라에서 가장 많이 남용되고 있는 메트암페타민의 예를 들어 보겠다. 메트암페타민은 원래 의약품으로 개발되었으나, 남용되면서 그 독성에 대한 연구가 활발히 이루어졌다. 이 약물은 심장과 뇌에 심각한 손상을 주며, 심장을 빠르게 뛰게 하고 혈압을 상승시켜 심장 발작이나 뇌졸중의 위험을 높여 조기 사망의 가능성을 크게 증가 시킨다. 또한, 메트암페타민은 뇌신경을 손상시켜 파킨슨병과 같은 신경 질환을 유발할 수 있으며, 장기간 사용 시 뇌 구조 변화를 일으켜 치매로 이어질 수 있다. 이러한 신체 손상과 다양한 합병증으로 인해 메트암페타민 사용자의 기대수명은 일반인보다 훨씬 짧다.

마약이 사람을 어떻게 파멸시키는지는 우리나라에서도 여러 차례 목격되고 있다. 대표적인 예로 대학 입학을 앞둔 학생이 친구와 함께 LSD를 복용한 후 환각 상태에서 어머니와 이모를 살해한 사건이 있었다. 이러한 사례는 마약이 개인과 사회에 끼치는 심각한 해악을 잘 보여준다.

⊙ 마약 규제의 필요성

마약 규제는 개인과 사회의 건강을 보호하기 위해 필수적이다. 마약은 심각한 신체적, 정신적, 사회적 문제를 유발하며, 범죄 증가, 가정 파괴, 경제적 손실 등을 초래한다. 마약으로 인한 부작용을 최소화하고 건강하고 안전한 사회를 유지하기 위해서는 규제가 필요하다.

⊙ 국제적 마약 규제 역사

국제적으로 마약을 규제하기 위한 노력은 오래전부터 시작되었다. 최초의 국제조약은 1912년의 헤이그 아편 조약이 있으며, 그 후 이 조약의 결함을 보충하기 위하여 1924년과 1925년에 스위스의 제네바에서 제1·2 아편 조약이 체결되었다.

그 후에도 제1·2차 세계대전을 거치면서 계속 보완적인 조약이 체결되면서 복잡해지자 UN 경제사회이사회의 마약위원회를 중심으로 단일조약 초안이 작성되었다. 이에 따라 1961년에 전 세계 73개국이 참가하여 '마약에 관한 단일조약(Single Convention on Narcotic Drugs)'을 채택하여 마약, 대마가 국제적으로 규제대상 리스트에 들어가게 되었다.

이후 1971년에는 향정신성의약품에 대한 조약이 체결되어 향정신성의약품을 4개의 부류로 나누어 규제하게 되었다. 1988년에는 마약을 합성하는데 사용되는 원료물질에 대한 조약이 채택되어 원료물질을 규제하게 되었다.

⊙ 국내 마약 규제 역사

우리나라는 1946년 군정법령 제119호(마약취체령 1946년 11월 11일)에 의해 마약 관리가 시작되었다. 1957년 4월 마약법이 제정됨에 따라 마약류 남용에 대해 대응하게 되었다. 1970년 8월 7일 습관성의약품관리법이 제정되어 습관성의약품 및 대마를 관리하였는데 대마가 성행하자 1976년 4월 7일 대마관리법이 새로 제정되었다.

1980년 습관성의약품 관리법을 폐지하고 향정신성의약품 관리법을 신규 제정하였다. 이후 2000년 1월 12일 마약법, 향정신성의약품 관리법,

대마관리법을 마약류 관리에 관한 법률로 통합해 마약류로 관리하게 되었다.

마약류 관리에 관한 법률은 마약류와 마약류 원료물질의 적절한 취급을 관리하여 오용 또는 남용으로 인한 보건상의 위해 방지와 국민 보건을 향상시키기 위해 제정되었다.

⊙ 미국의 규제 역사

미국은 1914년 아편류와 코카잎 제품의 생산, 수입, 판매, 운송을 규제하고, 과세하기 위해 허리슨 마약세법을 연방법률로 제정했다. 이 법은 미국에서 약물의 불법 사용을 금지하는 최초의 법률이었다. 이후 1937년에는 마리화나 세금법이 제정되었고, 1970년 통제물질법(Controlled substances act)이 도입되었다. 통제물질법은 약물을 5개 스케줄로 분류하여, 제조, 유통, 처방, 사용을 포괄적으로 규제할 수 있도록 했다. 이 법은 불법 약물 사용에 대한 법적 금지를 명확하게 하였으며, 규제되는 약물을 허가 없이 사용하는 것을 금지하고 있다.

마약류 관리에 관한 법률에 의한 마약, 향정신성의약품, 대마 알아보기

- **마약에는 어떤 물질이 속하는가?** 마약이란 다음 각 목의 어느 하나에 해당되는 것을 말한다.

  가. 양귀비: 양귀비과의 파파베르 솜니페룸 엘, 파파베르 세티게름 디시 또는 파파베르브락테아툼

  나. 아편: 양귀비의 액즙이 응결한 것과 이를 가공한 것 (의약품으로 가공한 것은 제외)

  다. 코카엽(葉): 코카 관목(에리드록시론 속의 모든 식물 포함)의 잎 (단, 엑고닌·코카인·엑고닌 알칼로이드를 모두 제거한 잎은 제외)

  라. 양귀비·아편·코카엽에서 나오는 모든 알칼로이드 중 대통령령이 정하는 것 (코카인 등 35종)

  마. 가목에서 라목까지 규정된 것 외에 그와 동일하게 남용되거나 해독 작용을 일으킬 우려가 있는 화학적 합성품 중 대통령령이 정하는 것 (펜타닐 등 101종)

  바. 가목과 마목에서 열거된 것을 함유하는 혼합물질이나 혼합제제

- **향정신성의약품에는 어떤 물질이 속하는가?** 향정신성의약품이란 인간의 중추신경계에 작용하는 것으로 이를 오용하거나 남용할 경우 인체에 심각한 위해가 있다고 인정되는 다음 각 목의 어느 하나에 해당하는 것으로, 대통령령으로 정한 것을 말한다.

  가. 오용하거나 남용할 우려가 심하고 의료용으로 쓰이지 아니하며

안전성이 결여되어 있는 것으로서 이를 오용하거나 남용할 경우 심한 신체적 또는 정신적 의존성을 일으키는 약물 또는 이를 함유하는 물질 (LSD 등 111종)

나. 오용하거나 남용할 우려가 심하고 매우 제한된 의료용으로만 쓰이는 것으로서 이를 오용하거나 남용할 경우 심한 신체적 또는 정신적 의존성을 일으키는 약물 또는 이를 함유하는 물질 (메트암페타민 등 44종)

다. 가목과 나목에 규정된 것보다 오용하거나 남용할 우려가 상대적으로 적고 의료용으로 쓰이는 것으로서 이를 오용하거나 남용할 경우 그리 심하지 아니한 신체적 의존성을 일으키거나 심한 정신적 의존성을 일으키는 약물 또는 이를 함유하는 물질(바르비탈 등 61종)

라. 다목에 규정된 것보다 오용하거나 남용할 우려가 상대적으로 적고 의료용으로 쓰이는 것으로서, 이를 오용하거나 남용할 경우 다목에 규정된 것보다 신체적 또는 정신적 의존성을 일으킬 우려가 적은 약물 또는 이를 함유하는 물질(알프라졸람 등 75종)

마. 가목부터 라목까지 열거된 것을 함유하는 혼합물질 또는 혼합제제. 다만, 다른 약물 또는 물질과 혼합되어 가목부터 라목까지 열거된 것으로 다시 제조하거나 제제할 수 없고, 그것에 의하여 신체적 또는 정신적 의존성을 일으키지 아니하는 것으로서 총리령으로 정하는 것은 제외한다.

- **대마는?** 대마란 다음 각 목의 어느 하나에 해당하는 것을 말한다. 다만, 대마초[칸나비스 사티바 엘(Cannabis sativa L)을 말한다. 이하 같다]의

종자(種子)·뿌리 및 성숙한 대마초의 줄기와 그 제품은 제외한다.

　가. 대마초와 그 수지(樹脂)

　나. 대마초 또는 그 수지를 원료로 하여 제조된 모든 제품

　다. 가목 또는 나목에 규정된 것과 동일한 화학적 합성품으로서 대통령령으로 정하는 것 (칸나비놀, 데트라하이드로칸나비놀, 칸나비디올이 속한다)

　라. 가목부터 다목까지 규정된 것을 함유하는 혼합물질이나 혼합제제

● **임시마약류는?** 식품의약품안전처장은 마약류가 아닌 물질·약물·제제·제품 등 (이하 "물질 등"이라 한다) 중 오용 또는 남용으로 인한 보건상의 위해가 우려되어 긴급히 마약류에 준하여 취급·관리할 필요가 있다고 인정하는 물질 등을 임시마약류로 지정할 수 있다.

　가. 1군 임시 마약류: 중추신경계에 작용하거나 마약류와 구조적·효과적 유사성을 지닌 물질로서 의존성을 유발하는 등 신체적·정신적 위해를 끼칠 가능성이 높은 물질

　나. 2군 임시 마약류: 의존성을 유발하는 등 신체적·정신적 위해를 끼칠 가능성이 있는 물질

　임시 마약류 지정 전에 예고한 임시 마약류(이하 "예고 임시 마약류"라 한다)에 대한 효력은 임시 마약류로 예고한 날부터 임시마약류 지정 공고 전날까지로 하며, 예고 임시 마약류를 임시 마약류로 지정하려는 때에는 3년의 범위에서 기간을 정하여 지정하여야 한다. 다만, 마약류 지정을 검토할 필요가 있는 임시 마약류에 대하여는 그 지정기간이 끝나기 전에 제3항에 따라 예고하여 임시 마약류로 다시 지정할 수 있다.

1장

양귀비에서 크랙코카인까지
다양한 마약의 종류

1
양귀비꽃이 품은 비밀, 아편

- 왜 마약하면 양귀비와 아편이 떠오를까?
- 우리 할머니가 심었던 그 빨간 꽃, 지금은 왜 불법이 되었을까?
- 태화강에 핀 꽃양귀비는 괜찮은데, 집에서는 왜 키울 수 없을까?

⊙ 양귀비

양귀비는 앵속(poppy)이라고도 부르는 한해살이 식물이다. 우리가 잘 아는 이 꽃은 5~6월에 피며, 선명한 빨간색으로 예쁘고 강렬하다. 지중해 연안에서 처음 기원한 것으로 알려졌으며, 아프리카 남단에서 러시아·아시아·북미까지 전 세계 곳곳에서 자란다. 양귀비 속(Papaver)에 속하며 약 70~100종이 알려져 있다. 주요 종은 마약류 양귀비(Papaver somniferum), 아이슬란드 양귀비(Papaver nudicaule), 동양 양귀비(Papaver orientale), 셔리 양귀비(Papaver rhoeas)가 있다. 마약류 양귀비는 지중해

양귀비 종류

마약류 양귀비	관상용 양귀비
파파베르 솜니페름 엘 파파베르 세티게름 디시 파파베르 브락테아툼	아이슬란드 양귀비 동양 양귀비 셔리 (개) 양귀비 캘리포니아 양귀비

양귀비꽃

와 서아시아, 아이슬란드 양귀비는 북반구 고산지대, 동양 양귀비는 동유럽과 서아시아, 셔리 양귀비는 유럽들판에서 흔히 볼 수 있다. 양귀비는 관상용과 의약용으로 나눌 수 있다. 꽃은 빨간색, 흰색, 주황색, 황금색, 자색 등 매우 다양하다. 관상용 양귀비에는 아이슬란드 양귀비, 동양 양귀비, 셔리 양귀비가 속하며, 다양한 색상과 크기로 정원에서 재배된다. 의약용 양귀비에는 마약류 양귀비가 속한다.

국내에도 10여 종이 자라고 있는데 우리나라에서는 마약류 양귀비에 속하는 파파베르 솜니페룸 엘(Papaver somniferum L), 파파베르 세티게룸 디시(Papaver setigerum DC), 파파베르 브락테아툼(Papaver bracteatum) 3종이 마약으로 지정되어 있다.

양귀비는 약으로도 쓰이기 때문에 합법적으로 재배되는 곳도 있지만, 전 세계적으로 대부분은 불법이다. 양귀비를 불법으로 재배하는 주요 지역으로는 황금의 삼각지대 (Golden Triangle)와 황금의 초승달 지역(Golden Crescent), 그리고 멕시코가 있다.

'황금의 삼각지대'는 메콩강이 만나는 라오스, 미얀마, 태국의 산악 정글 지대를 말하는데, 이는 세계 최대의 양귀비 재배지였다.

아편 수확

1980년대에는 세계에서 유통되는 아편의 80%를 공급했을 정도였다. 하지만 마약왕이라 불리던 쿤사가 미얀마 정부에 항복하면서 재배가 줄어들었다.

이후 양귀비의 재배는 '황금의 초승달 지역'인 아프가니스탄이 세계 최대의 불법 재배지로 부상했다. 1999년 세계 전체 생산량의 80%, 2009년에는 70%를 생산하고 있다. 아프가니스탄에서 생산된 아편류의 60%는 주변 국가에서 사용되고, 나머지는 유럽으로 공급된다. 유럽에서 유통되는 아편류의 80%가 아프가니스탄산이다. 멕시코에서는 시에라 산맥의 험준한 산악지대에서 양귀비가 재배되며, 미국의 주요 헤로인 공급처로 꼽힌다.

그러면 양귀비를 합법적으로 재배하는 나라는 어디일까? UN의 마약 조약에 따라 인도, 튀르키에, 불가리아, 그리스, 일본, 파키스탄, 러시아 등이 있다. 이 나라 농부들은 면허를 얻어 양귀비를 재배하며, 품질과 양에 따라 정부가 가격을 정한다. 합법적으로 재배된 양귀비는 제약회사가 구매하여 진통제를 만들어 환자 치료에 사용한다.

⊙ 아편

마약 하면 아편을 떠올리는데, 아편은 양귀비에서 만들어진다. 아편(opium)은 양귀비 꽃잎이 떨어진 후 덜 익은 꽃봉오리에 칼자국을 내어 흘러나오는 액을 채취하여 건조시킨 것이다. 처음에 채취한 액체는 우유색이지만, 공기 중에서 건조하면 갈색을 거쳐 검은색 덩어리가 되는데 이것이 생아편이다.

● **아편의 역사** 아편을 의약용 또는 쾌락의 목적으로 사용했다는 기록은 기원전으로 거슬러 올라간다. 기원전 3400년 메소포타미아에서 양귀비를 재배했다는 기록이 있고, 수메르인들은 아편을 '기쁨의 식물(Joy Plant)'이라고 불렀다는 설이 있다. 아편은 수메르를 통해 아시리아를 거쳐 이집트로 전달되었다. 기원전 3000년경 이란에서 발견된 석판에 아편 액 채취법이 있고, 그리스 철학자들도 아편에 대한 설명을 기록으로 남겼다. 그리스 신화에는 수확의 여신 데메테르가 아편을 발견하였고, 네로 로마 황제의 주치의도 아편의 약효에 대해 기록했다고 한다.

아편을 의약적으로 사용한 대표적인 인물은 스위스의 파라켈수스(Paracelsus; 1493~1541)이다. 그는 아편으로 환약을 만들어 진통 작용과 기침 억제에 사용했고, 다양한 질병에 처방하였다. 영국의 토마스 시드넘(Thomas Sydenham; 1624~1689)은 포도주에 아편을 녹인 아편 팅크를 개발하기도 했다. 그는 이를 감기, 콜레라, 생리불순, 원인 불명의 통증에 이르기까지 처방했다는 기록이 있다.

아편은 처음에는 만병통치약으로 쓰였고, 효능이 알려지면서 수요가 늘었다. 그러나 약리작용이나 독성이 알려지지 않았고, 무분별하게 남용되면서 아편중독자가 늘어났다.

19세기 중반에는 영국과 중국 사이에 아편전쟁이 발생할 정도로 세계 역사의 중심에 있기도 하였다. 실크로드를 따라 지중해에서 중국으로 전달된 아편은 17세기 초부터 마약으로 사용되기 시작했고, 제1차 아편전쟁은 1840년에 일어났다.

아편

● **아편의 성분** 아편에는 탄수화물, 단백질, 지방 등과 더불어 메콘산이 있다. 아편 알칼로이드(Alkaloid)라 불리는 마약 성분은 약 10~20% 들어있다. 알칼로이드는 주로 식물에서 발견되며 약리 작용이 있는 함질소 유기 화합물이다. 아편에는 약 40여 종의 알칼로이드가 함유되어 있는데, 그중 모르핀과 코데인이 대표적이다. 아편에서 모르핀의 분리는 19세기 초 독일 과학자에 의해 성공하였고, 코데인은 1832년에 분리되었다.

● **관상용 양귀비와 씨** 의약품이 없던 시절에는 민간에서 통증 치료를 위해 양귀비를 몇 그루씩 키우기도 하였다. 지금은 양귀비 재배가 불법이지만, 아직도 몰래 소량으로 재배하다 적발되는 경우가 있다. 최근에도 마을 노인 41명이 집 앞 텃밭과 비닐하우스에서 양귀비를 재배하다 적발된 사건도 있었다. 이제는 양귀비를 재배하다 적발되면 5년 이하의 징역 또는 5,000만원 이하의 벌금에 처해질 수 있어 절대 키워서는 안 된다.

(우) 양귀비씨 (좌) 양귀비 짚과 씨

    그러면 꽃 축제에 전시되는 관상용 양귀비는 괜찮은 걸까? 마약류 양귀비와 무엇이 다를까? 관상용 양귀비는 '개양귀비'나 '꽃양귀비'로 불리며, 마약 성분을 함유하고 있지 않다. 구분하는 방법은 관상용 양귀비는 줄기와 열매에 털이 있지만, 마약류 양귀비는 줄기나 열매에 털이 없다. 또한, 마약류 양귀비는 열매가 크지만 관상용 양귀비는 열매가 작고 도토리처럼 생겼다.

    마약류 양귀비에 대한 단속이 엄격한데, 그렇다면 양귀비 씨도 갖고 있으면 안 될까? 그렇다. 씨에도 마약 성분이 묻어있기 때문에 양귀비씨도 갖고 있으면 안 된다. 우리나라를 비롯해 싱가포르, 타이완, 사우디아라비아 등 아시아 국가에서는 씨의 사용을 금지하고 있다.

    양귀비씨에는 아주 낮은 농도의 아편 알칼로이드가 포함될 수 있다. 씨 자체는 마약 성분을 생산하지 않지만, 수확 과정에서 혼합될 수 있다. 양귀비씨에는 기름, 탄수화물, 칼슘, 단백질이 풍부하여 빵, 케이크, 샐러드드레싱, 요구르트 등에 사용된다. 오스트리아, 독일에는 양귀비씨를 넣은 슈트루델이라는 디저트가 있고, 리투아니아에서는 양귀비 우유를 마신다. 양귀비 씨는 1밀리미터 크기로 아주 작고, 콩팥 모양인데 씨의 외표면은 육각형 판으로 되어 있다.

부탄의 국화가 양귀비의 일종인 파란 양귀비라는 사실도 흥미롭다. 파란색 꽃잎을 갖고 있고, 히말라야산맥의 추운 날씨에도 잘 적응하여 히말라야 파란 양귀비라고 불린다.

셜록 홈즈와 아편

코난 도일의 셜록 홈즈 시리즈에서 홈즈가 아편굴을 방문하는 장면이 등장한다. 아편이 등장하는 홈즈 책은 2권이 있다.

첫 번째는 『실버 블레이즈』에서 불침번 소년이 저녁에 양고기 카레를 먹고 인사불성 되어 말이 실종되는 것을 몰랐다. 조사 결과 누군가 카레에 아편을 넣은 것이 밝혀졌다. 왜 카레에 아편을 넣었을까? 아편은 독특한 맛이 있어, 그 맛을 감추려고 향이 강한 카레에 넣은 것이었다. 이는 코난 도일이 마약에 대한 전문 지식이 있었기에 가능했을 것이다.

두 번째는 1908년 출간 『등나무 집』이다. 여기에서 범인은 버넷 양에게 아편이 든 점심을 먹게 한 후, 아편에 취해 축 늘어져 있는 그녀를 기차역까지 끌고 갔다. 그러나 그녀가 깨어날 기미가 보이지 않자, 그녀를 두고 도망갔다는 장면이 나온다. 여기에서 아편을 복용했을 때 나타나는 증상을 "축 늘어져 있는 모습과 동공을 보니 넓은 회색 홍채의 중심에 어두운 점이 있다." 라고 잘 표현하고 있다.

2
진통제의 왕, 모르핀의 과학적 분석

- 모르핀은 어떻게 아편에서 추출되어 대표적인 진통제가 되었을까?
- 최초로 발견된 알칼로이드, 왜 모르핀은 여전히 가장 많이 쓰일까?
- 강력한 진통제 모르핀, 약과 마약의 경계는 어디일까?

⊙ 모르핀의 탄생

모르핀을 아편에서 분리한 사람은 20대 초반의 젊은 약사였다. 18세기 당시 아편은 진통제로 널리 사용되고 있었다. 19세기에 접어든 1803년 20세의 독일 약사 견습생인 제르튀르너(Friedrich Serturner)는 아편의 의학적 특성에 관심이 많았다. 그는 아편을 투여한 환자의 증세가 아편의 종류에 따라 다르게 나타나는 것에 의문을 품었다. 즉 만들어진 배치(Batch)가 다르면 같은 양을 투여해도 증상이 다르게 나타나는 것에 의구심을 갖게 된 것이다. 만든 시기가 다른 아편에 따라 약효가 다르다는 것은 아편마다 유효성분의 양에 차이가 있다는 것을 의미했다.

그는 아편에 함유된 진통 작용이 있는 성분을 찾는 연구를 시작했다. 약국에서 쉬는 시간을 이용하여 연구를 꾸준히 진행하였다. 수많은 시도 끝에 아편을 뜨거운 물로 추출한 다음 암모니아를 넣으면 백색의 결정(크리스탈)이 생기는 것을 발견하였다. 이 결정을 쥐(Rat)와 떠돌이 개에게 투여한 결과, 잠을 유도하는 성분이 있다는 것을 알게 되었다.

그는 연구 내용을 1805년 독일의 유명한 학회지에 투고하였으나 결과는 실망스럽게도 비과학적이라는 이유로 받아들여지지 않았다. 결과를 인정받지 못했어도 제르튀르너는 연구를 이어갔다.

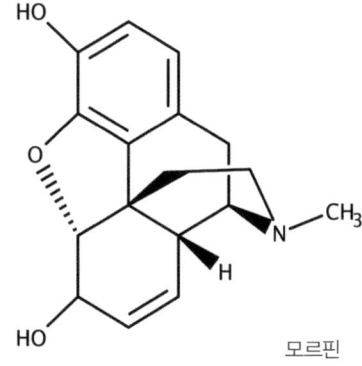

모르핀

그러던 어느 날 본인의 치통이 너무 심해지자, 실험 과정에서 만들어 둔 백색 결정을 미량 복용해 보았다. 놀랍게도 아픔이 사라지고 잠이 쏟아졌다. 몇 시간 후 깨어난 그는 이 물질을 사람이 먹어도 안전하다는 것을 확신하게 되었다.

제르튀르너는 본인과 3명의 친구와 함께 인체 실험을 시작하였다. 백색 결정을 30㎎씩 준비하고, 친구들과 같이 복용한 뒤 나타나는 증상을 관찰하기로 하였다.

30㎎을 1회 복용하였더니 기분 좋은 상태가 되었다. 일정 시간 후 두 번째 양을 투여하였더니 졸리고, 아주 피곤하였다. 일정 시간 후 다시 세 번째 양을 투여하였더니 혼란한 상태가 되고 잠이 왔다. 잠에서 깨어날 때는 메스꺼움, 구토와 두통 같은 부작용이 나타났다.

그는 연구결과를 종합하여 이 물질의 적정 사용량은 15㎎이라고 발표했다. 결정의 이름은 그리스 신화 속 꿈의 신인 모르페우스(Morpheus)에서 영감을 받아 모르핀(Morphium)이라 정했다.

이후 친구들은 포기하였지만 제르튀르너는 중독되는 것도 모른 채 혼자 인체 실험을 지속하였다. 1809년 그동안 제르튀르너가 진행한 모르핀에 대한 연구 결과가 드디어 학회에 채택되었다. 1817년에는 모르핀이 수면과 진통 작용이 있다는 것도 발표하였다.

제르튀르너의 연구는 약학 발전에 크게 기여하였다. 식물에서 주요 성분을 분리하여 약으로 사용할 수 있는 길을 열어 준 것이다. 특히 알칼로이드를 식물에서 분리하여 약을 개발하는 기초를 마련했다.

제르튀르너는 인류의 보건 향상을 위해 기여하였지만, 불행하게도 자신은 모르핀에 중독되고 말았다. 결국 만성 우울증에 시달리다가 58세로 생을 마감하였다.

모르핀이 진통제로 세상에 알려진 것에 기여한 사람은 프랑스 생리학자인 마장디(François Magendie, 1783~ 1855)이다. 1818년 마장디는 극심한 두통으로 고생하는 뇌동맥류 환자인 소녀에게 모르핀을 투여하여 통증을 없애는 데 성공하였다. 이 사례를 통해 모르핀이 진통 효과와 수면 유도 작용이 있다고 알려지면서 의료계에 모르핀에 대한 관심이 커졌다. 모르핀은 1827년에 독일의 제약회사 머크에 의해 상품화되었다.

제르튀르너가 아편에서 모르핀을 분리하는 데 성공했지만, 모르핀의 화학적 구조는 100년이 지난 후에야 밝혀졌다. 이는 모르핀의 구조가 복잡했기 때문이다. 1925년이 되어서야 영국의 로버트 로빈슨(Robert Robinson)이 모르핀 분자의 40개 원자 위치를 알아냈다.

● **모르핀의 작용과 부작용** 모르핀은 진통제로 주로 쓰이지만, 마취제로도 사용된다. 이 외에도 기침을 멈추게 하고, 진정 작용, 수면 작용이 있어 다양하게 쓰인다. 또한 통증으로 인한 불안과 불쾌한 느낌을 없애주며 쾌감을 느끼게 한다.

그러나 모르핀을 계속 사용하면 중독될 가능성이 높아진다. 만성 중독이 되면 의존성이 생기고, 용량을 늘리지 않으면 처음과 같은 효과를 얻을 수 없는 내성이 생긴다. 약물 복용을 중지하면 금단 증상이 나타난다. 식욕부진, 불안, 구토, 설사, 호흡수 증가, 혈압 상승, 체중 감소 등의 금단 증상이 발생한다. 약물 중지 후 2~3일 이내에 금단 증상이 나타나기 때문에 이 시기에 어떻게든 모르핀을 섭취하려고 애쓴다. 모르핀의 부작용으로는 호흡 억제, 메스꺼움, 구토, 변비 등이 있다. 급성 중독으로는 혼수, 체온 하강, 호흡 곤란에 이어 호흡 정지로 사망하게 된다.

● **피하주사기 발명** 모르핀이 널리 사용되게 된 결정적인 요인은 피하주사기의 발명이었다. 피하주사기는 스코틀랜드의 알렉산더 우드(Alexander Wood)가 1853년에 발명했다. 우드는 신경통 환자의 고통을 덜어주기 위한 방법을 찾다가 말초신경을 마비시켜 통증을 줄이기 위해 피부에 주사하는 방법을 고안해 냈다.

처음에는 모르핀을 주사로 투여하면 중독작용을 막을 수 있을 것으로 기대했다. 그러나 예상과는 달리 피하 주사로 인한 진통 효과가 빠르고 강하게 나타나면서 상황은 더 나빠졌다. 오히려 모르핀의 사용은 급증하였고, 피하 주사에 의한 모르핀 중독 문제가 심각하게 떠올랐다. 이렇게 되면서 모르핀이 아편이나 알코올보다 중독성이 더 크다는 것이 알려지게 되었다.

모르핀은 병원에서 환자 치료보다 전쟁 중에 전장에서 더 많이 사용

피하주사기

되었다. 전쟁 중 통증에 시달리는 병사들에게 투여했기 때문이다. 미국 남북전쟁(1861~1865) 시기에는 6만 명의 군인이 모르핀에 중독되었다. 유럽에서도 크림 전쟁(1853~1856), 프랑스-프러시아 전쟁(1870~1871) 때에도 모르핀 중독자가 대거 발생했다.

모르핀과 관련된 범죄

● **미국 최초의 여성 연쇄살인범, 간호사의 탈을 쓴 악마 – 제인 토판**

한때 '즐거운 제인(Jolly Jane)'이라 불리며 병동의 분위기 메이커로 통하던 여성이, 미국 역사상 가장 악명 높은 여성 연쇄살인범 중 하나가 될 줄 누가 알았을까? 1854년 호노라 켈리(Honora Kelley)라는 이름으로 태어난 제인 토판(Jane Toppan)은 유년기부터 고아원과 위탁가정을 전전하며 정서적 공백 속에 자라났다. 이러한 배경은 그녀의 일그러진 인격 형성에 깊은 영향을 미친 것으로 여겨진다.

제인은 매사추세츠 종합병원을 비롯한 여러 의료기관에서 근무하며 동료들로부터 모범적인 직원으로 인정받았다. 환자들에게는 다정하고 헌신적이었으며, '즐거운 제인'이라는 별명도 그 당시 붙여졌다. 그러나 그 웃음 뒤에는 극도의 조작과 잔혹함이 숨어 있었다. 제인은 1895년부터 1901년 사이, 환자와 그 가족, 심지어 친구와 동료까지 대상으로 삼아 치밀한 살인을 저질렀고, 법정에서는 31명을 죽였다고 자백했으나, 실제 피해자는 100명이 넘을 것이라는 것이 전문가들의 중론이다.

그녀의 범죄는 단순히 사람을 해치는 것을 넘어서 일종의 '심리적 해부'였다. 제인은 환자에게 아편이나 모르핀을 소량 투여하며 그 반응을 관찰했고, 점차 용량을 늘려가며 생명이 서서히 꺼져가는 과정을 지켜보는 데에서 쾌감을 느꼈다. 특히 노인 환자에 대해 "더는 살아 있을 이유가 없다"며 존재 자체를 무가치하게 여겼고, 그들을 실험 대상으로 삼았다. 때로는 환자에게 독극물을 투여한 뒤, 다시 스스로 간호해 회복시키는 '기적의 간호사' 역할을 자처하며 사람들의 신뢰를 쌓기도 했다. 그러나 그 모든 친절은 '죽음을 위한 서곡'에 불과했다.

제인은 병원에서 아편 과다 투여로 문제가 되어 해고당한 뒤, 가정 간호사로 활동하며 더욱 은밀하게 범행을 이어갔다. 보스턴 일대 가정집에서 노인을 독살하고 재산을 갈취했으며, 심지어 "지겹다"는 이유만으로 친구나 동료를 제거하기도 했다. 이처럼 그녀의 살인은 감정 없는 실험이자 개인적 쾌락의 수단이었다.

결국 금속성 독극물이 사용된 사건이 결정적 단서가 되어 경찰 수사가 시작되었고, 제인의 가면은 벗겨졌다. 1902년 재판에서 그녀는 법적으로 무죄 판결(정신 이상)에 따라 유죄 판결은 받지 않았지만, 재판 후 변호사에게 100명 이상의 생명을 앗아갔다고 털어놓으며 자백했고, 평생을 정신병원에서 보내라는 판결을 받았다.

정신병원에 수감된 이후, 제인은 자신이 받는 음식에 독이 들어 있을까 봐 식사를 거부하기도 했다. 이는 언론과 대중에게 '아이러니한 공포'이자 조롱거리였다. 그렇게 제인은 대중의 조롱 속에서 외롭게 노년을 보내다 1938년, 81세의 나이로 생을 마감했다.

3
아편 속 다양한 마약 성분, 그 정체를 밝히다

- 아편 알칼로이드에는 모르핀 외에 어떤 마약성 성분들이 있을까?
- 아편에서 추출되는 마약성 물질은 얼마나 다양할까?
- 남용 가능성이 있는 아편 유래 알칼로이드는 몇 종류나 될까?

⊙ 아편 속의 다양한 마약 성분

아편에 포함된 10~20%의 아편 알카로이드 중에는 40종의 성분이 들어있다. 아편에 많은 양이 함유된 성분으로는 모르핀, 코데인, 테바인, 파파베린, 나르세인, 나르코틴 등이 있다. 이들은 구조와 약리 작용에 따라 페난트렌(Penanthrene)과 벤질이소퀴놀린(Benzyl isoquinoline) 유도체로 나뉘어진다. 두 그룹은 약물의 화학적인 구조와 약리 작용이 아주 다르다. 페난트렌 유도체는 진통 작용과 마약성이 있어 마약에 속하지만 벤질이소퀴노린 유도체는 마약에 속하지 않는다. 페난트렌 유도체에는 모르핀, 코데인, 테바인이 속하고, 벤질이소퀴놀린 유도체에는 파파베린, 노스카핀, 나르코틴이 속한다. 마약으로 분류되는 성분은 모르핀, 코데인, 테바인이다. 대부분은 아주 적은 양이 함유되어 있고, 의약적인 용도도 없어 중요하지 않다.

아편 중에는 특징적인 성분으로 메콘산(Meconic acid)이 있다. 아편 중 약 15%를 차지하고 있다. 메콘산은 아편 여부를 판정하는 데 결정적인 역할을 한다. 메콘산이 어느 정도 들어 있느냐에 따라 모르핀의 순도가 결정되기 때문이다. 아편인지 아닌지를 판정하기 위해서는 모르핀, 나르코틴, 메콘산의 함량을 실험한다.

코데인

◉ 코데인(Codeine)

코데인(Codeine)은 1832년 프랑스의 피에르 장 로비퀴트(Pierre Jean Robiquet)가 아편에서 발견했다. 코데인은 아편 중에 약 0.7~3% 함유되어 있다. 처음에는 모르핀에서 발견되어, 모르핀의 불순물이라고 생각했다. 아편 중 코데인 함량은 생산국에 따라 차이가 있다. 유고슬라비아와 튀르키예산은 1.5%, 이란 3.4%, 인도 3.0%이고, 한국, 중국 북부산은 코데인 함량이 높아 4.3%가 함유되었다고 UN은 보고하고 있다. 코데인은 1950년 미국에서 신약으로 허가를 받아, 전 세계에서 70년 동안 사용되고 있다. 의약용으로 널리 쓰이고 있으며, WHO의 필수 의약품 목록에 있다.

● **작용과 부작용** 코데인은 모르핀과 아주 유사한 구조로 되어 있다. 그러나 작용은 아주 다르다. 코데인은 모르핀보다 마약성이나 중독성이 현저하게 낮다. 모르핀은 진통 효과가 있지만 코데인은 기침을 치료하는 진해 작용을 갖고 있다. 코데인의 진통 작용은 모르핀의 1/6, 진정, 수면작용은 1/4로 적지만 진해 작용은 훨씬 크다. 어린이들이 심하게 기침을 할 때 기침을 멈추게 하는 특효약으로 쓰인다. 코데인은 단일 약으로도 쓰이지만, 한외마약으로도 분류되고 있다. 코데인은 디하이드로 코데인, 하이드로 코돈 등 반합성 및 합성마약을 생산하는 원료로도 사

코데인 시럽

용된다.

　코데인은 정제, 캡슐, 좌약 등의 형태가 있다. 코데인을 복용하면 30분 이내에 작용이 나타나고 2시간 후에 혈중 최고 농도에 이른다. 작용은 4~6시간 동안 지속된다. 코데인은 체내에 흡수되면 모르핀으로 변화된다. 이 변화는 사람마다 차이가 커서 유전적으로 대사가 빠른 사람들은 모르핀이 많이 생성된다. 이로 인해 코데인을 복용하였음에도 모르핀 중독증상이 나타날 수 있다. 이런 현상 때문에 어린이에게 코데인 투여시 주의가 필요하다. 모르핀으로 인한 호흡억제 현상이 나타날 수 있기 때문이다. 따라서 2013년부터 코데인이 함유된 기침약은 12세 미만 어린이들에게 사용할 때 주의하도록 되어있다.

　코데인은 졸음, 어지러움, 두통, 구토, 변비, 구갈, 안락감 등의 부작용이 있다. 많은 양을 복용하면 호흡저하와 같은 심각한 부작용이 나타난다. 과량 복용으로 심한 변비, 호흡곤란, 환각, 정신적 무감각 등이 발생한다. 코데인을 오랫동안 복용하다 갑자기 멈추면 금단현상이 생긴다. 금단현상은 약물복용을 멈춘 수 시간 후부터 나타나며 2~3일 동안 심해진다. 콧물, 하품, 땀, 불면, 동공확대, 복부경련, 설사, 식욕부진, 근육경련 등의 금단현상이 나타난다.

● **특이한 코데인 남용 사례**　방글라데시에는 특이한 코데인 남용 사례가 있다고 한다. 술 대신 코데인이 들어 있는 기침약을 남용하는 것이다.

기침약을 복용하면 술에 취한 기분이 든다고 한다. 기침약에 중독된 사람이 백만 명이 넘고, 중독된 사람들은 더 강한 마약을 찾는 문제가 발생하고 있다고 한다. 방글라데시에서는 코데인이 제조되지 않아 인도에서 밀수하여 사용한다.

⦿ 테바인(Thebaine)

아편에 0.2~1% 정도 함유된 테바인은 떫은맛이 있다. 파파베르 브락테아툼(Papaver Bracteatum)에서 생산되며, 호주, 스페인, 프랑스에서 전 세계 생산의 99%를 차지한다. 1990년대까지는 아편에서 생산되었으나 1999년 이후로는 양귀비 짚(Poppy straw)에서 만든다.

테바인은 자체로는 의약용으로 쓰이지 않으나 반합성, 합성 마약의 원료로 사용된다.

1990년 후반 옥시코돈의 수요가 증가하면서 원료인 테바인의 생산도 급증했다. 테바인을 가장 많이 사용한 나라는 미국으로 세계 사용량의 72%가 사용되었다. 화학적으로는 모르핀, 코데인과 구조가 비슷하지만 억제 작용보다는 흥분 작용을 한다. 테바인이라는 이름은 아편 생산지로 유명했던 고대 이집트의 테바이에서 유래되었다. 테바인도 마약으로 지정되어 있다.

⦿ 파파베린(Papaverine)

파파베린은 1848년 다른 아편알칼로이드 보다 늦게 발견되었다. 독일의 화학기업인 머크의 설립자 아들이 화학과 학생일 때 발견하였다. 파파베린은 아편 중에 0.5~1.3% 함유되어 있다.

파파베린은 모르핀 등과 구조가 아주 다르고, 약리작용도 달라 마약으로 분류되지 않는다. 파파베린은 진경작용을 갖고 있어 가슴 통증, 위장 장애 등 다양한 경련 치료에 쓰인다.

파파베린이 함유된 의약품은 복통과 위장관 경련에 사용되며 발기부전 치료에도 사용된다.

헤로인을 판매하는 사람들은 양을 늘리기 위해 파파베린을 첨가하는 경우가 많다. 그러므로 압수된 헤로인에서 파파베린이 검출되면 의료용으로 만든 헤로인과는 구별이 된다.

의약품이 없었던 시절 배탈, 설사, 복통이 있을 때 양귀비 달인 물을 마셨고, 농촌에서는 소가 설사할 때 양귀비 끓인 물을 먹였다는 이야기도 있다. 파파베린의 진경작용과 모르핀의 진통작용을 생각하면 아주 효과적인 민간요법이었다.

호주 청소년을 괴롭히는 코데인 남용의 그림자

호주 한 어머니의 글에 따르면, 그녀의 아들은 심각한 코데인 중독에 빠져 일주일에 여러 번 200mL의 기침약 시럽을 복용한다고 한다. 시럽을 구하지 못할 경우, 비슷한 코데인 혼합제제를 한 번에 48정씩 사서 복용하기도 한다고 한다. 이처럼 청소년들이 처방전 없이 쉽게 구할 수 있는 코데인 제품으로 인해 중독 문제가 호주에서 심각하게 대두되고 있다.

호주에서 저용량 코데인(30㎎ 미만)은 다양한 형태로 일반의약품(OTC)으로 판매되고 있다. 코데인은 아세트아미노펜이나 이부프로펜과 혼합해 진통제로 사용되지만, 이로 인해 남용과 오용 문제가 심각해지고 있다.

저용량 코데인이 포함된 일반의약품 복합제는 내성을 유발하고 약물 의존도를 높일 수 있다. 또 이로 인해 간 손상이나 심각한 건강 문제로 이어질 수 있다. 코데인은 본래 약한 진통제로, 개인의 유전자에 따라 부작용이 다양하게 나타난다. 코데인의 효과는 간 효소인 CYP2D6에 의해 모르핀으로 대사되어 나타나는데 이 대사 능력은 개인마다 차이가 있다. 예를 들어, 인구의 약 5~10%를 차지하는 CYP2D6 대사가 늦은 사람들은 코데인의 효과를 거의 경험하지 못한다. 반면, 백인 인구의 최대 10%와 아프리카 인구의 30%를 차지하는 초고속으로 대사를 하는 사람들은 코데인을 모르핀으로 빠르게 변환하여 독성 위험이 증가한다.

호주 통계에 따르면, 2010년과 2013년 사이에 의약품을 남용하는 10대의 비율이 두 배로 증가하였는데, 이 중 41%가 코데인 복합제를 오남용한 것으로 나타났다. 2000년부터 2013년까지 코데인 관련으로 인한 사망 사례는 1,437건이었으며, 이 중 7.8%는 코데인 독성 때문이었고, 83.7%는 복합 약물 독성으로 확인되었다고 한다. 사망자의 약 24%는 처방 코데인 제품과 관련이 있었고, 16%는 OTC 코데인 제품과 관련이 있었다. 나머지 60%는 어떤 코데인을 섭취했는지 확인되지 않았다. 호주 빅토리아주에서도 5년간 조사한 결과, 코데인과 관련된 사망 사례는 총 107건으로, 모든 약물 관련 사망의 8.8%를 차지하였다.

4
헤로인이란 무엇인가 : 중독과 사회 문제

- 헤로인은 모르핀과 어떤 화학적 관계를 가질까?
- 헤로인은 자연에서 추출될까, 아니면 화학적으로 합성될까?
- 모르핀에서 헤로인으로 변하는 과정, 어떻게 이루어질까?

⊙ 헤로인(Heroin)의 탄생

헤로인은 모르핀에서 유래한 마약이다. 천연의 모르핀을 화학 반응시켜 만든 것으로 반합성 마약으로 분류된다.

19세기 미국 남북 전쟁 중 모르핀이 진통제로 널리 사용되었다. 전쟁이 끝난 후 모르핀 중독으로 인한 부작용이 사회문제로 대두되면서 중독성 없는 진통제를 개발하기 위해 노력을 하였다. 1874년 영국의 화학자 라이트(Alder Wright)는 모르핀에 다양한 물질을 첨가하며 실험하던 중 새로운 물질을 발견했다. 모르핀에 초산을 넣고 끓였을 때 아세틸기(Acethyl)가 두 개 붙은 디아세틸 모르핀이 만들어졌다 이 물질은 화학적으로 모르핀과 비슷하지만 그 효과는 2~3배 강했다.

23년이 지난 후, 1897년 독일의 화학자 펠릭스 호프만(Felix Hoffman)은 디아세틸 모르핀을 재합성하였다. 바이엘 제약회사에 다니던 호프만은 코데인과 같이 중독성이 약한 물질을 개발하고자 하였지만 결국 헤로인을 개발한 것이다. 이 새로운 물질을 독일어로 영웅적이라는 의미의 "heroisch"에서 따와 헤로인이라고 명명하였다. 바이엘 제약회사는 헤로인을 OTC 약으로 판매하기 시작하였다. 기침억제 효과가 우수하고, 다른 질병에도 효과가 있는 만병통치약으로 인기를 끌었다. 모르핀 중독치료에도 쓰일 수 있고, 중독성이 없다고 홍보되었다. 독일에서의 판매를 거쳐 미국 등 다른 나라에 수출하게 되었다. 그러나 아편 및 모르핀 중독자가 많은 미국에 헤로인이 판매되자 헤로인 중독자가 급증하였다. 따라서 미국에서 1914년 헤로인 판

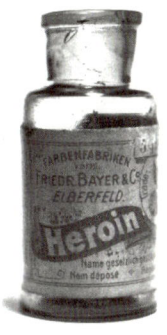

바이엘 헤로인 병

매가 규제되고, 처방과 의료용으로만 사용하는 법이 통과되었다. 그 후 암시장에서 헤로인이 거래되기 시작하였다. 1924년 미국에서 헤로인의 판매, 수입, 제조가 금지되었다. 헤로인은 UN의 마약에 대한 단일협약(1961)에 따라 비의료용 사용은 불법이며, 마약으로 규제되고 있다.

◉ 불법 헤로인은 어디에서 만들어질까?

불법적으로 헤로인이 생산되는 지역은 양귀비가 자라는 지역과 일치한다. 양귀비를 재배해서 아편을 추출하고 여기에서 모르핀을 분리한 다음 헤로인을 제조하기 때문이다. 그러므로 헤로인의 주요 생산지는 양귀비 재배지인 황금의 삼각지대, 황금의 초승달지역, 멕시코이다. 1970년대 후반까지는 황금의 삼각지대에서 생산된 헤로인이 대부분이었다. 현재는 아프가니스탄이 주 양산지이다.

　불법 헤로인은 제조국에 따라 순도의 차이가 크다. 백색, 베이지색, 갈색 등 색상도 다양하다. 색상에 따라 순도가 다르기 때문에 투여 방법 또한 달라진다. 백색의 헤로인은 순도가 높아 주사로 투여된다. 갈색의 헤로인은 불순물이 많기 때문에 흡연의 형태로 투여된다. 일반적으로

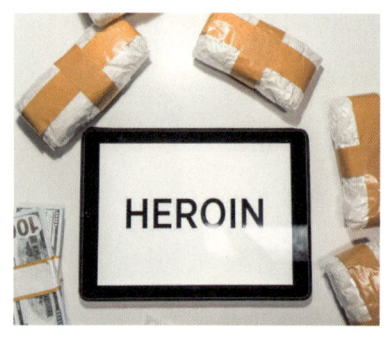

(좌) 백색의 헤로인 (우) 갈색의 헤로인

황금의 삼각지대의 헤로인은 순도가 높은 것으로 알려져 있다. 서남아시아산은 순도가 낮은 베이지색으로 알려져 있다. 그러나 최근 아프가니스탄에서 제조되는 헤로인은 순도가 높은 백색으로 알려져 있다. 멕시코에서 양산되는 헤로인은 순도가 60% 정도로 연한 갈색 또는 흑갈색으로 블랙타르 헤로인(black tar heroin)이라고 한다. 불법 제조과정에서 여러가지 모르핀 유도체가 합쳐서 만들어지는 특징을 갖고 있다.

불법으로 제조된 헤로인은 품질에 따라 1번부터 4번까지로 분류된다. '4번 헤로인'은 순도가 가장 높아 주사용으로 적합하다. 반면, '3번 헤로인'은 순도가 낮아 흡연용으로 주로 사용된다. '1번'과 '2번'은 더 낮은 순도를 가진 정제되지 않은 상태로, 다양한 방법으로 사용된다.

불법으로 제조된 헤로인이 소비자에게 도달하기까지 다양한 유통 단계를 거치는데, 이 과정에서 유통업자들은 헤로인에 다른 물질을 섞어 양을 증가시키면서 이익을 극대화한다. 헤로인의 양을 늘리기 위해 사용되는 물질은 다양한데 젖당(유당), 카페인, 암페타민, 아세트아미노펜, 바르비탈산 등이 사용된다. 이렇게 다른 물질이 혼합되기 때문에 직접 거래되는 헤로인의 실제 함량은 보통 3%에서 30% 정도로 낮다. 홍콩에서 판매되는 헤로인의 경우 제품의 순도가 3% 정도로 낮은 경우도 있었다고 한다. 따라서 불법 유통되는 헤로인은 사용자가 함량을 예측하기 어려울 뿐만 아니라 어떤 종류의 불순물이 함유되어 있는지 몰라 심각한 위험을 초래할 수 있다. 어떤 경우에는 헤로인의 함량이 예상보다 높아 과용량으로 인한 문제가 발생하기도 한다.

헤로인은 'H'라는 글자에서 유래한 별명으로 불리는데 'hairy', 'horse', 'harry' 등이 있다. 이러한 별명들은 각각의 지역과 문화에서 헤로인을 지칭하는 데 사용되어 왔다.

⊙ 헤로인의 작용 및 부작용

헤로인은 경구, 흡입, 주사, 흡연 등 여러 방법으로 체내에 투여될 수 있다. 이 중에서 피하나 정맥 주사가 가장 흔하게 사용되고, 경구 투여는 그 효과가 약하고 발현 시간이 느리기 때문에 일반적으로 선호되지 않는다. 순도가 낮은 헤로인은 주로 흡연에 의해 남용되는데 내뿜는 연기의 모습이 용을 쫓는 것과 비슷하다 하여 'Chasing the dragon'이라고도 불린다.

헤로인은 모르핀에 아세틸기가 추가되어 지용성이 증가함으로써 체내 흡수율이 높아지고, 모르핀보다 더 쉽게 혈액내 장벽을 통과한다. 흡수된 후에는 아세틸기가 분리되어 다시 모르핀으로 변환된다. 모르핀 대비 5~8배의 강력한 진통 효과를 나타내고, 3~4시간 동안 지속적인 쾌락감을 나타낸다. 헤로인은 디아세틸 모르핀, 디아모르핀이라는 이름으로 진통제나 아편계 약물치료제로 사용되고 있다. 의약용으로 쓰이는 헤로인은 불순물이 없는 백색을 띠고 있다.

헤로인을 사용하면 안락감, 극도의 희열과 행복감을 느끼기 때문에 남용되기 쉽다. 헤로인의 중독성은 매우 높아서 사용한 사람 중 4분의 1이 중독될 정도이다. 중독성이 크기 때문에 마약 시장에서 많이 거래되는 마약 중 하나이다.

헤로인의 중독증상으로는 눈의 동공이 좁아지고, 얼굴이 창백해지고, 정신적인 혼란이 발생한다. 또한 투여량과 기간에 따라 다르지만, 말을 더듬거리고, 졸려하며, 고개를 끄덕이는 증상이 나타난다. 헤로인은 중등도의 신체적 의존성을 갖고 있으며, 독감과 유사한 증상이 나타난다. 부작용으로 메스꺼움, 설사, 구토, 쇠약, 닭살, 코감기, 눈의 동공이 확장된다.

21세기 들어 헤로인 과량복용으로 인한 사망사례가 증가하였다. 미국에서는 2012년에서 2015년까지 약물중독 사망의 주요 원인이 헤로인이었다. 2015년 미국에서 52,404명이 약물중독으로 사망하였는데, 그중 12,989명이 헤로인 중독으로 사망하였다. 이는 총기에 의한 사망자 수인 12,979명보다도 많은 숫자이다. 이러한 사망자 수 증가의 원인으로는 2010년 이후 멕시코에서 유입되는 헤로인의 가격 하락으로 인한 접근성 증가로 추정된다. 과량복용으로 인한 사망은 헤로인 투여 후 십 분에서 수 시간 사이에 발생할 수 있다.

⊙ 헤로인을 밀수하여 사형을 당하다

2022년 3월 30일 싱가포르에서 68세인 압둘 카하르에 대한 사형이 집행되었다. 압둘 카하르는 2013년 헤로인 66.77g을 몰래 들여오다 적발되었다. 그는 2년 후에 사형선고를 받았고, 2022년 3월에 사형이 집행되었다.

2022년 4월 27일에는 말레이시아 국적의 34세 나겐트란 다르말링감에 대한 사형이 싱가포르에서 집행되었다. 나겐트란은 2009년 헤로인 42g을 왼쪽 허벅지에 숨겨 들여오다 체포되어 사형선고를 받았다. 지적장애인이고 42g의 양이 세 숟가락도 안 되는 양이라는 것을 강조하며 항소했지만 받아들여지지 않았다. 싱가포르에서는 헤로인을 15g 이상 소지하면 사형이 선고된다.

마약 밀수에 대해 사형제도를 택하고 있는 나라는 우리나라를 비롯하여 미국 등 35개국이다. 35개국 중 사형이 주기적으로 집행되고 있는 나라는 중국, 이란, 사우디아라비아, 베트남, 말레이시아, 싱가포르이다. 사형선고는 마약의 종류와 소지한 양에 따라 나라마다 다르다. 메트암페타민의 경우 중국은 50g, 싱가포르는 250g, 말레이시아는 50g 이상이고, 코카인의 경우는 중국은 50g, 싱가포르는 30g, 말레이시아는 15g으로 정해져 있다. 헤로인의 경우는 중국 50g, 싱가포르와 말레이시아는 15g 이상으로 규정하고 있다.

2014년 중국에서 마약을 밀매한 혐의로 한국인 3명에 대한 사형이 집행되었다. 세 사람 중 두 사람은 북한에서 필로폰 14.8kg을 밀수해 한국 내 조직에게 12.3kg을 판매한 혐의였고, 다른 한 사람은 중국 산둥성에서 필로폰 11.9kg을 밀수하여 판매한 혐의였다.

헤로인과 영국 최악의 연쇄 살인 사건

1998년, 영국 하이드(Hyde)시의 전임 시장이었던 건강하고 활동적인 81세 캐서린 그룬디(Kathleen Grundy) 여사가 사망하는 사건이 발생했다. 그녀는 주치의사인 해럴드 쉽맨(Dr. Harold Shipman)에게 일상적인 혈액검사를 받으러 갔다가 사망했다. 그녀가 사망한 날 변호사 사무실에 그룬디 여사의 모든 재산을 주치의사인 쉽맨에게 준다는 내용의 유언장이 배달되었다. 그룬디 여사의 딸도 변호사인데 이 유언장에 대해 의심을 품었다. 그런데 또 다른 유언장이 배달되자 더 큰 의문을 갖게 되었다. 유언장 글씨 중 일부 깨진 글씨가 쉽맨의 타자기에서 깨진 부위와 일치하는 것이 발견되었고, 유언장에서는 쉽맨의 지문도 발견되었다. 쉽맨은 타자기를 그룬디 여사에게 빌려주었다고 주장했다. 그러나 그룬디 여사의 딸은 경찰에 이 사건을 알렸다.

수사가 진행되면서 그룬디 여사의 시신 발굴이 승인되었다. 발굴된 시신에서 부패가 진행되지 않은 대퇴 근육을 채취하여 독물 검사를 실시한 결과, 대퇴 근육에서 모르핀이 검출되었다. 모르핀의 검출은 디아모르핀(헤로인) 투여를 추정하는 실마리가 되었다. 이는 헤로인이 체내에서 모르핀으로 변하기 때문이다. 쉽맨은 그룬디 여사가 마약을 남용하고 있어 디아모르핀을 처방했다고 주장했다.

이 사건을 계기로 쉽맨의 환자 중 원인 불명으로 사망한 사례에 대한 전체적인 조사가 실시되었다. 매장된 지 1개월에서 28개월 된 9구의 시신을 발굴하여 근육을 채취하고 독물 검사를 한 결과, 모든 시신의 근육에서 모르핀이 검출되었다. 모발 검사도 실시한 결과, 사망 원인은 헤로인 과다 투여로 밝혀졌다.

경찰 수사가 진행되면서 의심스러운 사망자의 수는 급격히 증가하여 한 명에서 시작해 28명, 62명, 137명, 290명으로 늘어났다. 대부분은 41세에서 93세 사이의 여성이었다. 조사 결과, 최소 215명이 헤로인 과다 투여로 사망한 것으로 확인되었다.

이 사건은 영국의 한적한 도시에서 발생한 최악의 연쇄 살인 사건이었다. 뚜렷한 살해 이유 없이 존경받던 의사에 의해 여성 노인들이 살해되었다는 사실에 사회는 큰 충격을 받았다. 해럴드 쉽맨은 무기징역을 선고 받고 복역 중 독방에서 자살하였다.

5
죽음의 약물, 펜타닐의 진실

- 펜타닐은 왜 미국에서 심각한 사회 문제로 떠올랐을까?
- 강력한 합성 오피오이드 펜타닐, 어떻게 이렇게 치명적일까?
- 펜타닐로 인한 사망이 급증하는 이유는 무엇일까?

⊙ 펜타닐에 의한 사망

미국 질병통제예방센터(CDC)는 2021년 미국에서 마약 과량 복용으로 107,000명이 사망했다고 발표했다. 이는 기록적인 숫자로, 5분마다 미국에서 한 사람씩 사망하는 것을 의미한다고 하였다. 이 중 펜타닐에 의한 사망자는 총 71,238명으로, 전체 마약 과다복용 사망자의 약 66%를 차지하는 수치이다. 펜타닐은 고도로 강력한 효과와 소량으로도 치명적일 수 있는 성질 때문에, 사용자들은 예상치 못한 과다복용으로 사망하는 경우가 많았다.

미국에서 펜타닐에 의한 사망자 수는 2011년과 2012년에는 약 1,600명이었으나 2016년에 사망자 수가 18,335명으로 급증하였다. 2021년에는 71,238명으로 5년 만에 4배 가까이 증가하였다. 2022년에는 76,226명으로 최고치를 나타냈으나 다행히 2023년에는 74,702명으로 약간 감소하였다. 2018년 이후부터 현재까지 미국에서 펜타닐 관련 사망자는 총 25만 명에 달한다. 펜타닐을 죽음의 약물이라고 부르는 이유가 여기에 있다. 2022년에는 매일 평균 220명이 사망하였고, 샌프

란시스코에서는 매일 평균 2명이 펜타닐 과다복용으로 사망하는 등 펜타닐의 영향은 지역적으로도 아주 심각하다.

미국에서 길에 떨어져 있는 접힌 1달러 지폐에 흰색 가루가 묻어 있는 것이 발견되었는데 검사 결과 가루에서 펜타닐이 검출되었다. 테네시주에서 여성이 바닥에 떨어진 1달러 지폐를 주었다가 몸이 마비되는 증세를 겪었다고 신고한 사례도 있었다.

이는 경찰의 단속을 피해 마약을 운반하는 수단으로 사용하려던 것으로 추측되었지만 펜타닐이 공기 중에 떠다닐 수 있기 때문에, 우연히 흡입한다고 하여도 위험할 수 있다. 1달러가 죽음의 유혹이 될 수 있다는 것이 펜타닐의 실상이다.

◉ **펜타닐은 무엇인가?**

펜타닐은 강력한 합성 오피오이드(아편계 진통제)로, 모르핀보다 약 50배에서 100배 강력하며, 의료용으로 개발되었다. 펜타닐의 치사량은 단 2㎎으로 극히 소량이다. 연필 위에 놓인 2㎎의 펜타닐 사진은 펜타닐의 치명적인 독성을 실감하게 한다. 펜타닐은 1960년 벨기에 과학자에 의해 처음 합성되었고, 1963년부터 임상적으로 사용되기 시작했다. 펜타닐은 의료계에서 다양한 형태로 제조되어 사용되는데, 특히 암 환자의 진통을 위한 피부 패치 형태로 많이 사용된다. 펜타닐은 WHO에서 지정한 필수 의약품의 하나로 2015년, 전 세계적으로 1,600㎏이 사용되었을 정도로 널리 쓰이고 있다.

펜타닐은 뇌혈관장벽을 쉽게 통과하여

펜타닐 분말

모르핀과 유사한 진통효과를 나타낸다. 펜타닐의 일반적인 부작용으로는 구토, 변비, 혼란 등이 있으며, 심각한 경우 호흡저하, 저혈압, 중독, 혼수상태에 이를 수 있다. 과다복용은 치명적인 호흡정지를 일으킨다.

현재 미국에서 문제가 되고 있는 펜타닐은 합법적으로 제조된 것이 아닌 불법으로 제조된 것이다. 불법 제조되는 펜타닐은 정제, 분말이나 액체 형태로 제조되며, 정제에 함유된 펜타닐의 함량도 일정하지 않을 뿐 아니라 헤로인, 코카인, 메트암페타민과 섞여 만들어진다. 더욱이 가짜 아편계 약물과 같은 모양으로 만들어져 유통되기 때문에 사용자가 이를 모르고 복용하기도 한다.

미국에서 아편계 진통제에 의한 중대한 위기

● **1990년대 아편계 진통제(오피오이드) 사용의 시작과 확산** 미국에서 오피오이드 관련 사망사고의 역사를 이해하려면 1990년대로 거슬러 올라가야 한다. 1990년대 미국 의료계에서는 만성 통증을 적극적으로 관리해야 한다는 인식이 확산되어 옥시코돈과 같은 강력한 오피오이드 진통제가 통증 관리의 주요 수단으로 사용되기 시작했다. 이에 따라 1996년 서서히 약효가 방출되는 옥시코돈 제제 (옥시코틴)가 시장에 출시되었다. 이 약이 만성통증 관리에 효과적이었다는 점과 더불어 제약회사가 이 약의 중

독성을 축소하거나 간과하는 마케팅 전략을 사용하면서 처방이 급증하였다. 이로 인해 처방받은 환자뿐만 아니라 그 주변 사람들까지도 쉽게 약에 접근할 수 있게 되어 아편계 진통제 남용이 확산되는 환경이 조성되었다.

- **2000년대 : 오피오이드 관련 사망자 급증** 옥시코틴 출시 후 오피오이드 관련 사망자 수가 급격히 증가했다. 1999년에서 2002년 사이에 오피오이드 과다 복용으로 인한 사망자 수가 거의 두 배로 증가하였다. 옥시코틴의 강력한 중독성으로 인해 불법적 사용이나 오용이 급증한 결과였다.

- **2000년대 중반: 제2의 오피오이드 위기** 오피오이드에 의한 사망 사고가 증가하면서 2000년대 중반 이후 미국 보건 기관은 오피오이드 사용에 대한 규제를 강화하기 시작하였다. 옥시코돈의 처방을 엄격히 제한하고, 일부 제제에 대해서는 생산을 금지하는 등의 조치가 취해졌다. 이러한 정책 변경은 처방 오피오이드에 대한 접근성을 감소시켰지만, 동시에 기존 오피오이드 사용자들이 대체 물질을 찾게 만드는 부작용을 낳았다. 오피오이드에 중독된 사람들이 비슷한 작용을 하는 헤로인을 찾게 되어 제2의 오피오이드 위기를 초래하였다. 사망자의 통계를 보면 2011년에는 옥시코돈(Oxycodone)에 의한 사망이 가장 많았지만 2012년부터 2015년까지는 헤로인에 의한 사망이 증가하였다.

- **불법 펜타닐의 등장과 제3의 위기**

헤로인에 이어 더 강력하고 저렴한 합성 오피오이드인 펜타닐이 불법 약물 시장에 등장했다. 불법 펜타닐이 널리 퍼지기 시작하면서 펜타닐에 의한 제3의 위기를 맞게 되었다.

불법으로 만들어진 펜타닐에는 헤로인이나 코카인과 같은 다른 마약이 섞여 있기도 하고, 치사량에 해당하는 2㎎ 이상의 펜타닐이 함유된 경우가 많아 과다복용으로 사망하는 경우가 빈번하게 발생했다. 더욱이 가짜 아편계 약물과 같은 모양으로 만들어 유통되기 때문에 사용자들은 펜타닐인지 모르고 복용하기도 하였다. 펜타닐의 등장은 미국 내 마약의 위험성을 한층 더 심각하게 만들었고, 이로 인한 사망률도 대폭 상승하였다.

⊙ 펜타닐 과다복용에 의한 사망의 원인

● **불법 제조 및 유통** 불법으로 제조된 펜타닐의 유통이 사망 사건 증가의 주된 원인이 되었다. 불법 펜타닐은 제조 과정에서 품질 관리가 이루어지지 않기 때문에, 불순물이 포함될 가능성이 높고, 함유량도 일정하지 않았다. 실제로 압수된 펜타닐 정제 중 일부는 펜타닐 함량이 치사량인 2㎎의 두 배를 초과하는 것으로 나타났으며, 절반 이상이 치사량을 넘는 수준이었다. 이러한 불규칙한 함량과 불순물로 인해 사용자가 펜타닐 과다복용으로 사망할 위험이 크게 증가하였다.

● **다른 마약과의 혼합** 펜타닐은 극소량만으로도 강력한 효과를 나타내지만, 종종 헤로인이나 메트암페타민과 같은 다른 마약과 혼합되어 유통된다. 이러한 혼합물을 복용할 경우, 펜타닐만 단독으로 복용했을

때와는 달리 매우 낮은 펜타닐 농도에서도 치명적일 수 있으며, 사망할 수도 있다. 실제로, 펜타닐을 다른 약물과 섞어서 사용하면 펜타닐만 복용했을 때보다 최대 0.1%의 양으로도 사망할 수 있다는 보고가 있다. 펜타닐과 다른 약물을 함께 복용하는 경우 치사량을 정확히 예측하기 어렵고, 이로 인해 사망의 위험이 크게 증가한다. 통계에 따르면, 펜타닐을 복용하는 사람 중 약 85%가 다른 약물을 동시에 복용하고 있어, 사망 위험을 더욱 높이는 요인이 된다.

● **마약 카르텔** 펜타닐 생산·유통을 담당하는 주요 마약 밀매 조직의 존재도 펜타닐 관련 사망률 증가에 크게 기여하고 있다. 멕시코의 대표적인 마약 카르텔이 마약 시장을 장악하고 있다. 이 조직들은 펜타닐을 다른 물질과 혼합하거나, 합법적인 진통제처럼 보이는 가짜 약의 형태로 제조하여 유통한다. 이 가짜 약은 진짜와 구분하기 어려워 일반인들이 진짜 옥시코돈 제품으로 착각해 복용하게 된다. 그 결과, 펜타닐 과다 복용으로 인한 사망 사례가 발생하고 있다.

또한 불법 펜타닐 정제를 유통하는 사람들은 더 많은 이익을 얻기 위해 펜타닐에 다른 물질을 섞어 판매를 한다. 실제 압수된 불법 펜타닐 정제 분석 결과, 펜타닐의 함유량은 9.1%에서 12.5% 사이로 아주 낮았고, 나머지 부분은 다른 물질로 채워져 있었다.

● **펜타닐의 생산비용 및 접근성** 펜타닐은 저렴한 화학 물질로 대량 생산이 가능하다. 식물 기반의 천연 오피오이드와 달리, 펜타닐은 합성을 통해 얻어지기 때문에 생산비용이 상대적으로 아주 낮게 된다. 공장이

만들어지고, 원료물질만 확보된다면 24시간 연속 생산이 가능하여 공급을 증가시키고, 단가도 낮출 수 있게 된다. 펜타닐의 낮은 제조 비용은 판매가격에도 반영되어, 미국에서는 정제 한 알의 가격이 1달러 정도로 매우 저렴하기 때문에 쉽게 접근이 가능하여 무분별한 사용과 중독이 촉진되고 있다.

⦿ 국내 펜타닐 패치 남용 사례

2021년 5월, 일부 고등학생들이 지역 병원들을 돌며 펜타닐 패치를 처방받아 남용한 사건이 발생했다. 이들은 극심한 통증을 호소하며 의료진을 속여 패치를 처방받았고, 공원이나 교내 화장실과 같은 장소에서 피부에 부착하거나 불에 태워 흡입하는 방식으로 남용했다. 호기심으로 시작된 이 행위는 곧 심각한 문제로 이어져, 관련 학생들이 검거되었고, 수사 과정에서 이들이 펜타닐에 중독된 정황이 드러났다. 이 사건은 펜타닐 패치와 같은 강력한 진통제의 남용 가능성과 청소년의 약물 접근성에 대한 우려를 더욱 증폭시켰다.

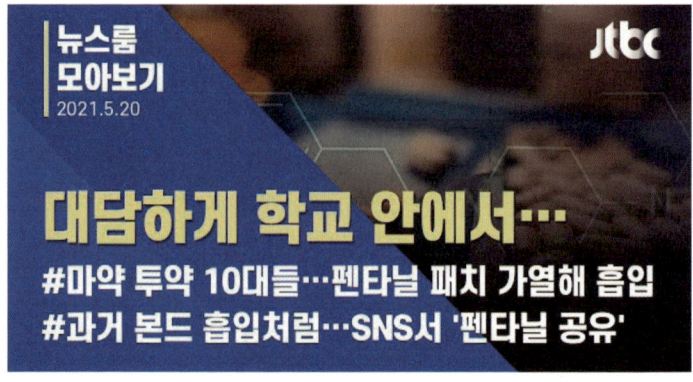

펜타닐 패치 사건

⊙ 또 다른 합성 마약은 어떤 것이 있을까?

"마약이 나쁘다고 하면서 왜 합성 마약을 만들까?"

아편에서 나오는 천연 마약인 모르핀이 수 많은 환자들의 통증 치료에 다 사용될 수는 없는 한계가 있다. 암환자가 사용하는 진통제의 수요가 증가하고 있고, 장기간 모르핀 복용으로 내성이 생긴 경우는 다른 대체 마약성 진통제가 필요하기 때문에 의료용 합성마약이 지속적으로 개발 되고 있다. 합성마약은 아편계 진통제 와 비슷한 화학적 구조를 갖고 있는 물질을 일컫는 것으로 페치딘, 메사돈, 펜타닐 등이 있다.

● **페치딘(Pethidine)** 페치딘(메페리딘)은 합성 아편계 진통제로 통증을 완화하기 위해 사용된다. 아트로핀(Atropine) 유사물질의 개발 중에 발견된 최초의 합성 마약으로 오페리딘(Operidine), 돌란틴(Dolantin), 데메롤(Demerol) 등의 다른 이름이 있다. 모르핀의 1/10 정도의 진통 작용이 있다. 또 아트로핀과 같이 부교감신경에 작용하고 파파베린과 비슷한 진경 작용이 있다. 호흡중추 억제 작용이 강하며, 과량을 투여하면 호흡억제, 혼수, 사망에 이른다. 만성 중독환자는 정신착란, 진전(떨림), 환각, 경련 등의 증상을 일으킨다. 페치딘은 모르핀과 비교할 때 안전하고, 중독의 가능성이 낮다. 그러나 과량을 남용했을 때는 치명적일 수 있다.

● **메사돈(Methadone)** 메사돈은 1937년 독일에서 아편 부족으로 인한 문제를 해결하기 위해 모르핀의 대체 약물로 개발되었다. 1941년 폴라미돈(Polamidone)이라는 이름으로 특허를 얻었다. 1943년 시판되기 시작하여 2차대전 중 사용되었다. 미국에서 1947년 진통제로 사용이

허가되었다. 1960년대부터 아편중독 환자들을 치료하는 약으로 사용되고 있다. 화학적으로는 헤로인, 모르핀과 다르지만 아편 수용체에 작용하여 효과를 내기 때문에 아편 진통제와 거의 비슷한 작용을 나타낸다.

헤로인 중독에 치료 효과가 있어 치료 농도를 유지하기 위해 사용된다. 네덜란드 등에서는 마약 중독자를 치료할 때 금단증상을 방지하기 위해 사용한다. 그러나 일부 남용자들은 여러 병원에서 메사돈을 처방받아 메사돈 과량 사용으로 중독이 되어 또 다른 문제를 야기하고 있다. 우리나라에서는 1966년에 메사돈 마약 사건이 있었다. 일반의약품인 진통제에 메사돈을 넣어 판매하여 사회적인 물의를 일으킨 사건이었다.

● **반합성 아편계 진통제** 화학적으로 합성되는 합성 마약과 같이 천연 아편계를 이용하여 합성되는 반합성 마약도 있다.

대표적인 반합성 마약 중 의료용으로 널리 쓰이는 것은 히드로코돈(hydrocodone), 옥시코돈(oxycodone), 부프레노르핀(Buprenorphine), 히드로모르폰(hydromorphone) 등이 있다. 이 중 부프레노르핀과 옥시코돈은 테바인에서 만들어지고, 히드로모르폰은 모르핀에서, 히드로코돈은 코데인에서 합성된다.

의약용으로 쓰이는 옥시코돈은 경구 또는 정맥주사로 사용된다. 그러나 남용을 하는 사람들은 정제를 부숴 물에 녹인 다음 주사를 하기도 하고, 정제를 태워 증기를 들이 마시기도 한다. 남용하는 사람들은 안락감과 편안함을 얻기 위해서 사용하지만 부작용으로 호흡저하가 나타나고 과량 복용에 의해서 졸림, 근육약화, 서맥, 혼수, 사망에 이를 정도로 위험하다.

의약용으로 쓰이는 반합성, 합성마약으로 인한 부작용은 아주 심각하다. 중독이 되면 일상생활에 대한 관심이 없어져 일, 가족, 경제적인 문제가 발생하면서 사회적으로 커다란 손실을 초래한다. 보건학적으로도 우울증이나 다른 정신질환도 발생하여 건강상 문제가 야기된다. 합성 마약을 알코올과 같이 투여하는 사례가 많은 것도 사태를 악화시키는 요인이 되고 있다. 병용 투여를 하면 상승작용으로 몸과 뇌의 작용이 저하되어 치명적인 증상을 일으키게 된다.

2002년 모스크바 극장 인질 사건

2002년 10월 23일, 무장한 체첸공화국인 42명이 모스크바의 두브로브카 극장을 장악하고, 공연을 관람 중이던 850명의 시민을 인질로 잡았다. 이들은 체첸에서 러시아 군대의 철수를 요구하였다.

러시아 군은 인질 구출 작전 중 펜타닐 유사체를 포함한 가스를 극장 내부에 살포하였다. 이 과정에서 40명의 테러리스트와 128명의 인질이 사망하였다. 사용된 가스의 정확한 성분은 초기에 미상이었으나, 영국 생화학 방어연구소의 조사를 통해 펜타닐 유도체인 카펜타닐과 리미펜타닐이었다는 것이 밝혀졌다.

펜타닐에는 많은 유사체가 있다. 펜타닐과 구조가 비슷한 40가지 이상의 유사체가 알려져 있는데, 이들의 작용 강도는 약물에 따라 큰 차이를 보인다. 예를 들어, 펜타닐은 헤로인보다 50배, 모르핀보다 100배 강하지만 아세틸 펜타닐은 모르핀보다 15배 강하고, 카펜타닐은 모르핀보다 10,000배 강력한 효과를 나타낸다.

6
마약중의 마약, 코카인

- 남미 원주민들은 왜 오랫동안 코카잎을 씹었을까?
- 코카인은 왜 코로 흡입할까?
- 코카인은 얼마나 강한 중독성을 가진 마약일까?

⊙ 코카인은 어디에서 만들어질까

스페인 정복자들이 남미를 점령했을 때, 원주민들이 코카나무의 잎을 씹거나 차로 우려마시는 것을 발견했다. 원주민들은 이 잎을 씹으면 허기를 덜 느끼고 더 오랫동안 일할 수 있다고 전했다. 코카나무는 주로 남미의 안데스 지역에서 자라며, 코카 잎의 사용은 3,000년 전의 미라에서도 발견된 바 있다. 고대 잉카 제국의 원주민들은 산소가 부족한 고산지대에서 생존을 돕기 위해 코카잎을 씹거나 차로 마셨다. 약 90% 이상의 원주민은 하루에 약 50g 정도의 코카잎을 씹기 때문에, 이로 인해 치아에 검고 붉은 반점이 남는 특징을 갖고 있다.

코카잎은 만병통치약으로 여겨져, 상처 부기 완화, 뼈 치료, 감기 치료 등 다양한 목적으로 사용되었다. 원주민들은 코카잎을 씹을 때 놀랍게도 알카리성 물질을 함께 섞어 씹는 과학적인 방법을 이용했다. 이 방법은 '아큐리코(acullico)'라고 부른다. 코카잎을 둥글게 공처럼 만들고 석회와 같이 강한 알카리성 물질과 함께 씹어 잎에서 코카인이 더 쉽게 추출되고, 잘 흡수되도록 하는 방법이었다. 석회처럼 알카리성이 강한 물질과 씹으면 코카인이 구강점막을 통해 흡수가 잘 되기 때문에 석회는 코카인의 작용을 극대화하는 데 중요한 역할을 한다.

코카나무(Erythroxylum coca)는 주로 남아메리카 안데스 지역—특히 페루, 볼리비아, 콜롬비아—에서 자생하며, 이들 국가에서 현금작물로 재배된다. 이 세 나라의 재배·생산량은 비슷하다. 한편, 브라질과 칠레에서도 자연 상태의 코카나무가 발견된다.

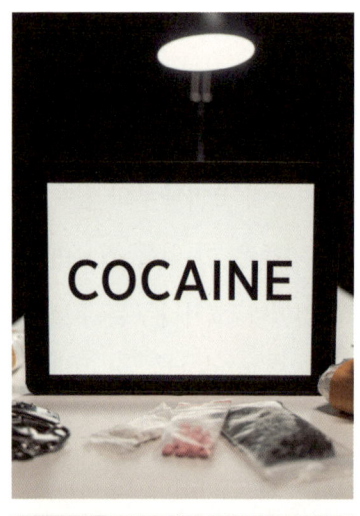

코카 잎

코카나무는 일반적으로 1~2미터 높이로 자라며, 나무의 평균 수명은 30~40년이지만, 최대 100년까지 살 수 있다. 코카나무의 꽃은 연노랑 꽃잎으로 이루어져 있으며, 꽃밥은 하트 모양이다. 열매는 타원형의 붉은 열매로 맺힌다. 코카잎은 일반적으로 0.5~1%의 코카 알칼로이드를 함유하고 있으며, 이는 기후조건, 나무의 나이, 토양의 질, 비료 사용, 수확 시기 및 건조 과정에 따라 변한다.

코카잎의 건조 과정은 햇빛 아래에서 하루 3시간씩 3일 동안 진행되고, 건조 상태에 따라 잎의 품질이 분류된다. 건조된 코카잎은 녹차 잎 냄새와 비슷한 향을 가진다. 코카잎은 1년에 4번 수확할 수 있다. 말린 코카잎은 황갈색 또는 녹갈색이다.

⊙ 코카인의 분리 및 남용

1859년, 독일 화학자 알버트 니에만(Albert Niemann)이 코카잎에서 코카인을 분리했다. 1880년대부터 코카인은 안과 수술 시 마취제로 사용되기 시작하여, 20세기에는 국소 마취제 및 진통제로, 널리 사용되었다.

미국의 약사인 존 펨버튼(John Pemberton)은 코카잎을 재료로 한 프렌치 와인 코카(French Wine Coca)를 개발했다. 처음에는 약용 음료로 판매되었으나 1886년 탄산수와 혼합한 새로운 탄산음료인 코카콜라(Coca-Cola)가 탄생하면서 소비자에게 활력을 주는 효과 덕분에 폭발적인 인기를 끌었다.

1850년대부터 1900년대 초반까지, 코카인과 아편이 들어간 물약, 강장제, 와인은 사회 모든 계층에서 널리 사용되었다. 그러나 코카인 사용이 증가하면서 그 위험성이 점차 드러났고, 1903년 대중의 압력으로 코카콜라 회사는 코카콜라에서 코카인을 제거했다.

1961년부터 세계 각국에서 마약에 관한 단일협약에 따라 의료 목적이 아닌 코카인 사용을 범죄로 규정하고 있다. 그러나 여전히 코카인은 전 세계적으로 매년 약 1,400만 명에서 2,100만 명이 복용하고 있다. 특히 선진국에서는 시민의 약 1%에서 3%가 일생에 한 번 이상 코카인을 사용한 경험이 있다고 보고되고 있을 정도이다. 이러한 남용은 북미 지역에서 특히 두드러지며, 2018년에는 미국에서만 14,466명이 코카인 과량 복용으로 사망한 것으로 집계되었다.

코카인 사용은 초기에는 밀리그램 단위로 시작되지만, 사용자는 점차 더 많은 양을 필요로 하게 된다. 일반적으로 중독량은 약 0.1g(100㎎)이며, 치사량은 약 1g에서 1.2g 사이 이다. 중독이 심화되면 일부 사용

코카인

자는 하루에 최대 15g까지 복용하는 극단적인 사례도 보고되고 있다.

⦿ 코카인의 작용 및 부작용

코카인은 중추 신경계를 자극하는 흥분제로, 사용 시 경각심과 활동성이 증가하고, 정신적 에너지가 상승한다. 이로 인해 일시적으로 업무 수행 능력이 향상되며, 자신감, 안락감, 성적 흥분 등이 유발된다. 처음에는 흥분 상태를 경험할 수 있지만, 장기간 사용할 때 다양한 부작용이 나타난다.

부작용으로는 혈압 상승, 빈맥, 호흡 증가, 체중 감소, 동공 확대가 있으며, 불면증, 불안, 기분 저하, 만성 피로, 기억력 감퇴, 집중력 저하, 두통, 편집증, 코 출혈, 그리고 업무능력 저하 등이 발생할 수 있다.

가장 심각한 경우에는 정신적 혼란, 편집증을 경험하고, 과다 복용 시 경련, 호흡 마비, 관상동맥 협심증 심지어 사망에 이를 수 있다. 가장 일반적인 코카인 사용 방법은 코 점막 흡입(Snorting)이다. 코카인의 투여방법 중 가장 널리 사용되며, 남용자의 약 95%가 이 방법을 이용한다. 이 방법은 코카인이 코의 점막을 통해 빠르게 혈관으로 흡수되어, 신속하게 효과가 나타나는 이유로 선호된다.

코카인을 코로 흡입하기 위해 종이나 지폐를 둥글게 말아 사용하거나, 빨대, 볼펜 통 등을 잘라 사용한다. 사용자는 편평한 바닥에 100~200㎎의 코카인을 3~5㎝ 길이로 준비한 후, 한쪽 코를 막고 다른 쪽 코에 도구를 넣어 흡입한다. 코카인 흡입은 코 내부의 혈관을 강하게 수축시켜 손상을 일으키며, 과다 복용으로 사망한 경우 코점막에 괴사가 발생하는 것이 특징적으로 나타난다. 코점막 흡입은 다른 마약 투여 방법과 달리 주사 흔적이 남지않기 때문에, 사용자가 약물 남용자임을 숨길 수 있어 사용되기도 한다.

코카인을 경구로 투여할 경우 혈액으로 흡수되기까지 약 30분이 소요되며, 투여한 양의 약 1/3만이 흡수된다. 비교적 흡수 속도가 느리기 때문에 다른 방법에 비해 덜 선호한다.

코카인 사용에 의한 안락감이나 흥분 상태는 비교적 짧아서 대략 45분 정도 지속된다. 이 짧은 지속시간은 사용자로 하여금 더 자주 약물을 복용하게 만든다. 남용이 심한 사례에서는 사용자들이 10분 간격으로 지속적으로 코카인을 투여하기도 하며, 12시간 동안 연속해서 약물을 사용하는 경우도 있다. 아주 심각한 경우에는 며칠 동안 계속하여 약물을 사용하기도 한다.

지속적인 고용량의 코카인 사용은 신체에 극심한 부담을 주며, 종종 사용자가 코카인이 소진되거나 지칠 때까지 투여하기도 한다. 이 과정에서 과다복용으로 사망에 이르는 경우가 발생한다.

◉ 코카인을 사용한 유명 인사들

코카인과 관련된 사례 중에서 지그문트 프로이트의 이야기는 시사하는 바가 많다. 프로이트는 코카인을 연구하고 그 잠재적인 의학적 이점을 발견한 인물로, 처음에는 이 약물의 의약적인 가능성에 매료되었다. 그는 1884년에 발표한 논문에서 코카인을 진통제 및 항우울제로서의 가능성을 탐구했으며, 자신도 실험적으로 코카인을 사용했다. 프로이트는 코카인이 피로 회복과 기분 향상에 도움이 된다고 느껴, 심지어 친한 친구인 에른스트 폰 플라이쉬 마르코프에게 아편 중독에서 벗어날 수 있는 대안으로 코카인을 추천하기까지 했다.

프로이트의 권유로 그의 친구는 코카인을 사용하기 시작했으나, 결과는 참담했다. 플라이쉬 마르코프는 코카인에 급격히 중독되어 건강이 악화되었고, 결국 코카인 중독으로 생을 마감했다. 이 사건은 프로이트에게 큰 충격을 주었고, 그 이후 그는 코카인 연구에서 손을 뗐다. 이 사례는 코카인의 위험성을 세상에 알리는 계기가 되었으며, 프로이트 자신도 이 경험을 통해 약물의 위험성을 더욱 깊이 인식하게 되었다. 프로이트의 사례는 초기에는 코카인이 만병통치약으로 여겨졌던 시대의 일면을 보여 준다. 그러나 그의 친구의 비극적인 사망은 코카인이 갖는 중독성과 치명적인 부작용을 고스란히 드러내었다.

코카인 사용으로 사망한 유명 인사들도 아주 많다. 그 중에서도 휘트니 휴스턴과 그녀의 딸 보비 크리스티나 브라운 그리고 로버트 캐네디의 아들 데이비드의 사례는 각각의 비극 뒤에 코카인이 있었다는 공통점이 있다. 휘트니 휴스턴은 2012년 욕조에서 익사한 채 발견되었는데, 부검 결과 코카인으로 인한 심장 질환이 사망 원인이었다고 밝혀졌다. 그녀의 딸도 비슷한 상황에서 발견되어 결국 사망에 이르렀다.

⦿ 셜록홈즈와 코카인

셜록 홈즈의 『주홍색 연구(The Study in Scarlet)』와 『4명의 서명(The Sign of Four)』에서 코카인을 사용하는 모습이 묘사된다. 홈즈는 자신의 지루함과 정신적 공허함을 채우기 위해 코카인을 사용했다. 『4명의 서명』에서 코난 도일은 홈즈가 7% 용액의 코카인을 주사하는 것으로 첫 장면을 묘사하여, 그가 지닌 예민하고 불안정한 면모를 강조한다. 19세기 말에서 20세기 초에는 코카인이 합법적이고 널리 사용되던 시절이었다. 이는 시대적 배경과 맥락 속에서 홈즈 캐릭터를 더욱 풍부하게 이해하는 데 기여하였다. 셜록 홈즈의 코카인 사용은 그의 천재성과 복잡한 심리 상태를 돋보이게 하면서도, 그의 인간적인 취약성과 결점을 드러내는 중요한 요소로 작용하였다. 이러한 묘사는 홈즈를 단순한 탐정 캐릭터를 넘어, 깊이 있는 인간적인 캐릭터로 만드는 데 크게 기여했다.

몸으로 코카인을 운반하는 사람들

최근 태국 공항에서 코카인 비닐봉지 115개를 삼킨 한 사람이 검거되었다는 뉴스가 있었다. 이 뉴스를 듣는 순간 20년 전 우리나라에서 발생했던 사건이 생각났다. 2003년, 페루의 리마에서 출발해 로스앤젤레스를 경유하여 서울로 향하던 중 한 승객이 고온과 복부 통증을 호소하였다. 비행기내에 승객 중 의사가 응급처치를 하였음에도 이 승객은 사망했다. 국내에 도착한 다음 날 사망자에 대한 부검이 실시되었다.

부검 결과, 승객의 소장과 대장에서 총 115개의 검은색 비닐봉지가 발견되었다. 일부 봉지가 파손되어 내부의 백색 물질이 새어 나왔으며, 실험 분석 결과 코카인 성분이 검출되었다. 총 3개의 비닐봉지가 파손된 것으로 확인되었다. 부검 후 채취된 혈액과 소변의 독극물 검사에서도 다량의 코카인이 검출되었으며, 사인은 코카인 중독으로 판명되었다. 115개의 비닐봉지에 담긴 코카인의 총량은 900g으로, 이는 약 3만

명이 동시에 투약할 수 있는 양이었다. 또한, 코카인의 순도는 약 90%로 매우 높은 수준이었다. 이 사건은 마약 밀수를 시도하는 바디패커의 전형적인 사례 중 하나였다.

바디패커가 운반하는 마약 봉지가 체내에서 파손될 경우, 코카인이 빠르게 흡수되면서 과다 복용으로 사망하게 된다. 이는 매우 위험한 상황으로, 생명을 위협하게 되며, 긴급한 상황으로 이어진다. 바디패커들은 마약을 콘돔, 풍선, 플라스틱, 고무장갑 등 누수되지 않는 재료에 담아 몸에 숨기거나 삼킨다. 이들은 표면을 왁스로 덮어 추가적인 보호를 하며, 최종 목적지에서 이를 배설하여 마약을 전달하는 방식을 사용한다. 바디패커가 운반하는 마약은 주로 값이 비싼 코카인이나 헤로인이며, kg 단위의 대량 마약을 한꺼번에 운반한다. 포장이 완벽하지 않을 경우 마약 봉지가 체내에서 파손되어 심각한 건강 문제나 사망을 초래할 수 있다. 이러한 위험 때문에 바디패커의 역할은 극히 위험하며, 자주 사망 사례가 보고된다.

태국 공항의 사건과 2003년 국내에서 발생한 사건은 우연하게도 코카인이 함유된 비닐봉지의 수가 동일하고, 모두 바디패커 방식을 이용한 것이라는 점에서 특이하였다.

바디패커와 비슷한 바디 스터퍼(Body-stuffer)도 있다. 바디 스터퍼는 마약을 소지하고 있다가 검거되려는 순간에 급하게 마약을 체내에 숨기는 사람을 말한다. 단속을 피해 급하게 마약을 삼키거나 직장 등 신체 부위에 숨기기 때문에 소량이지만 치명적일 수 있다.

7
코카인보다 더 무서운 마약, 크랙의 진실

- 코카인의 대체제로 등장한 크랙, 어떤 마약이며 어떻게 만들어졌을까?
- 크랙은 왜 코카인보다 더 위험한 마약으로 불릴까?
- 크랙은 인체에 어떤 작용을 하며, 중독성이 얼마나 강할까?

⊙ 크랙(Crack)은 무엇인가?

1970년대 후반부터 1980년대 초반까지 코카인은 미국을 비롯한 여러 나라에서 큰 인기를 끌었다. 당시 코카인은 주로 중산층 이상의 사람들이 사용하는 고급 마약으로 여겨졌으며, 가격이 매우 비쌌기 때문에 경제적으로 여유가 없는 사람들은 접근하기 어려웠다.

이에 마약 밀매단은 코카인의 판매를 더 넓은 소비자층으로 확대할 방법을 모색하기 시작했고, 1980년대에 코카인의 가격이 급락하면서 등장한 마약이 바로 크랙코카인이다. 크랙이 등장하게 된 배경은 1970년대 말 코카인의 과잉공급 때문이라고 전해진다. 미국에 코카인이 과잉공급되면서 값이 80%나 떨어졌다. 이에 마약밀매단은 코카인 분말을 변형하여 흡연이 가능한 형태로 만들어 소비층을 늘리기 시작했다.

크랙은 코카인보다 훨씬 저렴하며, 적은 양으로도 강한 효과를 낼 수 있어 가난한 사람들 사이에서 널리 퍼졌다. 작은 돌덩이처럼 생긴 크랙은 쉽게 적은 양으로 나누어 팔 수 있어 거래가 활발했다. 부유한 백인들이 사용하는 코카인과는 달리 적은 양 단위로 판매가 되니 돈이 없는 사람들도 쉽게 살 수 있게 되었다. 대도시 빈민가의 가난한 사람들이 코카인은 못 사지만 크랙은 구입할 수 있었다.

따라서 크랙은 미국의 도시 빈민가에서 크게 유행했다. 크랙의 유행은 미국 도시의 가난한 흑인 커뮤니티에서 심각한 영향을 미쳤다. 저렴한 가격과 높은 중독성으로 인해 많은 사람들이 범죄에 노출되고 가정이 파괴되는 등 사회 문제가 심화되었다. 더욱이 10대 청소년들조차 살 수 있게 되면서 심각한 사회문제가 되었다. 미국에서 실시한 조사에 따르면 미국 국민 중 6백만 명(12세 이상) 이상이 평생에 한 번은 크랙을 복용한 적이 있다고 할 정도였다. 특히 고등학교 상급생 중 4%가 크랙을 복용한 적이 있다고 할 정도로 노출이 심각했다.

크랙 코카인은 '죽음의 마약'이라고 불릴 정도로 사회적으로 큰 문제를 일으켰다. 크랙은 코카인을 가공하여 흡연할 수 있는 형태로 만든 것으로, 가열했을 때 특유의 '크랙(Crack)' 소리가 나는 데서 이름이 유래되었다. 흡연시 빠르고 강한 효과를 나타내며, 중독성이 매우 높다.

2g의 크랙 코카인

흡연을 할 수 있게 되면서, 더 많은 사람들이 판매의 대상이 되었다. 싸고, 만들기도 쉽고, 사용하기 쉬워 밀매단은 크랙으로 큰 이익을 얻게 되었다. 크랙 생산으로 돈을 벌게 되면서 더 많은 크랙이 만들어졌다.

처음 사용할 때는 크랙이 싸지만 남용하는 사람들의 실상을 알게 되면 꼭 그렇지도 않다. 1회 용량이 2달러 정도로 저렴하지만 중독이 되면 더 자주 사용하게 되기 때문에 돈을 더 쓰게 된다. 전체적으로 보면 더 많은 양의 크랙을 사용하기 때문에 투여된 비용은 절대 싼 가격이 아니다.

⊙ 크랙코카인의 남용 추세

크랙은 카리브해에서 이민 온 사람들이 마이애미의 학생들에게 만드는 법을 알려주면서 전파되기 시작하였다는 이야기가 있다. 십대 청소년들이 크랙을 만들고, 이를 유통하는 사업에 관여하면서 미국의 주요 도시로 크랙이 전파되었다고 한다.

크랙의 사용이 급증한 것은 흡연 액세서리가 상용화된 1975년부터였다. 크랙은 덩어리 상태인 결정체이기 때문에 크랙파이프, 라이터 등 흡연 액세서리를 이용해서 가열하여 연기를 흡입하는 방식으로 남용한다. 1978년에 흡연 액세서리가 전 미국에 퍼지면서 크랙 과다 복용에 의한 중독으로 응급실을 찾는 환자가 발생하기 시작했다.

1979년 코카인 중독으로 병원을 찾는 환자 중 크랙을 사용한 환자의 수는 1%로 미미하였다. 하지만 1982년에는 비율이 7%로 높아지면서 크랙에 의한 중독 증상이 심각하게 인식되었다.

1982년과 1985년 3년 사이에 미국에서 크랙 남용자의 수는 160만 명으로 엄청나게 늘었다. 지역적으로 1984년, 1985년에 미국의 뉴욕, 필라델피아, 워싱턴 D.C., LA 등 미국 전역에서 사용이 급증하였다.

1990년대부터는 크랙의 남용은 줄어들었지만, 미국에서는 2014년에도 5,500명이 크랙으로 인해 사망하였다.

영국에서는 2002년 크랙 남용자가 급증하면서 크랙 유행이 발생했다.

2000년에서 2006년 사이에 압수된 전체 마약 중 크랙이 74%를 차지할 정도로 많았다. 남용의 방법에서도 미국과 차이가 있는데, 영국에서는 크랙을 흡연하지 않고, 주사로 남용하는 특징이 보였다.

⊙ 크랙의 제조 및 유통

크랙의 주요성분은 유리형의 코카인이다. 만드는 방법은 여러 가지가 있는데, 모두 염산코카인을 출발 물질로 한다. 분말 염산코카인을 물에 녹이고 탄산수소나트륨, 탄산암모늄 또는 베이킹파우더로 반응을 시킨다. 이렇게 혼합된 물질을 끓여서 말리면 바위와 같은 덩어리가 만들어지는데 이것이 바로 크랙이다. 코카인에서 크랙을 만들 때, 1g의 코카인에서 6회 용량의 크랙이 만들어지기 때문에 비교적 값이 저렴하게 된다. 따라서 크랙 가격은 코카인의 1/10 정도로 저렴하다. 크랙은 주로 흰색, 크림색, 베이지색의 작은 덩어리 또는 크리스탈 형태이다. 크랙의 1회 용량은 100~200㎎으로 알려져 있다.

크랙은 불법 비밀실험실에서 만들어지기 때문에 제조시 불순물이 포함되는 사례가 많다. 정제된 재료를 쓰지 않고, 사용하는 물질의 순도를 모르기 때문에 불순물이 함유될 가능성이 아주 크다. 따라서 불순물에 의한 독성으로도 사망사고가 발생한다.

크랙은 유통될 때, 75~100% 정도의 고순도의 품질로 거래된다. 그러나 양을 늘리기 위해 첨가제를 넣은 경우가 종종 발생한다. 벤조카인, 리도카인, 카페인, 암페타민, 스트리크닌 등이 첨가되면서 위험성이 증대된다. 독성이 있는 구충제인 레바미솔을 양을 늘리기 위해 사용한 경우도 있었다. 첨가제를 넣으면 순도에 차이가 생기는데, 사용자는 이를 모르고 복용하게 되는 것도 문제이다. 어떤 때는 순도가 낮은 것을 복용할 수도 있고, 어떤 때는 순도가 너무 높은 것을 복용하게 되면서 효과가 다르게 나타나게 된다. 심한 경우, 고순도 크랙을 복용하여 사망하는 사례도 발생할 수 있다.

⦿ 크랙의 작용 및 부작용

코카인은 코 점막 흡입으로 남용되지만, 크랙은 주로 흡연으로 남용된다. 코카인은 물에 용해되고, 상당히 높은 온도에서 기화되기 때문에 흡연으로 사용되지 않는다. 그러나 크랙은 낮은 온도에서 기화되기 때문에 흡연이 가능하다.

크랙은 파이프를 이용하여 흡연하거나, 가열한 알루미늄 호일 위에 크랙을 올려놓고 증기가 발생하면 그 증기를 흡입하는 방법을 이용한다. 단독으로 사용하기도 하지만 대마 또는 담배와 같이 흡연하기도 한다.

크랙을 복용하면 안락감, 과도한 자신감, 식욕부진, 불면, 각성작용, 환각, 에너지가 넘치게 된다. 코카인과 마찬가지로 뇌에 있는 신경 전달 물질인 도파민을 증가시켜 쾌락과 행복감을 준다. 그러나 쾌락 등의 효과는 5분에서 10분 정도로 짧다. 효과가 빠르게 사라지고 나면, 약물을 사용하기 전보다 더 우울해진다. 따라서 더 많은 크랙을 찾게 되고, 편집증이 생기게 된다.

크랙을 흡연하게 되면 폐를 통해 혈액에 빨리 흡수가 되어 수 초 이내에 뇌에 도달한다. 지용성이어서 혈액뇌장벽을 쉽게 통과하여 작용이 빨리 나타난다. 효과가 빨리 나타나기 때문에 탐닉성도 급속히 나타나고, 다시 약물을 복용하려고 하는 욕구가 생겨 계속 약물을 복용하게 된다.

작용이 빨리 나타나는 것처럼, 크랙 과다 복용으로 인한 사망도 빠른 시간 내에 발생한다. 크랙을 과다 복용하여 사망한 경우, 75%가 흡연 5시간 이내에 사망한 것으로 알려져 있다.

과량을 복용하면 신장, 근육조직, 중추신경계에 영향을 미쳐 마비, 만성 정신병 등을 일으킨다. 코카인, 암페타민 등과 같은 각성제의 남용으로 발생하는 망상성 기생충감염 증세도 나타난다.

금단현상으로는 불안감, 우울증, 걱정, 메스꺼움, 피로, 근육통, 자살 충동 등이 있다. 크랙은 코카인 제제 중 중독성이 가장 크고 코카인에 비해 작용 시간도 길고 강한 흥분 작용을 나타낸다. 크랙에 의해 중독될 확률은 코카인보다 2~3배 높다. 더욱 위험한 것은 단 한 번의 사용으로도 중독되는 경우가 생기는 것이다.

크랙에 의한 중독 사망은 복용량, 사용자의 체중 등 여러 요인에 따라 달라진다. 치사량도 남용 정도에 따라 차이가 크다. 만성 중독자는 내성이 생겨 5g까지 복용하여도 사망하지 않을 수 있지만, 처음 사용하는 경우는 1회 용량을 복용하여도 사망하기도 한다.

◉ **크랙과 범죄**

크랙은 미국의 도시에 사는 흑인들에게 크게 영향을 미쳤다. 크랙으로 인한 마약중독, 사망, 마약 관련 범죄 등이 증가하였다. 1981년에서 1986년까지 크랙과 관련된 강도, 폭행 사건이 급증하였다. 크랙코카인의 폐해는 남미의 브라질에서도 심각했다. 브라질에서 크랙의 남용은 1987년경부터 시작되었는데, 상파울루 등 대도시의 빈민들이 주 사용자였다. 크랙의 남용이 증가하면서 2000년 빈민가에서 마약과 관련된 살인 등 범죄가 증가하였다. 이와 더불어 크랙 남용자의 숫자도 급증하여 2014년에는 미국의 남용자 수를 제쳤다. 이는 브라질의 크랙 남용자 수가 세계에서 최고로 많다는 것을 의미했다. 브라질에서 크랙이 많이 남용되는 이유는 몇 가지가 있다. 첫 번째로 코카인의 생산국인 콜롬비아, 페루, 볼리비아가 가까이 있다는 것이다. 둘째는 경제적으로 여유가 있기 때문에 마약을 구입할 수 있다는 사실이었다.

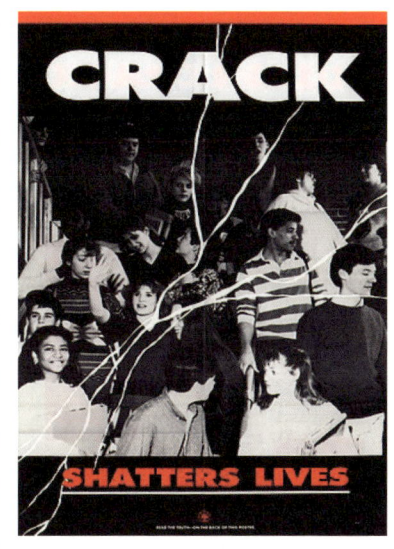

크랙코카인 포스터

 브라질에서는 크랙 남용자들이 희미한 불빛 아래 방수포를 치고 좀비처럼 길에 있는 모습을 크랙랜드(Crackland) 라고 표현한다.

 크랙에 의한 문제가 심각해지면서, 미국에서는 분말 코카인이나 크랙을 소지했을 때에 대한 처벌 규정을 만들었다. 코카인, 크랙의 최소 처벌에 대한 가이드라인으로 100:1 비율을 적용하였다. 즉 5g의 크랙을 500g의 코카인과 동일하게 처벌할 수 있게 하였다. 5g의 크랙을 소지하면 최소 5년 형을 적용할 수 있도록 한 것이었다. 그러나 이 법률은 형평에 맞지 않고, 코카인과 크랙 중에 함유되는 불순물 등 많은 문제가 내포되어 있어 2010년에 폐기되었다.

미국에서 발생한 크랙 전염병(Crack Epidemic)

크랙 코카인의 폭발적인 확산이 미국의 주요 도시 공동체에 파괴적인 영향을 미쳤다. 1980년대 중반부터 1990년대 초반까지 미국에서 크랙 코카인이 급속도로 퍼져 나갔다. 이 시기에 크랙은 저렴한 가격과 강력한 중독성으로 인해 급격히 유행하게 되었고, 특히 저소득층 도시 지역의 빈민가에서 큰 문제가 되었다. 크랙 코카인의 유행은 범죄율의 증가, 가족 구조의 붕괴, 실업률 증가, HIV/AIDS 확산 등 많은 사회 문제를 불러일으켰다. 1992년 로스앤젤레스 폭동도 크랙코카인과 간접적인 연관이 있다고 할 정도이다. 폭동의 직접적 원인은 경찰의 과잉 진압과 인종 차별적인 사법 시스템에 대한 분노였지만, 그 배경에는 크랙 코카인의 유행으로 인한 사회 경제적 불안정과 지역 공동체의 긴장이 자리 잡고 있었다.

크랙 코카인과 관련된 여러 유명 인사들의 사례도 주목을 받았다. 뮤지션, 배우, 스포츠 스타 등 유명인사들이 크랙 코카인 중독으로 인해 경력이 중단되거나 심각한 건강 문제에 직면하는 경우가 있었다. 이러한 사례들은 크랙 코카인의 위험성을 대중에게 경고하는 계기가 되었다.

크랙의 남용이 미국에 심각해지자 미국의 예술가이며 사회운동가인 키스해링(Keith Haring)은 1986년 "Crack is Wack"이라는 벽화를 그렸다. 벽화를 통해 뉴욕 사람들에게 크랙의 위험성을 경고하였다. 마약 퇴치의 캠페인 같은 이 용어를 사용한 유명인이 있다. 지금은 사망한 가수인 휘트니 휴스턴이다. 2002년 인터뷰에서 크랙 사용으로 재활을 받았다는 소문에 대한 답변에서 언급하였다. 본인은 돈을 많이 벌기 때문에 크랙처럼 싼 것을 흡연하지 않는다고 하면서 "Crack is Wack"이라는 말을 했다. 휘트니 휴스턴은 2012년 코카인 복용과 심장질환으로 욕조에서 사망했다.

1980년대에 레이건 대통령의 부인, 낸시 레이건이 주도한 "Just Say No" 캠페인은 마약 퇴치를 위한 대표적인 구호로 사용되었다. 이 캠페인은 특히 어린이와 청소년들에게 마약을 거부하도록 권장하는 메시지를 전달하며, 크랙 코카인의 위험성에 대한 인식을 높이는 데 중요한 역할을 했다.

# 2장

향정신성의약품의 얼굴들

1
백색 가루의 유혹, 필로폰과 히로뽕의 진실

- 필로폰과 히로뽕, 같은 물질일까 아니면 다른 물질일까?
- 메트암페타민은 인체에 어떤 작용을 하며, 왜 강한 중독성을 가질까?
- 메트암페타민이 외국보다 국내에서 더 많이 남용되는 이유는 무엇일까?

◉ 필로폰과 히로뽕

필로폰과 히로뽕은 같은 물질이다. 많은 사람들이 이 두 용어가 서로 다른 물질이라고 생각하지만, 사실 둘 다 메트암페타민(Methamphetamine)의 속어이다. 일반인에게는 히로뽕으로 더 널리 알려져 있다. 메트암페타민이라는 이름도 변화가 있었다 1970년에는 메탐페타민이라고 규정했고, 1973년 시행령에서는 메스암페티민이었는데 2012년 메트암페타민으로 바뀌었다.

메트암페타민은 일본에서 마황(Ephedra)을 연구하는 과정에서 탄생했다. 1885년, 일본 도쿄대 의학부 나가이 나가요시 교수는 오랫동안 한방에서 기관지 천식 치료제로 사용된 마황의 성분을 연구하고 있었다. 연구 중, 마황의 주성분인 에페드린(Ephedrine)을 추출하는 과정에서 메트암페타민을 처음으로 규명했다. 1893년에 에페드린에서 탈수산화(-OH) 과정을 거쳐 메트암페타민을 액체 형태로 만드는 데 성공했다.

이어 1919년 또다른 일본 화학자인 아키다 오가타가 환원반응을 통해 순수한 결정성 메트암페타민을 합성을 할 수 있게 되었다. 1921년, 일본 다이닛폰제약회사는 메트암페타민을 제조하여 필로폰이라는 상품명을 붙여 피로회복제로 판매했다.

필로폰이라는 이름은 일본어 피로(hiro) 와 한방에(pon)의 합성어로 피로가 즉시 사라진다 라는 의미라는 설과 그리스어 필로(사랑)와 포노스(일)를 합쳐 만들어져, 일을 열심히 하고 좋아한다는 의미로도 알려져 있다. 필로폰(Philopon)이라고 쓰였으나, 일본 사람들은 히로폰(ヒロポン)이라고 발음하였고, 우리나라에 들어오면서 센 발음의 히로뽕으로 불리게 되었다. 이후 계속 히로뽕으로 불리다가, 1990년대 후반부터 필로폰이라는 이름이 사용되기 시작했다.

⊙ 메트암페타민은 어떻게 생겼을까

메트암페타민을 염산염으로 만들면 무색 결정성 분말이 된다. 봉숭아 물을 들일 때 쓰는 백반과 매우 비슷하게 생겨서, 1970-1980년대에는 백반을 히로뽕이라고 속여 파는 사람들도 있었다.

우리나라에서는 필로폰과 히로뽕으로 불리지만, 나라마다 다양한 이름으로 불린다. 아주 잘 만들어진 메트암페타민은 순도가 97% 이상이라 불순물이 거의 없어 얼음처럼 투명하기 때문에 크리스탈(Crystal), 아이스(Ice)로 불린다. 이 외에도 스피드(Speed) 라는 이름도 있다.

메트암페타민은 광학적 이성질체가 존재하는데, 출발 물질과 제조 방법에 따라 최종 산물의 형태가 달라진다. 즉 최종 산물이 각성작용과 환각작용을 갖고 있는 물질이 되기도 하고, 비염 치료제로 쓰이는 물질이 생산되기도 한다.

⊙ 메트암페타민의 국제적 사용 역사

메트암페타민은 대표적인 각성제이다. 일본에서 처음 메트암페타민이 제약회사에서 생산되었을 때는 일반의약품으로 졸음을 쫓고 피로 회복을 위해 주로 사용했다.

필로폰 결정

그러나 제2차 세계대전이 시작되면서 일본에서 항공 요원과 군수물자 생산요원들에게 필로폰을 공급하여 사용하게 한 것이 습관성을 야기시키는 계기가 되었다. 전쟁 후, 일본에서는 습관성과 중독 증상을 가진 상습자가 급증하였고, 조직 폭력단이 관여하면서 커다란 사회문제가 되었다.

1934년 독일에서 메트암페타민을 생산하는 새로운 방법이 개발되어, 1937년 특허를 받았다. 1938년 페르비틴이라는 상품명으로 출시하여 독일에서 전투 능력을 향상시키기 위해 사용하였다. 그러나 부작용이 심하다는 사실이 알려지면서 군대에서의 사용은 축소되었다. 1950년대에는 비만 치료제로 오베톨 제약회사에서 오베톨이라는 이름의 약품이 생산되었다. 메트암페타민의 정신적 효과와 식욕 억제 작용으로 인해 인기가 있었지만, 중독성이 알려지면서 생산과 판매가 엄격하게 관리되었다.

이에 따라 미국에서는 1970년대 초반 메트암페타민을 마약류 규제법에 따라 스케줄 II 규제물질로 지정하였다.

메트암페타민에 대한 약리학적 작용에 대한 연구도 진행되어 비충혈 제거제, 비만 치료제, 기면증(밤에 충분한 수면을 취해도 낮에 심하게 조는 수면 장애의 일종) 등에 약효가 있음이 밝혀졌다. 미국에서는 메트암페타민이 데속신(Desoxyn)이라는 이름으로 미국 식품의약국의 허가를 받아 주의력결핍과다행동장애(ADHD)와 비만 치료에 사용되고 있다. 메트암페타민은 충동성을 관리하고, 집중력을 향상시키며, 걱정이나 불안감을 감소시키는 치료 효과가 있지만, 장기 사용에 따른 부작용이 심각하게 나타난다.

⊙ 국내에서 메트암페타민의 사용 역사

82년 전 광고에 "신 발매품, 피로 방지와 해소엔! 게으름뱅이를 없애는 ○○○"라는 문구가 있었다. ○○○이 필로폰이라고 하면 믿어질까? 1940년대 이야기다. 1960년대 후반 필로폰이 대용 마약으로 퍼지면서 사회적인 문제가 되었고, 제약회사가 이를 만들어 일본에 밀수출하는 일까지 벌어졌다. 이에 정부는 향정신성의약품 관리법을 1970년 제정하여 제조, 유통, 사용, 소지를 금지시켰다.

국내 생산 및 유통이 금지되었으나 1980년대 중반까지 여전히 밀제조가 가장 큰 문제였다. 일본에서 메트암페타민 남용 문제가 심각해지면서 일본 내 필로폰 밀제조에 대한 규제가 강화되었다. 그로 인해 일본에서 제조가 불가능해지자 우리나라와 대만에서 밀제조된 메트암페타민이 일본으로 유입되기 시작했다.

1980년대 중반이 되면서 한국과 일본의 경찰 공조 체제가 구축되어 메트암페타민 밀수출에 대한 단속이 강화되었다. 이에 따라 불법 제조된 메트암페타민이 국내로 역유입되면서 불법 제조지가 주로 있었던 부산을 중심으로 필로폰이 퍼졌다. 부산에서 남용자 수가 급증하였고, 마산, 창원 등으로 확산되었다.

1990년대부터 국내 밀제조에 대한 단속이 강화되면서 국내 밀제조는 급격히 감소했다. 2010년대 이후 국내 밀제조는 거의 사라져 매년 1건도 없을 정도이다.

그러나 국내 메트암페타민 남용자는 줄어들지 않고 수요는 계속 늘었다. 이에 따라 해외에서 밀제조된 메트암페타민이 유입되었다. 2000년대 국내에서 통용되는 메트암페타민 대부분은 중국에서 유입되었다. 2003년 통계에 따르면 중국산이 97.3%, 필리핀산이 2.5%였고, 2004년에는 중국산이 68.4%, 필리핀산이 34%였으며, 2005년에는 중국산이 81%, 필리핀산이 1.2%, 캐나다산이 15%로 중국산이 주를 이루었다.

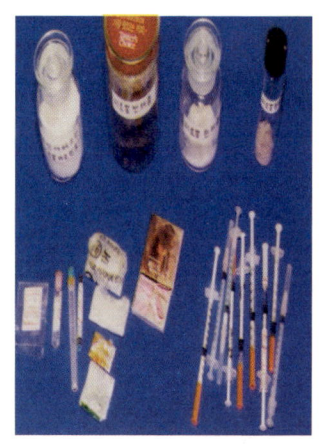

다양한 메트암페타민 압수품

메트암페타민은 여전히 우리나라에서 가장 많이 남용되는 마약류이다. 2022년 국립과학수사연구원 마약류 감정 백서에 따르면, 압수마약 중 메트암페타민이 차지하는 비율은 전체 마약의 64%였다. 또한 대검찰청에서 발간하는 마약류범죄백서에서도 필로폰 사범의 수가 전체 마약 남용자의 64.6%라고 하는 등 필로폰 남용이 주를 이루고 있다.

⦿ 국내에서 메트암페타민을 제조하다 적발된 사례

1996년 7월, 부산에서 화공약품을 원료로 필로폰을 제조한 30대 남성이 있었다. 그는 화학에 관심이 많아 필로폰 제조법에 집착하며 연구를 거듭해왔다. 대학 1학년 때부터 필로폰 제조 연구에 착수하여 17가지 제조법을 시도하다가 12년 만에 제조에 성공했다. 농가 창고를 임대하여 밀제조공장을 차리고 필로폰 150g을 만들었으나, 검찰의 급습에 적발되었다. 필로폰 제조에 몰두한 결과 상속받은 재산을 모두 탕진하고 말았다.

2013년에는 대구에서 화학공학 지식을 이용해 메트암페타민을 제조하던 일당이 검거되었다. 화학공학과 출신인 사람은 마약 제조법을 인터넷으로 배웠고, 공범이 구입한 감기약 20통에서 중간물질을 추출했다. 이 성분을 가지고 4개월 만에 필로폰 0.3g을 제조하는 데 성공했다. 성공 후 제조량을 늘리기 위해 화공약품을 이용해 필로폰 중간물질인 에페드린 2.5kg을 추출했다. 시가 57억 원에 이르는 1.7kg의 필로폰을 생산하려고 했으나, 공범 아내의 신고로 중간에 검거되었다.

2016년에는 국내 유명 사립대학의 대학원생이 필로폰을 만들어 주면 판매 수익금의 30~50%를 준다는 조건을 받아들여 필로폰을 제조한 사건이 발생했다. 그는 필로폰 제조에 필요한 감기약, 소금, 리튬 배터리를 받아 밤새도록 실험하여 황백색 결정체 형태의 필로폰 약 0.5g을 만들었다. 이 대학원생은 14차례에 걸쳐 메트암페타민 13g을 만들어 유통하다 적발되었다. 이 사건은 대학원생이 학교 시설을 이용하여 메트암페타민을 제조했기 때문에 더욱 충격이 컸다.

⊙ 메트암페타민의 작용 및 부작용

● **메트암페타민의 투여 방법** 메트암페타민의 투여 방법은 경구, 코점막 흡입(snorting), 정맥주사, 흡연 등 다양하고, 나라마다 다른 특징을 보여준다. 흡연이나 주사에 의해서 5~10초 안에 효과가 빨리 나타나며, 코점막 흡입의 경우 3~5분, 경구투여에 의해서는 15~20분 이내에 효과가 나타난다. 우리나라, 일본 등 아시아에서는 정맥주사에 의한 남용이

주를 이룬다. 정맥주사로 남용하는 사람들은 몇 분 동안 지속되는 아주 강한 쾌락감 때문에 이 방법을 사용한다고 한다. 남용자들은 일반적으로 처음에는 염산염 형태의 메트암페타민을 10~30㎎정도 물에 녹여 정맥 주사한다. 상습남용자의 경우는 2~3시간마다 500~1000㎎을 주사하기도 한다.

미국에서는 쿠킹호일에 올려 놓고 버너로 가열하여 연기를 흡입하는 방법이 주로 쓰인다. 연기로 흡입된 메트암페타민은 폐로 흡수된다. 메트암페타민을 경구투여하면 위장관을 통해 잘 흡수된다.

● **메트암페타민의 작용 및 부작용** 메트암페타민은 흥분작용과 더불어 약물 투여 후 15분에서 60분 사이에 안락감, 각성작용, 신체적 활동 증가, 식욕 감소, 호흡 증가 등의 효과가 나타난다. 그러나 부작용으로는 불안, 불면, 혼란, 진전, 걱정, 공격성, 경련, 과온증 등이 알려져 있다.

1회 복용으로 집중력과 수행 능력은 증가하지만, 약물의 효과가 떨어지면 기분 저하와 피로감이 생긴다. 고용량을 지속적으로 복용하면 기면증, 피로, 정신적 혼란, 편집증 등이 생긴다. 계속 사용하면 내성이 생기기 쉬워 처음의 흥분 상태를 유지하기 위해 약물의 용량을 증가시키는 경향이 있다. 내성이 생긴 사람은 1회에 1g까지도 투여하는 경우도 있다.

금단 현상은 강하지 않으나 수면 장애, 피로감, 두통, 활동성 저하 등이 나타나며, 특별하게 역내성이 나타나는 특징이 있다. 즉, 약물 복용을 중단하고 수개월 후 다시 복용하면 만성 중독시 경험했던 정신 증상이 다시 나타난다.

심한 정신 증상으로는 정신분열증과 비슷한 정신 이상 상태에 이르며, 두려움을 느끼고 몸을 떨며 신체적 불안감을 느끼는 과대 망상이 생긴다. 또한, 다른 사람의 행동을 오해하며, 비현실적으로 사물을 인식해 살인, 폭행 등의 범죄를 일으킬 수 있다. 예를 들면, 인질을 잡고 있으면서도 그 인질이 나를 죽이려 한다는 의심을 갖는 등의 비정상적인 정신 질환을 보인다. 환각 상태가 계속되기 때문에 정신 착란 상태에 빠지게 되며, 약물 작용에서 깨어나게 되면 심한 피로감을 느낀다. 주사 맞은 자국에 벌레가 있다고 생각하고 벌레를 잡아야 한다며 상처를 계속 뜯는 환각성 섬망 증상도 알려져 있다.

◉ 필로폰이 운전에 미치는 영향

2011년 대법원은 필로폰을 복용한 운전자가 환각 증세가 없더라도 '도로교통법위반'으로 처벌될 수 있다는 중요한 법적 기준을 세웠다. 이 사건은 필로폰 약 0.03g을 커피에 타 마신 후 1km 정도 운전한 혐의로 기소된 운전자에 대한 것이었다. 1심과 2심에서는 필로폰을 타인에게 건네 준 혐의에 대해서는 유죄를 선고했지만, 필로폰 투약 후 운전한 혐의에 대해서는 자백을 보강할 증거가 없다는 이유로 무죄 판결을 내렸다. 그러나 대법원에서는 필로폰 투약 후 운전 당시 아무런 증상이 없었다는 운전자의 진술만으로도 도로교통법 위반으로 처벌 가능하다고 판단했다. 이 판결은 필로폰 복용 후 환각 증세가 없더라도 운전 자체로 도로교통법을 위반한 것으로 간주할 수 있음을 명확히 하였다. 마약복용 후 운전에 대한 법적 기준을 강화한 중요한 판례로 평가된다. 판결에서 자백을 보강할 증거가 없다는 점이 주요 요소로 작용했는데,

만약 사건 당시에 마약 검사를 실시했다면 더 확실한 증거로 활용될 수 있었을 것이다. 이는 음주 운전과 마찬가지로 마약 복용 후 운전에 대해서도 체계적인 검사의 필요성을 시사한다.

● **메트암페타민 복용 후 운전한 사례** 필로폰 복용 후 운전한 많은 사례가 있다. 2018년, 필로폰을 투약하고 100km를 질주한 버스기사가 있었다. 그는 환각 상태에서 강원도 고성에서 춘천까지 중고등학생들을 태우고 운전했다. 2002년 서울에서도 필로폰을 투약한 후 환각 상태에서 운전하다 교통사고를 낸 사례도 있었다. 2011년 서울에서는 필로폰을 투약하고 운전하다 사고를 내고 피해 차량 운전사를 폭행한 사례도 있었다. 2011년 필로폰 복용 후 환각 상태에서 시속 130km의 무서운 속도로 '총알택시'를 운전한 택시기사들이 구속된 사례도 있었다.

필로폰 복용 후 운전한 사건 사고를 보면, 마약 검사의 필요성이 더욱 강조된다. 마약 검사 시스템을 강화하는 것은 마약 복용 후 운전과 관련된 사고를 줄이고 법적 판단을 보다 명확히 할 수 있기 때문에 절대적으로 필요하다.

⊙ 메트암페타민과 인질극

1988년 부산의 한 호텔 2층 커피숍에서 필로폰을 복용하고 환각 상태에 빠진 남성이 호텔 여종업원을 인질로 잡고 경찰과 대치한 사건이있었다. 이 남성은 자신이 쫓기고 있다는 망상에 빠져, 그 인질이 자신을 죽이려 한다는 비정상적인 정신질환 증상을 나타냈다.

1990년 대구에서는 필로폰에 중독된 남성이 이웃집 여성을 인질로 잡고 아내를 찾아 달라고 난동을 부린 사건도 있었다. 1994년 조치원에서는 이른 새벽, 필로폰을 투여한 상태에서 여성을 인질로 잡고 7시간 동안 경찰과 대치한 사건이 발생했다. 인질범은 경찰 서장과의 면담과 필로폰 제공을 요구하면서 인질로 잡은 50대 여성을 10여 차례나 흉기로 찌르는 난폭한 행동을 하였다.

    2001년에는 서울 시내 중심가에서 운전하던 남성이 필로폰을 투약한 상태에서 조수석에 탄 동생을 흉기로 위협하는 사건이 있었다. 같은 해 부산에서는 30대 남성이 필로폰 환각 상태에서 부인과 두 딸을 인질로 잡고 1시간가량 경찰과 대치하다가 붙잡힌 사건이 발생했다. 2002년에는 필로폰을 복용한 후 환각 상태의 30대 남성이 대낮에 백화점에서 흉기를 들고 매장 직원을 대상으로 인질극을 벌였다. 2007년 대구에서는 어머니를 흉기로 위협하며 인질극을 벌인 사건이 발생했다. 마약을 투약한 자신을 꾸짖는다는 이유로 주방에 있던 흉기로 70대 어머니를 위협했고, 출동한 경찰과 대치하며 30분 동안 인질극을 벌였다.

메트암페타민을 사용한 다양한 범죄 사건들

2023년 4월, 서울 강남 대치동에서 '대치동 학원가 마약 테러'로 불리는 마약 음료 사건이 발생했다. 마약을 넣은 음료에 '메가 ADHD'라는 상표를 붙여, 기억력에 좋은 음료라고 속여 학생들에게 제공한 사건이다. 범인들은 이 음료를 마신 학생들의 부모에게 연락하여 경찰에 신고하겠다고 협박하는 새로운 보이스피싱 수법을 사용했다. 범인들은 10g의 필로폰을 구입해 마약 음료 100병을 만들었고, 13명의 미성년자와 6명의 학부모가 피해를 받았다. 음료 한 병에는 상용량의 3배에 해당하는 양의 필로폰이 포함되어 있었다.

또 2022년 7월에는 서울 강남의 한 유흥주점에서 필로폰이 든 술을 마신 여성 종업원이 사망하는 사건이 발생했다. 손님이 필로폰을 술에 타서 여성 종업원과 함께 마셨고, 그 결과 여성 종업원이 사망했다. 술을 권한 손님은 교통사고로 사망했으며, 그의 차에서 필로폰 64g과 투약 기구가 발견되었다.

그 외 여고생에게 필로폰을 투약시키고 성매매를 강요해 반신불수로 만든 20대 남자가 중형을 선고받은 사건이 있었고, 집단 환각 파티에서 필로폰이 섞인 신종 마약이 적발된 사례도 있었다. 이와 같이 고의적으로 타인에게 필로폰을 먹인 후 발생하는 범죄의 수법이 다양해지고, 치밀해지고 있어 필로폰의 심각성과 위험성이 점점 더 부각되고 있다.

2
증거는 남는다! 마약 검출의 과학

- 마약을 복용했는지 어떻게 확인할 수 있을까?
- 우리 몸의 어떤 생체 시료를 이용해 마약 복용 여부를 판별할 수 있을까?
- 마약은 복용 후 얼마나 오랫동안 몸에 남아 있을까?

⊙ 소변에서 마약검사

소변 중의 약물 검사는 운동선수의 도핑 검사에서 먼저 시작되었다. 1966년, 독일의 만프레드 도니케 박사(Manfred Donike)가 가스크로마토그래피/질량분석법(GC/MS)을 이용하여 소변 중의 스테로이드와 불법 약물을 검출할 수 있는 시스템을 구축하였다. 1972년 올림픽에서는 검출 방법을 간소화하면서도 정확성을 높여 금지 약물을 시스템적으로 검출할 수 있게 되었다.

이 방법이 기초가 되어 직업인을 대상으로 한 마약 검사는 1971년 미국에서 최초로 실시되었다. 베트남 전쟁 중 미국 군인들이 마약을 복용하는 문제가 발생하자, 베트남 전쟁 직후 닉슨 대통령의 명령에 따라 군인을 대상으로 마약 검사가 시작되었다.

● **왜 소변인가?** 마약 검사의 시료로 소변이 많이 사용되는 이유는 여러 장점이 있기 때문이다. 먼저 대부분의 마약은 복용 후 몸에서 대사

되어 소변으로 배출된다. 따라서 마약과 그 대사산물은 소변에 비교적 높은 농도로 존재하고 수용성이기 때문에 검출이 용이하다. 또한 소변은 상대적으로 많은 양을 쉽게 얻을 수 있다. 보통 한 번의 소변 배출을 통해 약 200mL 정도를 채취할 수 있어 검사에 충분한 시료가 제공된다. 소변 채취는 혈액에 비해 편리하고 안전하다. 채취 과정에서 특별한 장비나 의료적 절차가 필요하지 않다. 또한 소변에는 혈액에 비해 마약과 그 대사산물이 더 오랫동안 머물러 있어, 복용 후 3~4일이 지난 후에도 검출이 가능하다. 소변 검사를 위한 다양한 분석 방법이 개발된 것도 큰 장점이다. 효소면역분석법(Enzyme Immunoassay)과 가스크로마토그래피/질량분석법(GC/MS) 등 고감도, 고특이성의 분석법이 소변 검사에 표준화된 것도 장점이다. 소변 검사는 오랜 시간 동안 사용되어 왔기 때문에 표준화된 검사 절차와 프로토콜이 잘 확립되어 있다. 이는 검사 결과의 신뢰성과 재현성을 높인다. 이러한 이유들로 인해 소변은 마약 검사에 매우 적합한 시료로 사용되고 있다.

● **면역분석법의 등장** 소변 검사가 표준화 될 수 있었던 것은 면역분석법이 예비검사방법으로 자리 잡았기 때문에 가능했다. 면역분석법은 1960년대 후반부터 1970년대 초반까지 개발되면서 마약검사에 적용되기 시작했다. 이 기술은 특정 항원과 항체의 결합을 이용하여 물질을 검출하는 방법으로, 약물 검출 분야에서 빠르게 적용되었다. 따라서 1970년대 초반부터 소변 중 약물 검출을 위해 면역분석법이 널리 사용되기 시작했다.

1960년대 후반에는 방사면역측정법(Radioimmunoassay, RIA)이

개발되었다. 이 기술은 특정 약물의 항원과 방사성 표지된 항체를 이용하여 소변 중 약물을 검출하는 방법이었다. RIA는 높은 민감도와 특이성을 가지고 있어 초기 약물 검출에 중요한 역할을 했다.

1970년대가 되면서 효소면역측정법(Enzyme Immunoassay, EIA) 및 형광면역측정법(Fluorescence Immunoassay, FIA)과 같은 비방사성 면역분석법이 개발되었다. 이 방법들은 방사성 물질 대신 효소나 형광 물질을 이용하여 약물을 검출하므로, 더 안전하고 편리하게 사용될 수 있었다. 그러므로 1970년대 초반부터 이러한 면역분석법이 소변 검사에 널리 적용되기 시작했다. 1980년대 이후에는 면역분석법의 민감도와 특이성이 지속적으로 개선되었으며, 다양한 상업용 면역분석 키트가 개발되었다. 그 결과 고속, 고감도의 분석이 가능해졌고, 소변뿐만 아니라 타액 등 다양한 생체 시료에서 약물을 검출하는 데 사용되었다. 면역분석법은 빠르고 간단하며 대량 검사가 가능하다는 장점이 있다.

● **소변 검사에 GC/MS의 활용과 역사** 가스크로마토그래피/질량분석법(GC/MS)은 소변 검사에서 매우 중요한 역할을 한다. 먼저 GC/MS는 매우 낮은 농도의 물질도 높은 감도로 정확하게 검출할 수 있다. 이는 마약 및 그 대사산물을 소변에서 높은 정확도로 검출하는 데 필수적이다. 또한 GC/MS는 복잡한 혼합물에서 특정 화합물을 식별하는 데 뛰어난 능력을 가지고 있다. 이를 통해 다른 물질들과 혼동되지 않고 특정 마약을 정확히 식별할 수 있는 특이성이 있다.

면역분석법으로 예비 검사를 실시한 후, GC/MS는 확증 검사로 사용되는데 이는 예비 검사의 양성 결과를 확실하게 확인하는데 사용되며 법적 증거로도 신뢰받을 수 있다.

GC/MS는 다양한 종류의 마약과 그 대사산물을 동시에 분석할 수 있는 장점도 있다. 이는 소변 검사를 통해 여러 약물의 남용 여부를 한 번에 확인하는 데 유용하게 쓰인다. 더욱 수십만 종의 화합물에 대한 GC/MS 스펙트럼이 수재되어 있는 라이브러리는 미지 물질을 찾는데 가장 중요한 도구가 되고 있다.

소변검사에서 GC/MS 사용의 역사를 보면 1960년대에 GC/MS가 개발되어 화학 분석에 사용되기 시작했다. 초기에는 주로 환경 분석과 같은 분야에 사용되었지만, 곧 약물 검출에도 적용되기 시작했다.

1970년대에는 1972년 뮌헨 올림픽에서 GC/MS가 도핑 검사에 처음 사용되었다. 이때부터 GC/MS는 운동선수의 금지 약물 검출에 표준 도구로 자리 잡았다. 소변 중 마약과 그 대사산물을 정확하게 검출할 수 있는 방법으로 널리 인정받게 되었다.

1980년대에는 GC/MS 기술이 발전하면서 소변 검사에 더 널리 사용되었다. 민감도와 특이성이 향상되면서, 마약 남용 검출의 확증 검사로서의 중요성이 더욱 부각되었다. 많은 법적 사건에서 GC/MS 결과가 중요한 증거로 채택되었다.

1990년대에 GC/MS는 법적 기준으로 확립되었으며, 미국 식품의약국(FDA) 및 기타 규제 기관에서 약물 검출의 확증 검사 방법으로 권장되었다. 이 시기에는 산업계와 공공 부문에서 마약 남용 방지 프로그램이 강화되면서 GC/MS의 사용이 더욱 확대되었다.

2000년대 이후에도 GC/MS는 여전히 소변 검사에서 가장 신뢰받는 확증 검사 방법으로 자리 잡고 있다.

⦿ 국내 최초 소변에서 메트암페타민 검출

1970년대 후반까지 우리나라에서 마약에 대한 시험은 주로 경찰에서 압수한 분말이 불법 마약인지 아닌지를 판정하는 업무가 주를 이루었다. 그러나 1980대 초반부터 생체시료에서 마약검사의 필요성이 제기되었고, 마약복용여부 판정시험법 확립을 위해 동물실험이 시작되었다. 먼저 우리나라에서 가장 많이 남용되는 메트암페타민을 대상으로 실험을 착수하였다. 쥐(Rat)에게 메트암페타민을 투여하고 일정 시간 간격으로 쥐의 오줌을 채취하여, 그 오줌에서 메트암페타민을 추출하고, 확인하는 방법을 시도했다. GC/MS로 소변에서 분리된 메트암페타민을 확인하기 위해 다양한 분석 조건이 검토되었다. 드디어 1985년 초 GC/MS에 의한 메트암페타민 분석법이 확립되었다. 이어 미국에서 개발된 Syva회사의 효소면역분석기가 도입되면서 소변에서 메트암페타민을 스크리닝하고, GC/MS로 검증하는 시스템이 갖추어졌다.

국내에서 처음으로 마약수사를 위해 소변 중 마약 검사를 실시한 것은 1985년 후반이었다. 이태원에서 필로폰을 복용한 13명의 소변이 용산경찰서를 통해 의뢰되었다. 효소면역분석기로 예비시험을 실시하고,

(좌) 소변시료 (우) 마약검사소변

여기에서 양성으로 반응한 시료는 GC/MS로 확인한 결과, 메트암페타민과 그 대사체인 암페타민이 검출되었다. 몇 년간 노력한 결과 메트암페타민 복용자를 구별하고, 판정할 수 있게 되었다.

이후 소변에서 마약검사를 실시해 달라는 의뢰가 급격히 증가했다. 전국 경찰, 검찰에서 메트암페타민 복용자의 소변 분석 요청이 1985년 13건에서 1986년 301건, 1987년 415건, 1988년 2,438건으로 급증하였다. 이후 잠시 주춤하다가 1994년 1,717건, 1995년 2,127건, 1996년 2,666건으로 다시 증가했고 이후 계속적으로 증가했다.

● **소변에서의 메트암페타민 검출 원리** 메트암페타민은 경구, 흡입, 주사 등의 방식으로 체내에 흡수된다. 흡수된 메트암페타민은 혈류를 통해 체내에 분포되고, 간에서 대사가 일어난다. 주로 디메틸화되어 메트암페타민은 암페타민으로 대사된다. 대사되지 않은 메트암페타민과 그 대사산물은 주로 신장을 통해 소변으로 배설된다.

복용된 메트암페타민의 약 30-50%가 대사되지 않은 상태로 소변으로 배설되고, 나머지는 대사산물 형태로 배설된다. 그러므로 변화되지 않고, 배설되는 메트암페타민과 대사된 암페타민을 동시에 소변에서 검출하여 복용여부를 판정하게 된다.

메트암페타민을 한번 복용한 경우 약 2시간 이내에 소변에서 검출되기 시작하며, 약 3~5일 동안 검출될 수 있다. 만성복용자의 경우 더 오랜 기간 동안 소변에서 검출될 수 있어, 최대 7~10일 동안 검출될 수 있다. 검출 시간은 복용량, 대사율, 소변 pH, 수분 섭취량 등 여러 요인에 따라 달라질 수 있다.

⊙ 모발에서 마약 검사

마약 검출 시료로 각광을 받고 있는 것이 또 있는데 바로 모발, 즉 머리카락이다. 모발에서 마약이 검출되는 원리는 다음과 같다. 우리가 약물을 복용하면, 혈액으로 흡수된 약물이 모근을 통해 머리카락으로 들어가 모발에 침착된다. 마약이 모발에 침투된 후 배설되지 않고 남아있기 때문에, 모발을 검사하면 마약을 검출할 수 있는 것이다.

좀 더 자세히 알아보면 약물은 혈액을 통해 몸 전체로 퍼지는데 이 과정에서 약물은 모근으로 이동하여 머리카락에 침착된다. 약물이 모발에 침착되는 기간은 보통 2~5일 정도로, 이 기간이 지나면 약물은 모발에 남아 있게 된다. 머리카락은 우리나라 사람의 경우 한 달에 약 0.8~1.3㎝(평균 1㎝) 정도 자란다. 따라서 모발에 침착된 약물은 머리카락이 자라는 속도에 따라 이동하게 된다. 예를 들어 3개월 전에 마약을 복용했다면 모근으로부터 약 3㎝ 떨어진 위치에서 마약이 검출될 수 있게 된다. 모발 검사 원리를 표시한 그림은 오른쪽 페이지에 있다.

모발에서 마약 검사의 또 다른 장점으로는 모발 길이를 일정한 간격으로 잘라 시험할 수 있다는 것이다. 모발 길이에 따라 약물을 복용한 시기를 알 수 있기 때문이다. 예를 들어, 2개월 동안 마약을 복용하지 않았다면 모근에서부터 2㎝까지의 구간에서는 마약이 검출되지 않을 것이다.

모발 검사의 장점은 또 있다. 모발은 시간이 지난 후에도 재채취가 가능하여 반복 실험을 할 수 있다. 또한 모발 채취는 비교적 간편하며, 특별한 의료 절차가 필요하지 않고, 운송이 용이하고 보관이 쉽다는 점도 장점이다. 모발 검사는 머리 길이에 따라 장기간 약물 복용 이력을 확인할 수 있다. 그러나 모발검사에도 어려움이 있다. 모발에 함유된 마약의 농도는 나노그램 수준의 극미량이기 때문에, 이를 정확하게 검출하기 위해서는 숙련된 기술자와 고도의 기술, 첨단 장비가 필요하다. 또한 머리카락이 외부 환경에 노출되어

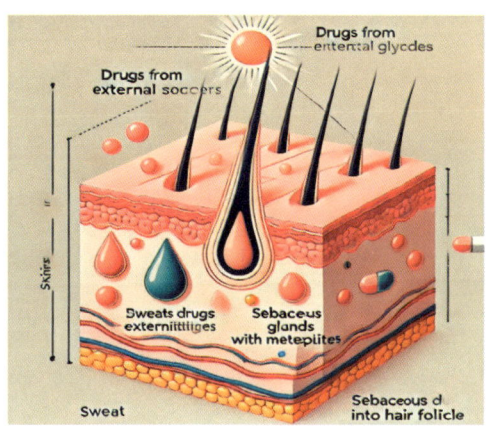

모발에서 마약 검출 원리

있기 때문에, 외부 오염에 의해 검사 결과가 왜곡될 수 있다는 점도 단점이다. 검사 비용이 비싸다는 점도 단점이다. 약물이 모발에 침착되는 데 약 2~5일이 걸리므로, 매우 최근의 약물 복용은 검출되지 않을 수 있다는 점은 늘 고려가 되어야 한다.

모발 검사를 하는 과정을 간단히 보면 채취한 모발 샘플을 세척하여 외부 오염물을 제거한 후, 모발에서 약물을 추출한다. 추출된 성분은 가스크로마토그래피/질량분석법(GC/MS)이나 액체크로마토그래피/질량분석법(LC/MS) 등 고감도 분석 기법을 통해 분석한다.

국내 최초 모발에서 필로폰 검출

1993년 6월 4일, '모발검사로 마약 복용 첫 기소'라는 제목의 기사가 있었다. 국립과학수사연구소에서 개발한 모발에서의 마약 검출법에 대

한 보도였다. 모발에서 메트암페타민을 검출하는 기술은 마약 수사에 획기적으로 기여하였다. 당시에는 마약을 복용한 후 소변 검사를 통해 수일 내 복용 여부는 판정할 수 있었지만, 장기간이 지난 경우에는 증명할 방법이 없었다. 그러나 모발 중 마약 검사가 확립되면서 장기간이 지난 후에도 마약 복용 여부를 판정할 수 있게 되어 마약 수사는 활기를 띠게 되었다. 특히, 모발 길이에 따라 복용 시기를 판정할 수 있다는 점은 과학기술이 마약 수사에 어떻게 기여할 수 있는지를 명확히 보여 주었다.

실제로 모발 검사는 2001년 인기 탤런트의 필로폰 투약 사건에서도 중요한 역할을 했다. 소변 검사에서는 필로폰이 검출되지 않았지만, 모발 검사 결과로 필로폰 복용을 증명할 수 있었다. 현재는 모발에서 메트암페타민, 대마, 프로포폴, 졸피뎀뿐만 아니라 신종 마약까지 다양한 마약류를 검출하는 기술을 국내에서 확보하고 있다.

이러한 기술의 발전은 장기간 지난 후에도 마약 복용 여부를 판정할 수 있게 함으로써, 마약 수사와 법적 증거 확보에 크게 기여하고 있다. 모발 검사는 마약 수사의 범위를 넓히고, 보다 정확한 판정을 가능하게 하는 중요한 도구로 자리 잡았다.

3
엘에스디란 무엇인가 : 환각제의 세계를 파헤치다

- 환각제의 대표격인 LSD는 어떤 물질이며, 어떻게 작용할까?
- LSD는 누가 만들었으며, 오늘날에도 여전히 남용되고 있을까?
- LSD 복용이 초래하는 주요 부작용은 무엇일까?

⊙ LSD의 탄생

LSD는 Lysergic Acid Diethylamide를 줄인 용어이다. LSD는 1938년 스위스의 화학자 알베르트 호프만(Albert Hofmann)에 의해 처음 합성되었다. 그는 산도스 회사(Sandoz Laboratories)에서 맥각(Ergot)이라는 곰팡이에서 추출한 리세르그산을 기반으로 LSD를 개발했다. 그러나 기대하였던 혈액순환 촉진의 효능이 없어 5년간 관심 없이 방치되었다.

1943년, 호프만은 실험 중에 실수로 LSD에 노출되었고, 최초로 환각 효과를 경험했다. 이 경험을 "소량의 물질이 강력한 효과를 일으키는 것"으로 묘사했다. 거울 속에 비친 주변의 물체와 가구 등이 왜곡되어 보였다. 호프만은 이를 테스트하기 위해 3일 후 의도적으로 더 많은 양인 $250\mu g$을 복용하였다. 이번에도 본인의 의지와는 상관없이 시각의 변화가 나타났다. 특히 색채감의 이미지가 보이면서 공포감, 희열감 등의 감정과 지각이 왜곡되는 세계를 경험하게 되었다. 호프만은 이 경험을 동료들에게 전하였다. 호프만은 LSD의 환각작용이 정신질환의 치료에 쓰일 수 있다고 생각했다. 그는 LSD의 아버지라 불리며, 평생 LSD를 복용했고, 102세까지 살았다.

산도스 회사는 1947년 LSD를 정신병 치료제로 시판하였다. Delysid라는 이름으로 25㎍이 든 정제였다. 상품화가 되면서 1950년대에는 의사들이 정신과 치료에서 합법적으로 사용했다. 그리고 1960년대에 하버드대학교의 티모시 리어리(Timothy Leary) 박사가 LSD를 대중에게 알리면서, 히피문화와 반문화 운동의 상징이 되었다. 미국, 유럽에 기적의 신약으로 소개되면서 히피문화에 큰 영향을 주었다. 비틀즈도 복용했다는 이야기가 있을 정도로 보편적으로 사용되었다. 그러나 젊은 많은 사람들이 LSD를 남용하면서 사회문제가 발생하기 시작하였다. 과량 복용으로 인한 정신질환은 물론 환각 증세로 인해 추락사고, 살인사건 등 많은 문제가 발생하였다. 이에 따라 미국은 LSD를 1966년 금지 약물로 지정하였고, 1968년 불법화하였다. UN은 1971년 LSD를 향정신성 의약품으로 지정하며, 의약적인 사용을 금지하였다. 스위스에서는 1963년 산도스 회사의 특허가 만료되었지만 정신병 치료에 합법적으로 1993년까지 허용되었다. 현재는 법적으로 엄격히 규제되고 있으며, 일부 연구자들은 PTSD, 우울증 등의 치료 가능성을 연구하고 있다.

⊙ LSD의 형태

LSD는 무미, 무취의 결정성 백색 물질로 물이나 알코올에 잘 녹는다. LSD는 매우 강력한 환각제이기 때문에 소량(마이크로그램, ㎍) 단위로 사용된다. 워낙 미량으로 효과가 나타나기 때문에 LSD의 사용량에 대해서는 오랫동안 많은 변화가 있었다. 1960년대 중반에는 270㎍이 표준 농도로 사용되었으나 1980년대에는 100~125㎍으로 줄어든 농도가 표준이 되었다. 1990년대에는 더 줄어 20~80㎍이 상용량에 해당하는 표준 농도가 되었다.

일반적인 복용량은 20~100㎍이다. 치료나 연구 목적으로는 20~50㎍이 사용될 수 있으며, 환각 효과를 경험하려는 사람들은 보통 100~150㎍을 복용한다.

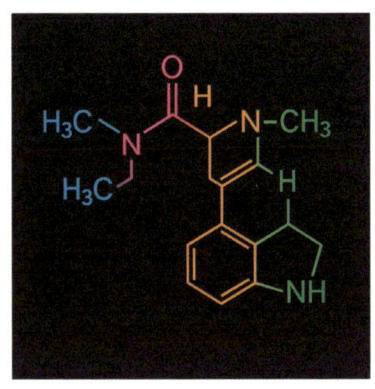

LSD AI

1960년대에는 흡착성이 있는 각설탕에 LSD를 흡착시키거나 종이에 흡착하는 방법(Blotter)과 더불어 비활성 분말에 LSD용액을 떨어트려 사용하는 형태 등 다양하게 만들어졌다 1970년대에는 다양한 크기, 모양과 색을 갖춘 정제를 만들어 통용하는 것이 일반적이었다.

그러나 워낙 극미량의 LSD를 포함하는 알약을 만들어야 하므로 정제 중 LSD의 함량이 균질하게 분포되게 만드는 것은 아주 어려운 일이었다. 실제로 정제 중에 함유된 양이 40㎍~500㎍까지 아주 범위가 넓어 위험성이 컸다. 1980년대부터는 종이에 흡착하는 흡수지(Blotter) 형태가 일반화되었다. LSD를 종이에 떨어트렸던 종전 방법과는 달리 미리 인쇄된 종이에 LSD 용액을 흡수시켜 일정한 크기로 잘라서 사용한다. 종이에 LSD가 30~50㎍정도 흡착되도록 제조된다. 5mm²의 사각형이 일반적인 형태이고, 1회 용량을 표시하기 위해 미리 그림이 그려진 종이를 사용한다. 사용된 그림은 추상화부터 만화의 주인공까지 다양하고 여러 색상이 이용되었다. 배트맨, 슈퍼맨, 미키마우스, 심슨 가족과 같이 시대적으로 인기있는 캐릭터가 사용되었다.

달모양의 LSD 흡착종이

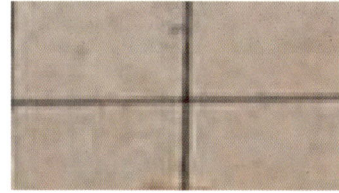

4등분되어 있는 달 모양 후면

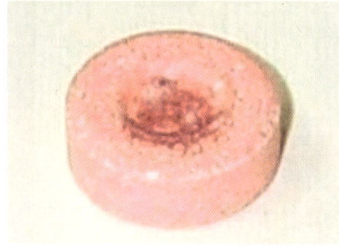

LSD가 묻어 있는 캔디

● **실제 압수된 LSD 흡착 종이** 1990년대 압수되었던 대표적인 LSD 흡착 종이가 있다. 어른 손가락 한 마디 정도 크기의 사각형이었다. 앞면에는 명암이 표시된 달 모양이 있고, 뒷면은 4등분을 할 수 있도록 줄이 그어져 있다. 1조각이 1회 용량으로 작은 종이 하나가 4회 용량을 나타내는 것이었다. 네 사람이 조각 하나씩을 뜯어 혀 위에 두면 LSD가 흡수가 되어 작용이 나타나도록 제조된 것이다.

이 외에도 캔디에 1회 용량의 LSD 용액을 떨어뜨려 유통된 것도 있었고, 액체형태, 젤리나 캔디 형태로 제조된 것도 있었다. 현재 불법으로 통용되는 LSD는 대부분 종이에 흡착된 형태이다.

⊙ LSD 작용 및 부작용

LSD의 작용은 복용량, 연령, 체중, 정서 상태, 주변 환경 등에 따라 달라진다. 일반적으로 LSD를 복용하면 물리적으로 혈압 상승, 맥박 증가, 체온 상승, 메스꺼움, 구갈, 불면, 어지러움 등이 나타나며, 이러한 증상은 24시간 이내에 사라진다. 정신적 변화는 지각, 정서, 기억, 시간에 대한 변화와 환각작용이 나타난다. 시각, 청각, 촉각에 대한 감각이 왜곡되고, 색채를 듣거나 소리를 보는 등의 경험을 하게 된다. 시간과 공간에 대한 개념이 흐려진다.

LSD에 의해서는 긍정적인 경험(Trip)뿐 아니라 악몽(Bad Trip)을 겪는다. 과량 투여 시 공포감, 정신 이상, 사망에 대한 두려움, 악몽 등을 경험한다. 이런 증상은 약물 효과가 떨어지는 24시간이 지나야 없어진다.

LSD의 환각작용은 코카인의 100배, 메트암페타민의 300배에 해당한다. LSD의 복용 후 효과는 20~90분 동안에 약물이 작용하여 시작된다. 8~12시간 동안 효과가 지속되며, 1시간 내 최고 효과가 발현된다. 24시간 이내에 모든 약물이 대사되고 배설된다. 때에 따라서는 24시간 동안 작용이 지속되기도 한다.

급성 중독 증상으로 극심한 불안 및 공포, 환각, 망상, 편집증, 정신혼란, 충동적 행동이 나타난다. LSD의 장기간 사용으로 인한 주요 증상은 지속적인 정신질환(PP)과 환각제 지속성 지각장애(HPPD) 두가지 현상이 발생한다. 지속적인 정신질환으로 현실 인식능력, 합리적인 생각, 다른 사람과의 소통이 왜곡된다. 사용을 멈추어도 정신병과 같은 상태가 오랫동안 지속된다. 이런 작용은 수년씩 지속되고 정신 질병이 없었던 사람에게도 영향을 미친다.

환각제 지속성 지각장애는 플래시백(Flashback)이라고도 불린다. LSD를 사용하지 않아도 과거의 환각 경험이 예기치 않게 반복된다. 강한 환시, 환청 등 지각 증상을 재경험한다. 이와 더불어 공황발작, 불안, 우울, 신체 분리 같은 정신적 질병이 나타난다.

⊙ LSD 관련 사건사례

● **국내에서 발생한 사건** 2017년 9월 29일, 대전고등법원 재판부는

LSD를 복용한 환각 상태에서 어머니와 이모를 살해한 20대 A씨에게 무죄 판결을 내렸다. 사건은 2016년 8월 21일에 발생했는데, A씨는 부엌에서 흉기로 어머니와 이모를 여러 차례 찔러 숨지게 했다. A씨는 미국에서 온 친구가 준 LSD를 2회 복용한 후 이상한 행동을 보였으며, 환각 상태에서 어머니와 이모를 스파이로 착각해 공격했다고 진술했다. 재판부는 A씨가 정신이 온전하지 않은 상태에서 범행을 저질렀다고 판단했다.

이 사건에 대해 1심에서는 마약류 관리에 관한 법률 위반, 살인과 존속살해 혐의로 A 씨에게 징역 4년이 선고되었다. A씨 측은 "범행 당시 LSD 복용에 따른 환각 상태에 빠져 사물을 변별하거나 의사를 결정할 능력이 없는 심신상실의 상태에 있었다."며 형이 너무 무겁다고 항소했다. 이에 대해 2017년 대전고등법원 항소심 재판부는 A씨에게 마약을 투약한 혐의만 인정하고 존속살해, 살인, 공무집행방해 혐의에 대해서는 무죄를 선고했다. 징역 4년을 선고한 원심을 깨고 징역 2년, 치료감호를 선고했다.

재판부는 피고인이 LSD 복용으로 인해 자기 행동을 통제할 능력을 상실한 상태에서 범행을 저질렀다고 보아야 한다는 피고인 측 주장을 받아들였다. 이에 대해 "환각제 가운데 가장 강한 마약성을 가진 LSD를 투약하면 환각, 우울, 불안, 공포, 판단 장애 등이 나타나며, 1~2년이 지난 후에도 이러한 현상이 지속되는 '환각제 지속성 지각장애'가 발생할 수 있다." 고 설명하고, "피고인은 LSD 복용에 따라 피해망상, 환각, 비현실감 등 정신병적 증상이 나타났으며, 이후 열흘 동안 적절한 치료 없이 방치되어 증상이 악화와 완화를 반복하다가 범행 당시에는 극도로 악화된 상태로 보인다."고 판시하였다.

이 사건은 LSD를 2회 복용한 지 10일 후에 발생하였다. 따라서 사건 당시 채취한 소변에서는 LSD가 검출되지 않았다. LSD는 최종 복용 후 2~4일이내에 소변에서 검출되고, 혈액에서는 검출시간이 더 짧아 6~12시간내에 검출된다. 따라서 10일이 경과되면 소변에서 검출될 수 없다.

따라서 이 사건에서 LSD을 복용했다는 증명은 모발 검사로 실시되었다. 채취된 모발을 검사하여 모근으로부터 2센치미터(약 2개월에 해당)까지 모발에서 LSD 검사를 실시하였다. 검사결과 LSD와 대사체가 확인되었다. 이는 2개월 이내에 LSD를 복용하였다는 것을 증명하는 것이었다.

해외에서 발생한 LSD관련 살인사건

LSD를 복용한 후 살인사건이 여러건 발생했다. 1966년 미국에서 LSD를 복용한 남자가 어머니를 살해 사건이 있었고, 1984년 발생한 뉴욕의 리키 카소(Ricky Kasso) 사건이 있다. 카소는 LSD를 복용한 상태에서 친구인 게리 로워즈(Gary Lauwers)를 잔인하게 살해했다. 사건 당시 카소는 친구들을 숲으로 유인해 로워즈를 공격했고, 사탄 숭배 의식을 행하는 것처럼 행동하며 반복적으로 로워즈를 찔렀다. 이 사건은 LSD 복용이 얼마나 위험한 환각 상태를 초래할 수 있는지를 보여주는 대표적인 예가 되었다.

1997년에는 미국에서 18세 소년이 LSD 복용을 신고한 어머니에게 화가 나 어머니를 현관에서 칼로 찔러 살해하였다. 소년은 LSD를 300번 복용했고, 살해 전날에도 LSD를 복용하여 환각을 경험했으며, 살해를 기억하지 못하였다. 2016년에는 21세 대학생이 LSD를 함께 복용한 여학생을 편집증 증상으로 살해했고, 2017년에는 25세 남자가 LSD 복용 후 친구를 칼로 찔러 사망케 한 사건이 있었다. 2018년에는 워싱턴대학교 학생 케이시 헨더슨(Casey Henderson)이 LSD 환각 상태에서 여자친구를 살해한 사건도 있었다. 이 사건에서 헨더슨은 약물의 영향으로 현실과 환각을 구분하지 못한 채 끔찍한 범죄를 저질렀다.

2019년에는 싱가포르에서도 LSD 관련 사건이 발생했다. 25세 남성이 LSD를 복용한 후 어머니와 할머니를 살해하는 사건이었다. 점심식사 후 첫 번째 LSD를 섭취한 다음 90분 후 두 번째 LSD를 복용했고, 환각 상태에서 어머니를 칼로 찔러 살해하고, 할머니를 주먹으로 때려 숨지게 했다. 그는 2018년부터 LSD를 3번 복용했으며, 소변 검사에서 미량의 LSD가 검출되었다. 재판 결과 LSD 복용과 대마 소지에 대한 판결을 받았지만, 심신미약상태에서 저지른 범죄이기 때문에 2021년까지 살인사건에 대한 결정은 내려지지 않았다.

2020년 호주에서는 청소년이 LSD 2정을 복용한 후 82세 노인을 살해했는데 12시간 후 깨어났을 때 당시의 상황을 기억하지 못하였다.

4
엑스터시란 무엇인가? 댄스파티와의 위험한 만남

- MDMA는 어떤 물질이며, 왜 '엑스터시'라는 이름으로 불릴까?
- MDMA는 왜 댄스파티나 클럽에서 특히 많이 사용될까?
- MDMA와 메트암페타민은 어떤 점에서 유사하고, 어떤 차이가 있을까?

⦿ MDMA의 탄생

MDMA는 3,4-메틸렌디옥시메트암페타민(3,4-Methylendioxymethamphetamine)의 줄인 말이다. MDMA는 메트암페타민과 화학적 구조가 아주 유사하며, 약리작용, 부작용도 비슷하여 메트암페타민과 같은 계열에 속하는 형제격 물질이다. 따라서 메트암페타민과 MDMA는 암페타민류 흥분제(Amphetamine Type Stimulant:ATS)로 분류된다.

MDMA는 독일의 제약회사인 머크(Merck)에서 1912년에 처음 합성되었다. 혈액을 묽게 하는 의약품을 개발하다가 발견되었다. 경쟁을 막기 위해 의약품 생산의 중간물질로 특허를 냈지만 거의 활용되지 않았다. 1970년대 미국에서 알렉산더 슐긴(Alexander Shulgin)이 MDMA를 재합성하고, 심리치료 보조제로서의 잠재력을 발견하였다. MDMA를 복용하면 환자가 소통을 원하고, 치료 과정에

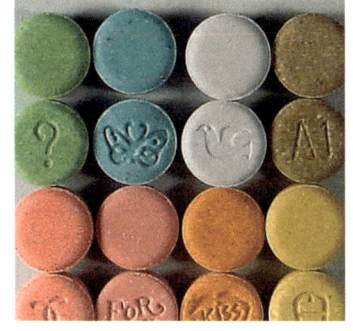

전형적인 MDMA 정제

적극적으로 참여하며, 공감 능력이 향상되는 점을 활용하여 정신과 치료에 사용하기 시작하였다.

MDMA가 엑스터시라는 이름으로 알려진 이유는 1980년대 유흥문화와 마케팅에서 기인되었다. 댄스파티 등에서 MDMA를 복용하면 행복감과 친밀감이 높아져서 황홀경에 빠지는 느낌과 비슷하다는 이유로 엑스터시(Ecstasy)라는 이름이 붙여졌다. 이와 더불어 MDMA가 합법적으로 판매되던 1984년도에 유통업자들이 엑스터시라는 상품명으로 판매를 하면서 이름이 확산되었다. 그러나 1985년부터 MDMA가 불법화되면서 엑스터시라는 용어가 MDMA뿐 아니라 다른 불법합성물질을 포함하는 용어로 사용되기 시작했다. 그러나 여전히 엑스터시는 MDMA를 나타내는 대명사처럼 사용되고 있고, 특히 알약형태의 MDMA를 특정해서 쓰고 있다.

⊙ MDMA의 생산지

MDMA의 주요 생산지는 유럽, 특히 네덜란드를 중심으로 형성되었으며, 여러 요인들이 결합해 이 지역이 생산 거점이 되었다. 발달된 화학 산업을 기반으로 합성 화학 물질을 제조할 능력이 뛰어나고, 대규모 공장이 많아 MDMA 제조에 필요한 전구물질을 쉽게 확보할 수 있었다. 숙련된 화학자들이 있고, 조직화된 범죄 조직이 있어 산업수준의 대량 생산이 가능하게 되었다. 지리적인 이점 덕분에 전 세계로의 유통이 가능한 것도 주요 요인 중 하나였다. 또한, 네덜란드와 벨기에 일부 지역에서는 인구 밀도가 낮고 익명성을 보장받기 쉬워 불법 제조 시설이 눈에 띄지 않게 운영될 수 있었다. 이러한 조건들이 결합해 네덜란드는 MDMA의 주요 생산지로 자리 잡게 되었다.

네덜란드에서 만들어지는 MDMA는 여러 특징이 있다. 일단 이 지역에서 제조되는 MDMA는 높은 순도와 일관된 품질로 유명하다. 정교한 화학공정과 고품질 전구물질을 이용하기 때문에 고순도 제품이 생산된다. 네덜란드에서 제조된 MDMA는 알약, 분말 등 여러 형태로 유통된다. 소비자를 유인하기 위해 알약은 다양한 색상과 특정한 로고가 새겨진 형태로 생산된다. 특정 브랜드의 로고를 활용한 마케팅으로 소비자들에게 보통약과 같은 브랜드 이미지와 신뢰성을 주는 전략을 사용한다. 네델란드, 벨기에 이외에도 중국은 MDMA의 전구체 물질인 사프롤과 같은 화학 물질의 주요 공급원 이기 때문에 불법 합성 약물을 제조할 수 있다. 이 외에도 동유럽 및 중남미 에서도 MDMA 생산이 보고되고 있으나, 작은 규모의 제조 시설로 운영된다.

⊙ MDMA 제제의 형태

MDMA 염산염은 백색이나 미황색의 결정성 분말이다. 물, 에탄올, 클로로포름에 잘 녹는다. 정제, 캡슐, 분말 또는 크리스탈 형태 등 다양한 형태로 생산된다. 일반적으로 100~150㎎ 정도의 양을 함유하며, 여러 색상의 정제나 캡슐 형태로 유통된다. 알약 형태의 MDMA는 엑스터시로 불리고, 크리스탈 형태를 캡슐에 넣은 것은 몰리(Molly)로 불린다. 복용방법은 캡슐과 정제는 경구로 복용하지만, 액체 상태로 만들어 마시기도 하고, 코점막으로 흡입하기도 한다.

캡슐 형태로 된 몰리는 순도가 높은 결정성 분말로 만들어져 안전하다는 인식이 있었으나, 실제로 압수된 몰리에는 MDMA 외에도 메트암페타민, 배스 솔트(Bath Salt) 등 다양한 위험한 물질이 포함되어 있는 경우가 많았다. 같은 로고나 심볼을 가진 엑스터시나 몰리에도 다른 물질이 섞여 있는 사례가 많아 예상치 못한 부작용과 위험성을 초래하였다.

⊙ MDMA의 국내유입

MDMA가 국내에 처음 유입된 시기는 1990년대였다. 캄보디아에서 유입되면서 이를 복용하면 낙원처럼 느껴진다는 이유에서 '파라다이스'라는 이름으로 들어왔다. 그런데 국내에서는 MDMA를 복용하면 머리가 좌우로 돌아간다고 하여 도리도리라는 별칭으로 불렸다. MDMA가 국내 유입되었던 1990년대는 테크노댄스가 큰 인기를 끌던 시기였다. 따라서 MDMA를 복용하고 춤을 추면 머리가 좌우로 흔들려 테크노댄스와 잘 어울린다고 하여 더욱 인기를 끌었다. 이러한 이유로 많은 사람들이 댄스클럽에서 MDMA를 복용하며 춤을 추었다. 이어 1997년 외환위기로 인해 해외 유학생들이 대거 귀국하면서, MDMA는 이태원과 홍대 클럽을 중심으로 급속히 확산되어, 클럽 문화와 함께 MDMA 사용이 광범위하게 퍼지게 되었다.

⊙ MDMA의 작용

MDMA는 흥분제와 환각제의 특성을 갖고 있으며, 투여 후 혈액을 통해 15분이면 뇌까지 전달된다. 효과는 3~6시간 지속되며, 복용시 행복감을 느끼고, 에너지가 넘치며 활동성이 커진다. 또한 성적 흥분, 신뢰감, 감정적 친밀감이 나타나고, 공감 능력을 향상시키는 호르몬을 자극하여 다른 사람들을 이해하고 동정심이 생기기 때문에 '허그 마약(hug drug)'

또는 '사랑 마약(love drug)'이라는 이름으로도 불렸다. 파티를 할 때 MDMA를 복용하면 지치지 않고 춤을 출 수 있고, 다른 사람들과 잘 어울릴 수 있어 '파티 마약(party drug)'이라고도 불렸다. MDMA를 투여하면 환자가 순수한 상태로 되돌아간다고 하여 아담(Adam)이라는 속어가 사용되기도 하였다.

1990년대에도 미국과 유럽의 대학가에서 레이브 파티 등에서 MDMA의 남용이 지속되었다. LSD보다 위험성이 적다고 여겨져 인기가 높았으며, 주말마다 유럽에서 백만 정 이상의 MDMA가 소비될 정도로 인기가 있었다.

⊙ MDMA의 부작용

MDMA는 한때 안전한 약물로 인식되어 널리 복용되었으나, 젊은 사람들이 사망하는 사례가 발생하면서 전 세계적으로 사용에 경종을 울렸다. 밤새 춤을 추다가 심장마비 또는 탈수증으로 사망하는 사례가 발생하였다. MDMA는 심장과 혈관 질환 환자에게 심박동과 혈압에 영향을 주기 때문에 심한 경우 사망에 이를 수 있게 된다. 또한 MDMA를 복용한 상태에서는 갈증을 느끼지 못하기 때문에 심각한 탈수 증세를 일으킬 수 있다. 체온이 올라가지만 덥다고 말할 능력이 없어져 위험에 빠질 수 있으므로 클럽이나 여름철 야외 음악 공연장과 같이 더운 환경에서 복용하면 사망할 가능성이 더 높아진다. 평상시 온도에서도 열이 많이 나서 사망하는 경우도 있었다.

MDMA의 단기적인 부작용으로는 심박동수 증가, 시야흐림, 구역질, 오한, 근육 긴장이 나타나고, 장기적으로는 기억능력에 문제가 생긴다.

기억력 문제는 기억상실증과 같이 단시간 내 기억을 못하는 증상으로 나타날 수 있다. 편집증, 수면곤란과 더불어 기분저하, 정신병, 심장마비 등이 발생할 수도 있다.

MDMA를 복용하면 MDMA 자체와 함께 대사된 메틸렌디옥시암페타민(MDA)이 소변으로 배설된다. 성인에게 105㎎을 경구 투여할 경우, MDMA 65%, MDA 7%가 투약 후 3일까지 소변으로 배설된다.

MDMA의 남용이 급증하면서 1985년 미국에서는 남용의 가능성이 높고, 의약적인 용도가 없는 약물 그룹인 스케줄I에 분류하였다. 그러나 MDMA는 심리적 외상 후 스트레스장애, 우울증, 불안 등의 치료에 사용할 수 있는 가능성이 있어 지속적으로 연구는 진행되고 있다.

엑스터시의 대부 알렉산더 슐긴

알렉산더 슐긴(Alexander Shulgin, 1925-2014)은 캘리포니아 주 버클리에서 러시아 이민자 아버지와 교사인 미국인 어머니 사이에서 태어났다. 하버드에서 유기화학을 공부했지만 중퇴하고, 19세에 미 해군에 입대했다. 해군 제대 후, 1949년에 다시 학업을 시작하여 1955년 캘리포니아 버클리대학교에서 생화학 박사 학위를 받았다.

슐긴의 관심분야는 환각 약물이었다. 1950년대, 사회적 관심의 대상이었던 페요테 선인장의 환각성분인 메스칼린에 집중하게 되었다. 그는 메스칼린을 직접 복용한 후 어린 시절 이후 느껴보지 못했던 놀라운 경험을 하였다. 그러나 환각 물질에 대한 연구를 독립적으로 진행할 수 없었기 때문에, 다우 케미칼(Dow Chemical)의 농약 합성 분야에서 일을 시작했다. 1961년, 슐긴은 세계 최초로 생분해성 농약 '젝트란(Zectran)' 합성에 성공하였다. 회사에 큰 기여를 한 덕분에, 슐긴은 본인이 원하는 실험을 할 수 있는 자유를 얻게 되었다.

그러나 1966년, 슐긴은 자신의 관심 분야를 추구하기 위해 회사를 그만두고 개인 자문 회사를 열었다. 이 시기에 미국 마약수사청(DEA, Drug Enforcement Administration) 서부 분소의 소장이던 친구를 통해 DEA와 협력을 시작했다. 그는 세미나 참석, 표준품 공급, 법정 증언 등을 통해 마약에 대한 학문적 자문을 제공하였다. 알렉산더 슐긴은 DEA의 허락을 받아 스케줄I에 속하는 마약을 생산할 수 있는 면허를 받았다. 이로 인해 그는 본인의 집에 실험실을 만들고, 향정신성 의약품을 합성하여 약의 효과를 테스트할 수 있는 특권을 갖게 되었다.

슐긴은 새로운 환각 약물을 합성하면, 자신과 아내 앤, 그리고 동료들과 함께 직접 그 약물을 복용하며 약효를 테스트하였다. 최소량을 시작으로 효과를 느낄 때까지 양을 서서히 증가시키며 약물의 효과를 테스트하였고, 제조 방법 및 효과에 대한 평가 시스템을 만들어 시각, 청각, 물리적 감각에 미치는 영향을 자세히 기록하였다.

슐긴이 엑스터시의 대부라고 불리게 된 계기는 1976년, 샌프란시스코대학에서 자문을 하던 중 한 학생이 MDMA를 슐긴에게 소개하면서 시작되었다. MDMA는 1912년 독일 머크 제약회사에 의해 합성되어, 1913년 특허를 얻은 물질이었다. 그런데 슐긴은 소개받은 MDMA을 합성하는 간소화된 새로운 합성 방법을 개발하였다. 그 후 합성된 MDMA를 심리학자 레오 제프(Leo Zeff)에게 소개하였다. 제프는 대화

치료시 보조제로 소량의 MDMA를 사용하였고, 미국 내 많은 심리학자와 치료사들에게 MDMA를 홍보하였다.

슐긴은 부인 앤과 함께 향정신성 의약품 중 두 부류인 펜에틸아민(Phenethylamine)과 트립타민(Tryptamine)에 대한 책을 발간하였다. 1991년에 발간된 PiHKAL(Phenethylamine I have known and loved, 내가 알고 사랑한 펜에틸아민)은 펜에틸아민 구조를 가진 179종의 약물에 대한 합성법, 사용량, 약효 지속시간, 약물 복용 후 나타나는 증상을 세세히 묘사하였다. 1997년에는 TiHKAL(Tryptamine I have known and loved, 내가 알고 사랑한 트립타민)을 추가로 출간하였다. 그가 발간한 책들은 불법 마약 합성 분야뿐만 아니라 유기화학 분야에서도 고전으로 간주되고 있으며, 불법 실험실에서는 필수 교과서처럼 취급되고 있다.

1994년, DEA가 슐긴의 실험실을 급습하였다. 이때 실험실에서 발견된 익명의 시료로 인해 슐긴은 마약 합성 면허가 취소되었고, 벌금이 부과되었다.

슐긴은 향정신성 의약품을 디자인하고 합성하여 정신세계와 관련된 질병 치료에 사용하는 것을 목표로 하였지만, 마약 중독 문제가 심각해지면서 비난의 대상이 되었다.

5
무색 액체, 물뽕의 위험

- 물뽕(GHB)은 어떤 물질이며, 왜 범죄에 악용될까?
- 음료에 섞인 물뽕을 육안으로 확인할 수 있을까?
- 물뽕은 인체에 어떤 작용을 하며, 왜 위험할까?

⊙ 물뽕은 무엇인가?

'물뽕'은 감마하이드록시뷰티르산(Gamma Hydroxybutyric acid) 또는 감마하이드록시낙산을 부르는 속어다. 일반적으로 영어 이름의 첫 글자를 따서 'GHB'라고 부른다. GHB는 액체 또는 백색의 분말 형태로 사용되며, 액체 상태에서는 투명하고 색과 냄새가 없다. 일반적으로 나트륨염과 결합하여 사용되기 때문에 약간 짠맛이 있으나, 술이나 음료수에 넣으면 혼합 여부를 쉽게 구별하기 어렵다.

GHB를 불법으로 판매하는 사람들은 액체 상태의 GHB를 작은 바이알이나 작은 물병으로 나누어 포장한 후 판매한다. 한국에서는 '물뽕'이라고 부르지만, 외국에서는 '액체 엑스터시', '스쿱', '판타지' 등으로 불린다. '물뽕'이라는 이름은 한국에서 처음 적발되었을 때 액체 상태였기 때문에 '물에 녹인 히로뽕'이라는 의미에서 붙여진 것이다.

미국 식품의약국(FDA)는 GHB의 판매를 불법이라고 1990년 경고했다. 그럼에도 GHB는 계속 불법 제조되어 음성적으로 판매되었다. GHB 복용 후 기억 상실과 의식 상실 등의 부작용이 나타나고 사망 사건이

GHB 구조

발생하면서 법적 규제가 강화되었다. 2000년, 미국은 GHB를 '스케줄 I' 약물로 분류하여 의료용 목적 이외의 사용을 금지했다. 유엔은 1971년에 선포된 향정신성의약품에 관한 조약에 따라 GHB를 '스케줄(Schedule)'에 포함시켰다. 우리나라는 2001년 GHB를 향정신성의약품 라목으로 지정하여 투약, 소유, 운반, 관리, 매매 등에 대한 행위를 규제하고 있다. 영국은 GHB를 'Class C' 약물로 분류하여 규제하고 있다. 캐나다는 미국과 동일하게 GHB를 '스케줄 I' 약물로 분류하고 있다.

⊙ GHB 사용 역사

GHB는 1960년대 초 프랑스의 화학자 앙리 라보리(Henri Laborit)에 의해 처음 합성되었다. 그는 GHB를 신경전달물질 가바(GABA)의 유사체로 분류하여 초기 연구에서 GHB가 마취 보조제 및 수면제로 사용될 가능성이 있다는 것을 알게 되었다.

1970년대와 1980년대에 GHB는 유럽에서 마취 보조제와 불면증 치료 약물로 사용되었다. 또한, 1990년대에는 특정한 수면 장애, 특히 기면증(Narcolepsy) 치료제로 사용되었다.

1980년대 후반과 1990년대 초반에 GHB는 건강보조식품으로 소개되어, 보디빌더들이 체중을 조절하는데 사용하였다. 피트니스 및 보디빌딩 커뮤니티에서 성장 호르몬 분비를 촉진하는 보충제로 사용되었고, 경기력을 향상시킬 목적으로도 사용하면서 문제가 제기되었다. 보디빌

더들은 GHB를 복용하면 안락감, 진정효과와 더불어 근육을 증가시켜 주고, 체중을 감소시켜 준다고 믿었다. 그러나 근육성장호르몬을 증가시킨다고는 하지만, 운동능력을 향상시키는 것에 대해서는 증명된 것이 없다.

2000년대가 되면서 GHB는 '액체 엑스터시'라고 MDMA의 대체 약물로 전환되며 사용이 급격히 증가하였다. 값이 싸고, 바이알이나 병에 들어 있어 클럽에 쉽게 반입되었고, 병에 들어 있기 때문에 단속하는 것은 쉽지 않았다.

GHB는 의약용으로도 사용된다. 2002년 미국 식품의약국(FDA)의 승인을 받아 Xyrem®(Sodium oxybate, 나트륨 옥시베이트)라는 상품명으로 판매되고 있다. 의약적으로 갑자기 잠이 드는 기면증 및 수면장애 치료에 쓰인다. 알코올 금단현상 치료, 마취제, 불면증 및 우울증 치료 등에도 쓰이고 있지만 과학적으로는 효과가 증명되지 않았다.

⊙ GHB의 작용 및 부작용

GHB는 신경계에 작용하는 강력한 진정제이자 최면제다. GHB는 중추신경계에 자연적으로 소량 존재하며, 신경전달물질로 작용한다. 중추신경계 이외에도 와인, 쇠고기, 동물 체내에도 미량 존재한다. GHB는 자연적으로 존재하는 물질이지만, 남용시에는 심각한 부작용을 초래할 수 있다. 적정량을 복용하면 행복감을 느끼지만, 과다' 복용시 독성이 나타난다. 낮은 용량에서는 알코올과 유사한 도취감을 주는 중추신경 억제 효과를 나타내서 차분해지고, 기분이 처지는 느낌을 준다. 고용량에서는 메스꺼움, 근육 경직, 혼란, 발작, 호흡 마비, 의식 상실, 혼수상태,

호흡억제, 심지어 사망에 이를 수 있다. 효과 발현 시간은 투여 15~30분 내에 효과가 나타나며, 3~6시간 동안 효과가 지속된다.

평균 복용량은 순도에 따라 다르지만 일반적으로 1~5g 범위이다. 1~2g을 복용하면 행복감을 느끼지만, 과량을 복용하면 운동기능 저하와 졸음 등의 부작용이 나타난다. 일반 부작용은 어지러움, 구역질, 혼란, 현기증, 시야 몽롱, 땀 과다, 구토, 호흡곤란이 나타난다. 과다복용시에는 심각한 호흡억제와 사망을 초래할 수 있다.

GHB는 반복 사용시 신체적, 정신적 의존성을 유발할 수 있으며, 금단 증상으로는 불안, 불면증, 떨림, 발한, 빈맥 등이 나타날 수 있다.

GHB는 단독으로 사용되기도 하지만, 알코올과 함께 사용되는 경우가 많다. 특히 성범죄시 주류에 타서 권하기 때문에 알코올과 혼합되는 경우가 대부분이다. 알코올과 함께 복용하면 환각 상태가 야기되고, 상승작용이 나타나서 심한 경우 사망에 이를 정도로 위험하다.

GHB는 알코올 외에도 항우울제, 각성제, 환각제, 대마 등 다른 약물과 함께 투여되기도 하는데 다른 약물과 혼합하여 투여되는 경우 위험성이 커진다. 다양한 약물과의 혼합은 환각 상태를 강화시키고, 심각한 부작용 및 사망에 이를 가능성을 높인다.

GHB에 의한 사망사고가 여러 국가에서 발생하였다. 영국에서 2011년부터 2015년까지 LGBT(Lesbian, Gay, Bisexual, Transgender) 집단을 대상으로 한 조사에서 61명이 GHB로 사망했다고 한다. 2014년에 비해 2015년에는 사망자가 119% 증가했다. 호주에서도 2000년부터 2019년까지 GHB 관련 사망사건이 74건 있었다. 사망자의 평균 연령은 31.5세였으며, 백인 남성이 70%를 차지했다. 혈액 중 GHB 농도는 230~1,350

㎎/L로 차이가 컸다. 미국에서는 1999년부터 2022년까지 72명이 GHB로 사망했고, 16,000명이 GHB 과량 복용으로 인한 중독이 보고되었다.

⊙ 국내 GHB 불법 제조 및 불법 유통사례

우리나라에서는 1998년 광주지방검찰청에서 GHB 남용이 처음 인지되었다. '물뽕'이라는 이름도 이때 처음 지어졌다. 식약처 자료에 따르면, GHB의 유통은 2015년 이후 급격한 변화를 보였다. 온라인 판매 광고 적발 건수가 2015년 516건에서 2018년에는 85건으로 줄었으나, 2019년 6월까지 2,508건이 적발되면서 2015년 대비 5배, 전년 대비 30배 증가했다.

관세청의 GHB 밀수 적발 현황에서도 큰 변화가 있었다. 2014년에는 25g이 국제우편으로 밀수되는 정도였지만, 2018년에는 특송 화물로 1,062g, 국제우편으로 361g이 적발되었다. 2019년에는 8월까지 특송 화물로 747g, 국제우편으로 374g이 적발되었다. 2020년에는 469g으로 줄었지만, 2021년에는 28,800g으로 61배가 급증하였다.

● **국내 불법 GHB 제조 사례** 국내에 유통되는 GHB는 주로 외국에서 밀수되지만, 국내에서 제조하는 사례도 있었다. 1회 용량이 10만 원으로 가격이 비싸고, 제조가 비교적 간단하기 때문에 불법 제조가 시도되었다.

2012년 2월 15일 서울지방경찰청 마약수사대는 GHB를 불법 제조한 회사원을 구속했다. 이 회사원은 인터넷 포털사이트에서 제조법을 익힌 뒤 원료물질인 GBL(Gamma-Butyrolactone, 감마부티로락톤)을 이용하여 GHB를 제조했다. 이때 불법 제조된 GHB의 양은 842g으로, 2만8천 명이 투약할 수 있는 양이었다. 제조자는 밤에 잠을 잘 자기 위해 제조하였

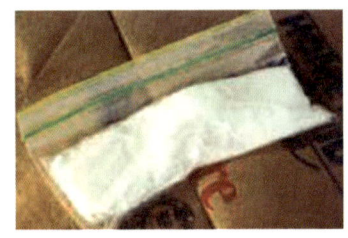
GHB 가루

다고 하며, 자신이 직접 투약하기도 했다.

● **국내 GHB 유통 사례** 불법 유통한 사례도 여러 건이 있었다. 2012년 GHB를 유통하기 위해 인터넷에 '작업 성공률 100%'라는 문구를 올려 구매자를 유혹한 사람이 있었다. 이를 구입한 28명이 입건되었는데, 회사원, 사회복무 요원뿐만 아니라 고등학생들도 포함되어 있었다.

2016년에는 GHB를 생수로 속여 밀반입한 영국 출신 DJ가 경찰에 붙잡혔다. 네 차례에 걸쳐 생수로 위장하여 여행용 가방에 숨겨 3.78L를 밀반입하였고, 제약회사 임원 등이 상습적으로 투약하였다.

2019년 경북지방경찰청에서는 4L의 GHB를 구매해 유통한 A씨를 구속했다. A씨는 서울에서 GHB를 구입하여 400mL를 유통하고, 3.6L를 보관하고 있었다. 5mL를 1회 용량으로 만들어 10만원, 30mL를 6회 투여량으로 하여 60만 원에 판매하였다.

◉ **GHB 복용 여부 판정의 어려움**

음료수에 GHB를 몰래 넣은 것을 마시고 난 후 이를 증명하는 것은 여러 가지 이유로 매우 어렵다. 가장 큰 이유는 GHB의 반감기는 30분에서 60분으로 매우 짧다는 점이다. 복용 후 1시간 이내에 복용량의 50%가 배설되고, 5.5시간이 지나면 투여량 모두가 배설된다. 따라서 복용 후 6시간이 지나면 소변에서 검출이 어렵다.

더욱 문제가 되는 것은 알코올과 함께 복용했을 경우이다. 알코올과 함께 GHB를 복용하면 몸에서 배설이 더욱 빨라져 투여 후 30분에서 1시간 30분 이내에 소변을 통해 완전히 배출된다.

실제로 음료에 탄 GHB를 복용한 사람 중 소변에서 이를 확인한 사례는 극히 드물다. 국립과학수사연구원의 발표에 따르면 최근 5년간 의뢰 건수 8,795건 중 GHB가 검출된 건은 단 1건이었다고 하였다. 이 경우도 피해자가 음료를 마신 직후 이상을 느끼고 바로 경찰에 신고한 이례적인 사례였다. 대부분의 경우 GHB를 복용하면 빠르게 의식을 잃게 되고 저항을 할 수 없게 되며, 깨어나지 못하거나 혼란스러운 상태가 지속되기 때문에 신고를 할 수도 없고, 한다고 해도 늦게 하게 된다. 더욱이 사건 당시의 기억을 거의 못하는 기억상실이 유도되어 증언을 할 수 없기 때문에 신고조차 하기 어렵게 된다.

GHB 복용을 증명하기 어려운 또 다른 이유는 GHB는 인체의 중추신경계에서 자연적으로 소량 존재하기 때문에 외부에서 투여된 GHB와 내부에서 생성된 GHB를 구별할 수 없기 때문에 판정에 어려움이 있다.

● **모발을 이용한 GHB 검출** 소변을 이용한 GHB 검출이 어렵기 때문에 모발을 이용한 증명 방법이 시도되고 있다. 프랑스 에서는 약물 복용 5일 후 신고한 피해자의 모발에서 GHB 검출을 시도하였다. 모발이 0.9~1.2㎝ 자랄 때까지 기다린 후 모발을 채취하였다, 실험결과 GHB가 모근에서 1.2㎝ 범위에서 높은 농도로 검출되는 것을 확인하였다. 이 결과를 바탕으로 1개월 전에 GHB가 투여되었음을 확인할 수 있었다.

⊙ GBL(Gamma-Butyrolactone)의 작용 및 부작용

GBL(Gamma-Butyrolactone)은 다양한 산업 용도로 사용되는 무색의 액체로, 폴리우레탄, 살충제, 탄성 섬유, 제약, 금속 또는 플라스틱 코팅 등의 제품을 생산하는 데 사용된다. 어항 세척, 잉크 카트리지 세척 등에도 쓰인다. GBL은 흡습성이 있으며 물과 잘 섞이고 특유의 약한 냄새가 있다. 어는 점이 낮고, 끓는 점이 높은 특징을 가진다. GBL은 산업용으로 널리 사용되며 합법적으로 유통된다.

GBL은 GHB와 화학적으로 매우 유사하며, 수산화나트륨과 같은 알칼리를 가해 pH를 바꾸면 쉽게 GHB로 변환될 수 있다. GBL은 인터넷으로 쉽게 구할 수 있어 불법적으로 GHB를 제조하기도 쉽다. GBL은 액체로 판매되는데, 종종 GHB라고 속여 판매되기도 한다. 한 병당 미국에서 약 100달러에 판매되며, 1mL에 9센트에서 2달러 정도로 아주 저렴하다.

GBL을 복용하면 인체 내에서 GHB로 대사되어 동일한 임상효과가 나타난다. 1990년대 말부터 GBL 남용 사례가 발생했다. 경기력 향상, 수면 유도, 성적 및 쾌락 목적, 우울증과 스트레스 해소, 성장호르몬 분비 촉진 등의 목적으로 GLB가 사용되었다. GBL의 효과는 GHB보다 빠르게 나타나지만, 작용 강도도 강하며, 지속 시간도 길다. 의존성이 생기기 때문에 남용 가능성도 GHB보다 크다. GBL은 알코올 및 엑스터시와 함께 사용되기도 한다. 복용 후 나타나는 증상으로는 행복감,

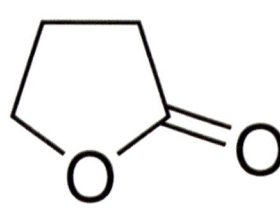

GBL 화학적 구조

입수된 GBL 제제

이완, 억제력 감소가 있으며, 부작용으로는 대변 및 소변 실금, 불안, 경련, 서맥, 호흡 마비, 혼수, 사망 등이 보고되었다.

● **GBL의 법적규제** 일부 국가에서는 GBL을 GHB 유사체로 지정하여 법적인 규제를 하고 있다. GBL은 체내에서 GHB로 변환되기 때문에 두 물질의 사용 및 남용은 본질적으로 동일하게 규제되어야 하나 현실적으로는 GBL은 산업용으로 수십만 톤씩 사용되기 때문에 향정신성의약품으로 규제하기에는 어려움이 있다.

우리나라에서는 2022년 임시마약류 1군으로 신규 지정하여 마약류와 동일하게 취급 관리하고 있다. 단지 산업적 용도로 쓰일 때는 임시마약류에 해당되지 않는다. 미국, 영국, 독일은 GBL를 사람에게 사용할 때는 처벌을 하고 있고, 프랑스도 일반 대중에게 판매가 금지되어 있다. 미국 마약수사청에서는 GBL의 제조, 유통, 수입, 수출을 24시간 감시하고 있다. GBL의 법적규제는 산업적 용도와 남용 방지 사이에서 균형을 맞추는 것이 중요하다.

데이트 강간 약물(Date rape drug)

GHB의 남용 사례가 증가하면서, 청소년과 젊은 성인들 사이에서 클럽 마약으로 널리 사용되었다. 그런데 사회적 문제가 된 것은 음료수 중에 GHB를 몰래 넣어 피해자에게 마시게 하여 피해자가 의식을 잃고, 어느 순간의 기억을 상실하는 효과를 악용하여 성범죄에 쓰인다는 것이었다. 이로 인해 GHB는 데이트 강간 약물(Date rape drug)이라는 악명을 얻게 되었다.

GHB가 '데이트 강간 약물'로 악용되면서 피해자가 의식이 없는 상태에서 성폭행을 당하는 경우가 발생하여 약물유도범죄(Drug Facilitated Crime)의 대표적인 약물이 되었다. GHB는 무미, 무취, 무색으로 음료에 쉽게 섞을 수 있는 특성이 있고, 강력한 진정효과와 의식소실을 일으키며, 기억상실을 유도하기 때문에 약물유도 범죄에 사용되고 있다.

물뽕이 국민들의 관심을 끌었던 사건은 2018년 11월 24일 강남의 클럽 '버닝썬'사건이었다. 이 사건은 초기에는 큰 관심을 받지 못했으나 이후 마약, 성범죄가 연계된 사실이 드러나면서 대형 범죄사건으로 확산되었다. 클럽 버닝썬과 관련된 일련의 범죄 및 스캔들로, 클럽 내에서 벌어진 폭행, 마약, 성범죄, 경찰과의 유착 등 다양한 범죄 행위가 포함되었다. 특히 클럽 내부에서 마약이 사용되고 유통된 의혹이 제기되었다. 이 사건은 특히 여성들에게 마약을 먹인 후 성폭행하거나 불법 촬영을 한다는 약물 성폭행 의혹으로 여성들을 공포에 빠지게 했다.

이 사건이 계기가 되어 GHB를 이용한 범죄를 예방하기 위해 여러 기술이 개발되고 있다: GHB가 들어 있는 음료에 넣으면 색이 변하는 빨대, GHB가 들어 있는 음료를 묻히면 색이 변하는 매니큐어, GHB가 들어 있는 음료를 묻히면 색이 변하는 스티커 등이 개발되었다.

GHB의 원료물질인 GBL에 의한 성폭행 사건도 발생했다. 2021년 11월, A씨는 술잔에 몰래 GBL을 타서 여성을 의식 잃게 한 다음 두 명을 성폭행했다. 하지만 두 번째 여성이 의식을 차리고 신고하면서 소변을 채취할 수 있었고, 감정 결과 피해자 여성의 소변에서 GHB가 검출되어 범죄를 증명할 수 있었다.

6
프로포폴: 두 얼굴의 약물

- 프로포폴은 어떤 작용을 하며, 왜 의료용으로 사용될까?
- 프로포폴이 '우유주사'라고 불리는 이유는 무엇일까?
- 연예인들이 프로포폴을 남용하는 이유는 무엇일까?

⊙ 프로포폴은 무엇인가

프로포폴은 전신마취를 유도하거나, 마취를 유지시키기 위해 사용되는 수면마취제이다. 수면내시경이나 성형수술, 기타 간단한 수술 등에서 마취제로 쓰인다. 1977년 영국의 ICI에서 13년간의 연구 끝에 프로포폴을 개발했지만, 부작용으로 인해 초기 시장 진입에 실패했다. 이후 1986년에 부작용을 개선하여 '디프리반(Diprivan)'이라는 이름으로 시장에 재출시되었다. 현재 50개국 이상의 국가에서 사용되고 있고, WHO의 '필수의약품 리스트'에도 포함되어 있다.

프로포폴은 '포폴, 프로바이브, 프리폴엠시티, 아베폴' 등의 상품명이 있고, 일명 '우유주사'로 알려져 있다. 우유주사로 불리는 이유는 간단하다. 정맥 주사용 프로포폴은 물에 용해되지 않기 때문에 물이 아닌 식물유에 녹인다. 식물유에 프로포폴을 녹이면 무색 투명하게 녹지 않고, 하얀 색깔의 유탁액이 된다. 즉, 이런 상태가 우유처럼 보여 '우유주사'라고 부르는 것이다. 프로포폴은 우유주사 외에 '하얀 약'으로도 불린다.

국내에는 1992년에 허가되어 사용되기 시작하였다. 국내 생산 규모는

2011년에만 170억에 달할 정도로 많은 양이 쓰이고 있다. 프로포폴은 국내에서 남용이 커다란 사회문제로 부각되어, 2011년 2월 1일 세계 최초로 향정신성의약품으로 지정되었다.

◉ 프로포폴의 양면성

프로포폴은 비교적 안전한 약물에 해당하지만 장점과 단점의 양면성을 갖고 있어 '두 얼굴의 약물'이라고 불린다.

프로포폴은 정맥주사시 15~30초 사이에 무의식 상태에 도달하며, 약효는 5~10분간 지속된다. 뇌의 GABA 수용체를 활성화시켜 마취 효과를 나타낸다.

프로포폴 구조

장점으로는 수면에 이르는 반응시간이 짧고, 신속하게 깨어난다는 것이다. 프로포폴의 효과가 비교적 짧아 환자가 빠르게 회복할 수 있다. 깨어난 후 즉시 업무 복귀가 가능하며, 숙면한 느낌을 갖게 된다. 따라서 프로포폴은 빠른 피로 회복과 건강한 이미지 유지를 원하는 사람들 사이에서 주로 남용된다.

다른 수면마취제를 복용한 후 나타나는 두통, 어지럼증, 오심, 구토 등과 같은 증상이 없는

프로포폴 제제

특징도 있다. 따라서 마취과 의사들이 가장 선호하는 약물로 알려져 있다. 프로포폴은 강력한 진정 효과 외에도 통증을 완화시키는 특성이 있어, 통증이나 불안을 겪는 사람들이 남용할 가능성이 있다.

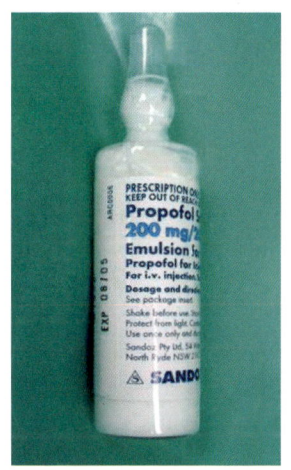

단점으로는 프로포폴은 수면 효과는 있으나 환자가 통증을 느끼는 상태로 잠이든다. 더 큰 단점은 과량 투입시, 심박수와 혈압이 낮아지고, 기도가 막혀 일시적인 무호흡을 유발할 수 있다. 심하면 치명적인 문제로 이어져 사망할 수 있다. 프로포폴은 '안전하게 사용할 수 있는 용량'과 '독성을 나타나는 용량'의 차이가 매우 적다. 따라서 안전한 용량에서 아주 조금 더 과량을 투여하게 되면 사고가 발생하게 된다. 프로포폴은 투여량의 약 70%가 24시간 이내 소변으로 배설된다.

⦿ 프로포폴의 중독 작용

프로포폴은 습관적 사용으로 인해 정신적 의존성이 생길 가능성이 높으며, 내성이 생겨 점차적으로 투여량이 증가하게 된다.

중독시 본인의 의지만으로는 약물 사용을 중단하기 어렵고, 불안, 우울, 심각한 불면증, 충동적 공격성, 환청 및 환시 등의 심각한 증상이 나타날 수 있다. 성형을 목적으로 병원을 방문했다가 중독되는 사례가 흔하다. 중독으로 인해 정상적인 생활을 하지 못하고, 재산을 탕진하거나 환각을 경험하는 사례도 보고되고 있다.

부작용으로는 신경계에서 두통, 경련, 기침, 몸부림 등이 나타나며, 심장계에서는 서맥과 빈맥이 발생할 수 있다. 호흡계에서는 일시적 무호흡이 발생할 수 있으며, 과다 투여시 호흡 억제로 인한 호흡 부전이 발생할 수 있다. 따라서 비전문가가 병원 외부에서 사용할 경우 응급 상황에 적절히 대처하지 못하기 때문에 치명적인 결과를 초래할 수 있다.

⊙ 프로포폴의 오남용 사례

프로포폴은 그 사용빈도만큼이나 언론에 자주 등장하는 약물이다. 2000년대 후반부터 지금까지 이 약물은 끊임없이 대중의 관심을 받아왔다.

● **연예인의 프로포폴 남용과 언론 보도** 2010년 8월, 프로포폴에 관한 괴담이 사회적 이슈로 부상했다. 이 괴담은 프로포폴에 중독된 연예인들이 조사를 받을 것이라는 내용이었다. 해당 소문에 따르면, 많은 연예인들이 살인적인 스케줄을 소화하면서 숙면을 취하기 위해 수면제 대신 프로포폴을 오남용하고 있다는 것이었다. 특히 서울의 강남과 홍대 지역에서는 연예계 및 유흥업계 종사자들 사이에서 프로포폴이 피로 회복제나 비타민 주사로 잘못 사용되고 있다는 소문이 널리 퍼져 있었다. 이러한 상황은 프로포폴의 오남용 문제가 단순한 의료적 문제를 넘어 사회적 문제로 확대되고 있음을 보여주었다.

이에 따라 프로포폴을 제공하는 병원에 대한 수사가 시작되었다. 수사 결과, 불법 시술을 통해 과도한 수익을 올린 병원들이 대거 적발되었다. 일부 병원에서는 프로포폴 한 병의 정상 가격이 1만 원 정도임에도 불구하고, 환자들에게는 10만 원에서 40만 원까지 청구하여 폭리를 취한 사례가 발견되었다. 또한, 일부 환자들은 하루에 3병의 프로포폴을 투여받는 경우도 있었으며, 한 달에 2천만 원에서 3천만 원까지 지출하는 극단적인 사례도 있었다.

2013년에는 여성 탤런트와 방송인 여러 명이 포함된 프로포폴 남용 사건이 발각되어 성형외과 7곳에 대한 수사가 진행되었다. 이 수사에서는 유명 연예인들의 프로포폴 사용 빈도가 드러나 놀라움을 주었다. 구체적으로 보면 연예인 A씨는 185회, B씨는 111회, C씨는 95회, D씨는 42회에 걸쳐 프로포폴을 투약받은 것으로 확인되었다. 2021년에는 한 유명 배우와 관련된 성형외과 병원장이 자신과 고객에게 100회 이상 프로포폴을 불법 투약한 혐의로 실형을 선고받았다.

● **비극적인 사건으로 드러난 프로포폴의 위험성** 2012년 7월 31일 오후 6시 40분경, 서울 한강 잠원지구의 주차장에서 30대 여성의 시신이 고급 승용차 내부에서 발견되었다. 이 여성의 신원이 확인되면서 사망 경위에 대한 수사가 시작되었다. 수사가 시작되자 강남의 한 산부인과 의사가 자수하였고, 피해자가 피로를 호소해 수면유도제로 프로포폴을 투약했다고 진술했다.

부검 결과, 피해자의 혈액과 소변에서 13종의 약물이 검출되었으며, 이 중 프로포폴도 포함되어 있었다. 수사 과정에서 해당 의사가 피해자에게 '언제 우유주사 맞을까요?'라는 내용의 문자를 보낸 사실이 밝혀졌다. 이 사건은 프로포폴의 위험성과 남용에 대한 사회적 관심을 다시 한번 촉발시켰다.

● **일반인의 프로포폴 남용** 2012년에는 서울 강남의 네일샵에서 한 여성 연예인이 프로포폴을 직접 투약하고 소지한 혐의로 구속되었다. 2018년에는 프로포폴을 49회 맞은 일반인이 징역 3년의 형을 선고받았다. 이어서 2019년에는 프로포폴 투여를 목적으로 18회 위내시경 검사를 받은 사례가 적발되었으며, 해당 개인은 하루에 3번이나 수면내시경을

받은 것으로 밝혀졌다. 2020년에는 한 유명 재벌이 프로포폴을 41회 투약한 혐의로 벌금형을 받았고, 프로포폴을 103회 투약한 재벌 3세는 징역 1년의 형을 선고받았다. 이런 프로포폴 남용 사례들은 이 약물의 남용이 개인과 사회에 미치는 영향을 분명하게 보여주었다.

⦿ 프로포폴로 사망한 사람들

프로포폴로 인한 사망 사건은 2000년 내시경 수술 중 발생한 사건 이후 지속적으로 발생했다. 2000년 이후부터 2011년까지 국립과학수사연구원에서는 프로포폴 사용과 관련된 36건의 사망사건에 대한 부검이 시행되었다. 사망자들 중에는 여성이 28명으로 남성 8명에 비해 압도적으로 많았으며, 사망자의 대부분은 20대와 30대였다. 이 두 연령대가 전체 사망자의 61%를 차지했다.

사망 유형을 살펴보면, 의료행위 중 발생한 사고사가 16건, 자살이 2건이었으며, 자살과 사고사를 구분하기 어려운 경우가 18건이었다. 특히, 자살 및 사고사로 분류된 18건의 사망 사례 중 절반 이상이 의료계 종사자였다. 이들 중 간호사 및 간호조무사가 9건, 의사가 4건이었다. 프로포폴에 쉽게 접근할 수 있는 환경에서 근무한 의료인들의 사망이 눈에 띄었다.

의료인들의 프로포폴 중독에 대한 추가 조사도 실시되었다. 2010년 식약처는 102개 병원의 마취과 의료진을 대상으로 프로포폴 사용에 대한 조사를 진행했다. 그 결과 6개 병원에서 8명의 의료종사자가 프로포폴 중독으로 확인되었고, 이 중 2명은 사망했다. 또한, 마취과학회 회원 72명을 대상으로 한 설문조사에서는 7개 병원에서 9명의 남용자가 확인되었다. 이 중 전공의 6명과 간호사 1명, 그리고 직업 불명 2명이 포함되었고, 이 중 2명이 사망한 것으로 보고되었다.

● **프로포폴에 의한 의료인 사망 사례** 2006년 전공의 1년차 의사가 자신의 침대에서 사망했다. 그는 침대 위에 비스듬히 누워 있었으며, 오른손에 주사기를 쥐고 있고 왼팔 정곡 부분에 주사 바늘이 꼽혀 있었다. 검사 결과, 혈액에서 치사량의 프로포폴이 검출되었다. 2009년 가정의학과 과장이 자신의 진료실에서 사망한 상태로 발견되었다. 이 사건에서도 혈액 검사 결과 프로포폴이 검출되었다. 또한 개인병원 간호과장이 자택 안방의 침대 위에서 의식이 없는 상태로 발견되었는데, 백색 액체 주사를 맞은 상태였다. 병원으로 옮겨졌지만 사망하였고, 혈액 검사에서 프로포폴이 검출되었다. 2010년 유명 피부과 간호실장이 서울 강남의 지하 단칸방에서 숨진 채 발견되었다. 이 사건에서도 혈액에서 프로포폴이 검출되었다.

◉ **프로포폴로 인한 의료사고**

2007년 이후 프로포폴 관련 의료 사고가 지속적으로 발생하고 있다. 2013년 수면내시경 검사 중 프로포폴 투여 후 호흡 이상으로 골프 선수가 사망했다. 같은 해, 종아리 근육을 가늘게 하는 시술 중 환자가 사망한 사례도 있었다. 2015년 중국인 여성 환자가 프로포폴 투여 후 뇌사 상태에 빠진 사례도 있었다. 2015년부터 2017년까지 발생한 의료사고 43건 중 18건이 프로포폴 또는 다른 마취제와 함께 투여된 사례였으며, 이 중 14건에서 의료진의 과실이 인정되었다.

2016년 사례를 보면 서울중앙지방법원은 프로포폴 투여 후 식물인간이 된 환자에 대해 병원이 1억 9,000만 원을 배상하라고 판결했다. 이 사건은 2013년에 발생했는데, 환자는 디스크 수술을 위해 프로포폴을 투여받았다. 투여 후 5분 만에 산소포화도, 혈압, 심박수가 정상 이하로 떨어져, 의료진이 조치를 했다. 일시적으로 회복이 되어 수술을 계속했으나, 10분 후 다시 산소포화도가 측정되지 않고 기도 압력이 높아져 수술을 중단했다. 이후 기관삽관과 인공호흡기를 부착했지만, 저산소성 뇌 손상으로 인해 환자는 사지마비와 식물인간 상태가 되었다. 이 판결에서는 프로포폴 투여로 인한 부작용과 수술 중 적절한 모니터링 부재가 지적되었다.

프로포폴은 과다 투여시 호흡 억제, 혈압 저하, 심장 박동 이상 등의 심각한 부작용을 초래할 수 있고, 적절한 모니터링을 하지 않으면 의료사고로 이어질 수 있다. 따라서 투여 도중 환자의 호흡, 심박수, 혈압 등을 지속적으로 모니터링하는 것이 필수적이다.

마이클 잭슨과 프로포폴

프로포폴 관련 주요 사건 중 하나는 팝스타 마이클 잭슨의 사망이었다. 2009년, 영국 공연 준비 중에 사망한 51세의 잭슨의 몸에서는 다수의 바늘 자국이 발견되었다. 또 집안에서는 다량의 프로포폴이 발견되었다. 마이클 잭슨의 사망 원인으로는 프로포폴과 벤조디아제핀 계열 약물의 과다 복용으로 인한 급성 프로포폴 중독으로 판명되었다. 잭슨은 오랜 기간 불면증을 겪었고, 이를 해결하기 위해 여러 약물을 시도했으나 효과를 보지 못해 결국 프로포폴을 수면제로 사용하기 시작했다. 이 약물은 의사의 철저한 관리 하에 투여되어야 하지만 잭슨의 경우, 그의 개인 주치의였던 콘래드 머레이 박사가 집에서 프로포폴을 관리하며 투여했다. 콘래드 머레이 박사는 과실치사 혐의로 기소되어 2011년 11월에 유죄 판결을 받고 4년형을 선고받았다. 마이클 잭슨에게 프로포폴을 안전하지 않게 투여한 혐의로 사망에 직접적인 책임이 있다는 판결이 내려졌다. 이 사건은 의료용 약물의 적절한 관리와 사용의 중요성을 강조하는 계기가 되었다.

7
신경안정제의 위험한 변신, 마취강도 사건의 진실

- 신경안정제는 왜, 그리고 어떻게 마취강도 사건에 악용될까?
- 범죄에 사용되는 신경안정제에는 어떤 종류가 있을까?
- 의약용 신경안정제와 범죄에 쓰이는 물질은 어떻게 다를까?

⊙ 신경안정제는 무엇인가?

신경안정제는 주로 불안, 스트레스, 불면증 등을 치료하는 데 사용되는 약물이다. 이들은 중추신경계를 진정시켜 신체의 긴장을 완화하고 마음을 편안하게 만드는 역할을 한다. 신경안정제에는 여러 종류가 있는데, 대표적인 예로는 벤조디아제핀 계열, 비벤조디아제핀 계열로 나뉜다. 이들 중 가장 많이 의약용으로 쓰이고 있는 것이 벤조디아제핀 계열이다.

● **벤조디아제핀류 신경안정제** 1960년대 초부터 합성되기 시작하여, 현재 약 2,000종이 넘는 종류가 알려져 있다. 이 중 약 100여 종이 진정, 수면 유도, 항불안, 항경련, 근육 이완 등의 효과를 가지고 있다. 벤조디아제핀은 벤젠 고리와 디아제핀 고리가 결합된 구조를 갖고 있어, 벤조디아제핀 유도체라고 불린다. 최초의 벤조디아제핀인 클로르디아제폭시드(리브리엄)는 1955년에 개발되었고, 1963년에는 디아제팜(발리움)이 등장하며 널리 알려지기 시작했다. 벤조디아제핀의 도입은 기존의 바르비탈산 유도체 수면제의 처방을 대체하며, 1970년대에는 최면제와 진정제

로서 자리잡았다.

벤조디아제핀 약물들은 대부분 대형 제약회사에서 정제나 캡슐 형태로 적법하게 생산되며, 불법 생산되는 경우는 없다. 벤조디아제핀은 신경증, 불면증, 조현병 치료에 주로 사용되며, 클로르디아제폭사이드(Chlordiazepoxide), 디아제팜(Diazepam), 알프라졸람(Alprazolam), 로라제팜(Lorazepam), 플루니트라제팜(Flunitrazepam), 미다졸람(Midazolam) 등이 있다.

벤조디아제핀계 구조

1980년대에 벤조디아제핀류의 중독 위험성이 널리 알려지기 시작했으며, 영국에서는 환자들이 제약사를 상대로 중독의 위험을 사전에 알리지 않았다며 집단 소송을 제기하기도 했다.

벤조디아제핀류는 국제마약감시기구에서 Schedule IV 약물로 규정하고 있으며, 우리나라에서는 마약류 관리에 관한 법률 제2조 제3호 다목에 따라 1종, 라목에 43종이 향정신성의약품으로 지정되어 있다.

우리나라에서는 2019년 통계에 따르면 벤조디아제핀류를 처방받은 환자는 총 660만명이었으며, 이 중 디아제팜 319만명, 알프라졸람 266만명, 로라제팜 114만명이었다. 처방받은 환자 중 여성이 63%를 차지했다.

벤조디아제핀류의 부작용이 문제가 되면서 새로운 항우울제가 등장하였다. 불면증 치료로 등장한 졸피뎀(Zolpidem), 잘레플론(Zaleplon)과 조피클론(Zopiclone)이 여기에 속한다.

⊙ 벤조디아제핀류의 작용

벤조디아제핀 유도체는 중추신경계를 억제하는 방식으로 작용한다. 벤조디아제핀계 약물은 종류에 따라 약효가 나타나는 시간과 지속 시간이 다르다. 즉각적으로 약효가 나타나는 약물은 주로 불면증 치료에 사용되며, 약효가 길게 지속되는 약물은 불안 치료에 쓰인다. 예를 들어, 알프라졸람, 디아제팜, 로라제팜은 불안 증상 치료에, 트리아졸람은 주로 불면증 치료에 사용된다.

벤조디아제핀의 장점으로는 수면 상태 진입이 빠르고 깊은 수면의 시간을 늘릴 수 있다는 점이다. 그러나 잠에서 깨어난 후에도 졸린 증상이 지속될 수 있으며, 약물 의존성이 높고 장기간 복용 시 기억력 저하가 발생할 수 있는 단점이 있다. 대부분의 벤조디아제핀류는 유사한 효능을 가지고 있어 같은 용도로 사용될 수 있다.

벤조디아제핀류는 기분 전환을 목적으로 남용되거나 오용되는 경우가 많으며, 장기간 사용으로 인해 중독이 발생할 수 있다. 사용을 중단하면 금단 현상이 나타나기 때문에 위험하다. 특히 디아제팜, 로라제팜, 알프라졸람, 플루니트라제팜은 남용으로 인한 문제가 두드러진다. 벤조디아제핀계 약물은 남용 가능성이 높은 신경안정제이다.

범죄에 사용되는 문제도 심각하다. 로라제팜은 마취 강도 사건에 많이 사용되고 플루니트라제팜은 데이트 강간 약물로 사용되고 있다.

⊙ 벤조디아제핀류의 부작용

벤조디아제핀류 약물을 장기간 사용하거나 다른 약물과의 혼합 사용하면 심각한 부작용을 일으킨다. 부작용에는 졸림, 기억력 감퇴, 어지럼증, 두통, 변비, 구강건조, 피로, 과민성, 우울증 등이 나타난다. 또한 메스꺼움, 식욕 변화, 시야 흐림, 악몽 등의 증상도 나타날 수 있다.

치료용량으로도 장기간 복용하면 정신적, 신체적 의존성이 생길 수 있으며, 인격 장애가 발생할 위험이 있다. 지속적인 사용이나 남용으로 인한 중독 사례가 많이 보고되고 있으며, 과량 복용이나 오용으로 인한 사망 사례도 있다. 과다 사용은 사람을 무기력하게 만들고 혼수상태에 이르게 한다.

술과 함께 복용할 경우 독성이 증가하기 때문에, 술과 함께 과량 복용 시 사망에 이를 수 있다. 따라서 벤조디아제핀류 약물을 복용하는 동안에는 술을 마시지 않아야 한다. 아편류, 항우울제, 바르비탈산 유도체 등과 병용할 경우도, 아주 낮은 농도에서도 중독 작용을 일으킬 수 있어 주의가 필요하다.

벤조디아제핀류 약물들은 운동 신경 능력과 지각 능력에 영향을 미치기 때문에 운전할 때 영향을 줄 수 있다, 알코올과 함께 복용하면 이러한 영향이 더욱 증가하므로, 운전할 때는 이 두 약물을 동시에 복용해서는 절대 안 된다.

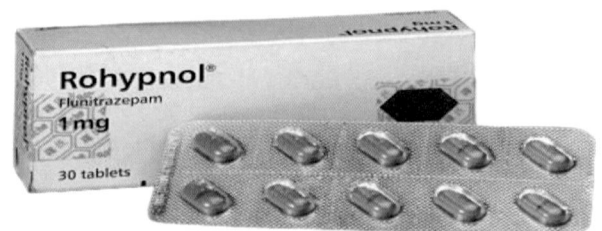

플루니트라제팜(로히프놀)

⊙ 대표적인 벤조디아제핀류

● **플루니트라제팜(Flunitrazepam)** 1962년 로슈회사가 특허를 내고, 1974년부터 의약품으로 사용된 플루니트라제팜은 상품명인 로히프놀(Rohypnol)이 일반명처럼 쓰이고 있다. 이 약물은 주로 최면수면, 진정, 항경련, 항불안, 골근육 이완의 목적으로 사용되며, 수면 장애를 가진 환자의 불면증 치료제로도 사용된다.

부작용으로는 근육 이완, 어눌한 말투, 운동 신경 소실, 두통, 호흡기 마비 등이 있다. 일정 기간 동안 복용하면 신체적 의존성이 생기며, 갑작스러운 약물 중단 시 의존성과 금단 현상이 나타난다.

복용 후 30~90분 사이에 최고 농도에 도달하며, 약효는 약 12시간 동안 지속된다. 로히프놀의 반감기는 11~25시간이며, 소변에서의 검출 기간은 복용량에 따라 60시간에서 최대 28일까지 검출된다. 디아제팜보다 약효가 10~20배 강한데, 중남미 등 많은 국가에서 판매되고 있으나, 미국에서는 합법적으로 판매되지 않는다.

로히프놀을 복용하면 전신이 몽롱해지며 방향 감각을 잃고, 복용 후 몇 시간 동안의 기억을 잃을 수 있다. 술과 함께 복용할 경우 방향 감각 상실, 기억상실 및 의식 불명의 증상이 나타난다. 따라서 로히프놀은 데이트 강간뿐만 아니라 강도 목적으로도 사용되며, 영국에서는 매년 약 2,000건의 강도 사건에서 이 약물이 사용된 것으로 보고되고 있다. 운전 중 복용 시 교통사고와 연계되는 경우도 많아 운전 중 복용이 금지된 약물이다.

데이트 강간에 사용되는 문제를 해결하기 위해 제약회사에서는 약품의 제형을 바꾸었다. 1997년 이전에는 둥근 백색 정제로 제조되었으나,

1998년부터는 용량을 줄였고, 특징적으로 파란색 점이 있는 녹색의 타원형으로 제형을 변경하였다. 음료에 넣었을 때 색이 즉시 변하는 것을 쉽게 알아볼 수 있도록 하였고, 약물이 음료수에 녹지 않도록 제조하였다.

● **디아제팜(Diazepam)** 디아제팜은 스위스 로슈사가 1963년에 개발한 약물로, 대표적인 상품명 '발리움'으로 더 잘 알려져 있다. 1978년에는 전 세계적으로 약 20억 정이 판매되었고, 상품명도 500개 이상 있다. 세계에서 가장 많이 처방되는 약물 중 하나로, 세계보건기구(WHO)의 필수 약물 목록에도 등재되어 있다.

디아제팜은 불안과 우울 증상을 조절하는 데 사용되며, 근육의 긴장을 완화시키기 때문에 발작 치료에도 효과적이다. 또한 불면증을 비롯한 다양한 질환의 치료에 널리 사용된다. 디아제팜은 주로 의료용으로 사용되고, 범죄에 사용되는 경우는 매우 드물다.

● **로라제팜(Lorazepam)** 로라제팜은 1963년에 특허를 출원하고 1977년부터 시판되기 시작했다. 이 약물은 항불안, 진정, 항경련, 근육 이완 등의 효과가 있어 항불안제로 널리 사용된다.

세계보건기구(WHO)에 의해 '필수 의약품'으로 지정된 로라제팜은 2019년 미국에서 69번째로 가장 많이 처방된 약물이며, 아티반(Ativan)이라는 대표 상품명으로 잘 알려져 있다. 국내에서는 0.5mg, 1mg, 2mg의 정제형으로 주로 유통되는 반면, 해외에서는 근육, 정맥 주사제로도 쓰이고 있다.

● **알프라졸람(Alprazolam)** 알프라졸람은 1960년대 후반 미국의 업존 실험실에서 개발되었으며, 1981년에 미국에서 의료용으로 처음 허가를 받았다. 자낙스(Xanax)라는 상품명으로 잘 알려진 이 약물은 불안, 우울증, 불면증, 긴장, 초조, 발작 등을 치료하는 데 사용되며, 미국에서 가장 많이 처방되는 약물 중 하나이다.

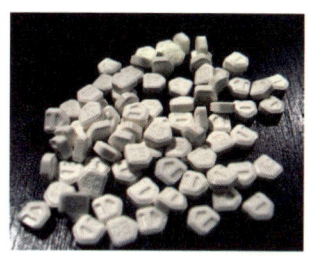
로라제팜

알프라졸람은 경구 투여 후 신속하게 흡수되어 약 1~2시간 내에 최고 혈중 농도에 도달하고, 8~10시간 동안 효과가 지속된다. 특히 공황발작 치료에 최초로 승인된 이후 사용량이 급증했다. 약물 투여를 중단할 경우, 심각한 금단 현상이 나타날 수 있다.

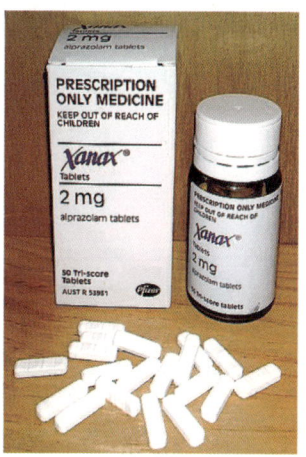
자낙스

한국에서는 0.25㎎과 0.5㎎의 정제가 생산되는 반면, 미국에서는 2㎎ 정제도 유통된다. 중독 증상으로는 부적절한 공격성, 성욕 증가 및 기억력 감퇴 등이 보고되었으며, 금단 현상으로는 빈맥, 수전증, 불면증 등이 나타난다.

● **미다졸람(Midazolam)** 미다졸람은 수면 내시경이나 수술 시 마취 유도를 위한 주사제로 사용되며, 진통 작용은 없지만 기억상실 효과가 뛰어나 통증을 빨리 잊게 한다. 따라서 환자는 내시경이나 수술 후 통증을 느끼긴 하지만, 빠르게 잊어버리고 다음 검사나 수술 시 통증에 대한

불안과 두려움을 느끼지 않게 된다. 다른 벤조디아제핀류 약물보다 작용이 훨씬 빠르며, 부작용 또한 더 크게 나타난다.

　미다졸람의 부작용으로는 무호흡, 저혈압, 졸음, 두통, 구역, 구토, 주사 부위 통증, 기침 등이 있다. 또한 중추신경계를 억제하고, 혈중 농도가 일정 수준에 도달하면 진정 효과 및 기억 상실을 유발한다. 이 약물은 마치 술을 마신 것처럼 이완 효과를 나타내기 때문에, 데이트 강간 약물로도 사용 가능한 위험성이 있다.

　프로포폴이 향정신성의약품으로 지정되면서, 미다졸람이 내시경 검사에 주로 사용되는 약물로 자리 잡았다.

● **소변에서 벤조디아제핀류의 검출**　벤조디아제핀류가 소변에서 검출되는 시간은 투여량, 급성 또는 만성 투여 여부, 다른 약물과의 병용 여부, 약물의 종류, 대사 및 배설의 차이, 그리고 분석 방법에 의해 영향을 받는다. 일반적으로 벤조디아제핀류는 작용 시간이 짧은 경우 투여 후 28~48시간 동안, 중간형 및 장시간형의 경우에는 투여 후 최대 1주일까지 소변에서 검출될 수 있다.

　벤조디아제핀류는 약물의 종류가 많기 때문에 종류를 정확히 판정하기 위해서는 소변이나 혈액에서 변화되지 않은 원래의 약물과 대사체를 모두 확인해야 한다.

　벤조디아제핀류를 복용하면 몇 가지 대사 과정을 거친다. 첫 번째 단계에서는 수산화, 탈 알킬화, 환원 및 아세틸화 과정이 이루어지는데, 이 단계에서 생성된 대사체들은 대부분 생물학적 활성을 갖고 있다.

　첫 번째 단계 대사체들은 여전히 활성을 갖고 있기 때문에 소변에서 대사체들이 어떻게 배설되는지를 파악하는 것이 중요하다. 예를 들어, 소변에서 옥사제팜이 검출될 경우, 이는 다양한 벤조디아제핀 유도체의 공통 대사체이기 때문에, 특정 약물을 복용했다고 확정하기 어렵다. 소변에서 옥사제팜의 검출은 단지 벤조디아제핀 유도체의 복용했다는 것을 시사할 뿐이다. 두 번째 단계에서는 글루쿠론산과 결합하는 과정을 거쳐, 생물학적 활성이 없는 상태가 된다.

마취강도 사건들

1970년대에는 노인들을 대상으로 한 마취강도 사건이 빈번하게 발생했다. 이 때 주로 사용되었던 약물은 로라제팜이었다. 로라제팜은 1970년대부터 지속적으로 마취강도와 성폭행 사건에 사용되고 있다. 이 약물이 선택되는 주된 이유는 1mg의 소량으로도 강력한 수면 유도 효과를 발휘하기 때문이다. 또한 로라제팜은 노란색 알약으로, 드링크제 음료가 노란색이기 때문에 섞어도 색이 변하지 않기 때문이었다.

마취 강도 사건이 발생하던 초기에는 약물이 첨가된 음료수를 주로 할머니들에게 제공한 후, 잠들면 금반지를 탈취하는 사건이 주를 이루었다. 이어 1970년대 후반이 되면서 약물을 이용한 범죄 방식이 더 교묘해지고 다양해졌다. 사탕을 반으로 자른 후 속을 파내고 약물을 갈아 속에 넣고 새 사탕처럼 포장을 했다. 버스 정류장에서 버스를 기다리는 할머니에게 접근하여 이 사탕을 권한 뒤, 그들이 잠든 사이에 소지품을 훔쳐가는 사례였다. 더 교묘했던 사례는 캔 제품의 오렌지 주스를 이용한 마취강도 사건이었다. 범인들은 캔을 거꾸로 하여 특별한 기구로 가장자리를 열고 약물을 넣은 후 다시 용접하여 진짜처럼 보이게 만들었다. 주스를 제공받은 사람들은 윗면만 보게 되니 의심없이 주스를 마시고 잠이 들어 귀중품을 도난당했다. 사건 발생 후 수사 과정에서 마시고 남은 오렌지 주스 캔을 조사해 보니 캔 바닥에 용접한 흔적이 보였고, 남아 있는 주스에서는 로라제팜이 검출되었다.

● **택시 기사가 사용한 로라제팜 사례들** 1992년 3월 마취강도 사건이 언론에 대서특필되었다. 한 택시 기사가 여성 승객을 대상으로 신경안정제를 첨가한 음료를 제공한 후 정신을 잃게 만들고 금품을 빼앗은 뒤 성폭행했다는 내용이었다. 이 택시 기사는 2년 동안 자그마치 84명의 여성을 성폭행하고, 총 1억 5천만 원 상당의 금품을 훔쳤다.

이 운전기사가 오랫동안 범행을 계속할 수 있었던 이유는 피해자들의 사진을 찍어 경찰에 신고하지 못하게 협박했기 때문이었다.

수사가 시작되면서 경찰은 드링크제 음료에 함유된 성분을 알기 위해 국립과학수사연구소에 음료를 의뢰했다. 국과수 연구원은 제일 먼저 음료수 병의 외관을 관찰하여 개봉 흔적이 없음을 확인한 후 뚜껑을 열었다. 뚜껑을 개봉할 때 새것을 따는 듯한 느낌과 소리가 들려 개봉되지 않은 제품으로 판단했다. 그런데 액체를 비커에 따르자 녹지 않은 물질이 확인되었다. 녹지 않은 물질과 액체를 분석한 결과 로라제팜이 검출되었다. 액체에 들어 있던 로라제팜의 양은 놀랍게도 다섯 알 분량에 해당했다. 한 알만으로도 충분히 잠을 유도할 수 있는데 5배에 해당하는 양을 음료수에 넣었던 사례였다.

수사 결과, 이 기사는 택시에 전기충격기, 과도, 신경안정제가 첨가된 드링크제 음료 등을 갖고 다녔으며, 자동 개폐기를 설치하여 승객이 스스로 문을 열지 못하도록 했다.

이후 경찰이 택시 기사의 집을 수색하였을 때, 사용하지 않은 드링크제 음료와 다량의 로라제팜, 그리고 병을 캡핑하는 도구가 발견되었다. 약물을 넣고, 병뚜껑을 완벽하게 캡핑할 수 있었기 때문에, 국과수에 의뢰되었을 때 새 제품으로 생각될 수밖에 없었다. 따라서 승객들도 병이 따지는 소리를 듣고 음료가 새것으로 착각하고 의심 없이 마셨을 것이다.

2012년에는 서울 용산에서 택시 기사가 승객에게 로라제팜이 포함된 커피를 제공한 사건도 발생했다. 승객은 커피를 마신 후 의식을 잃었고, 기사는 승객을 모텔로 데려가 지갑 속 돈을 훔쳐 달아났다. 이후 승객이 깨어나 경찰에 신고했고, 승객의 소변에서 로라제팜이 검출되었다.

8
환각 식물이란 무엇인가? 신비로운 식물의 세계

- 환각을 유발하는 선인장은 무엇이며, 어떤 성분이 작용할까?
- 특정 버섯을 먹으면 환각이 나타난다는데, 그 정체는 무엇일까?
- 국내에서도 환각성 버섯이 자생할까?

⊙ 환각성 마약 식물

환각성 마약 식물이라고 함은 환각을 유발하거나 정신 상태를 변화시키는 화학 물질을 포함한 식물을 말한다. 이들 식물은 다양한 문화에서 종교적 또는 치료적 목적으로 사용되어 왔다. 주요 환각 식물은 페요테 선인장(Peyote Cactus), 아야후아스카(Ayahuasca), 사일로사이빈 버섯(Psilocybin Mushrooms), 이보가(Iboga), 살비아 디비노룸(Salvia divinorum), 카트(Khat) 등이 있다. 이 외에도 크라톰(Kratom)이 있는데 그 특성과 사용 방식이 다른 환각성 식물들과 약간 다르다.

⊙ 마약 선인장(Peyote)은 무엇일까?

마약 선인장 즉 페요테 선인장(Lophophora Williamsii)은 주로 멕시코와 미국 텍사스 남부에서 자라는 식물이다.

페요테 사용의 역사는 기원전 5000년까지 거슬러 올라간다. 텍사스의 고대 동굴에서 기원전 3780~3660년에 사용된 페요테가 발견되었고, 멕시코 서부 동굴에서도 기원전 810~1070년에 사용된 페요테가 발견되었다. 페요테가 외부에 처음 알려진 것은 1560년이다. 스페인의 한 사제가 아즈텍 제국에서 환각버섯과 페요테를 사용한 경험을 기록하면서 알려지게 되었다.

아메리카 원주민은 페요테를 말려 종교의식과 민간요법에 이용했다. 이들은 페요테를 사람과 신의 연결고리로 여기며 영적인 목적으로 사용했다. 19세기에는 교회를 중심으로 원주민들의 종교 의식에서 페요테가 중요한 역할을 했다. 페요테는 뱀에 물린 상처, 화상, 류마티즘, 치아 치료, 발열 등의 치료에 사용되기도 했다.

선인장으로 인한 정신적 부작용을 우려한 미국에서는 1880년부터 종교의식에서 페요테 사용을 금지하기 시작했다. 1930년까지 많은 주에서 페요테 소지를 금지했고, 1967년에는 연방 정부에서 페요테 소지를 금지했다. 그러나 원주민 교회의 전통 의식에서는 여전히 사용이 허가 되고 있다.

● **마약 선인장 어떻게 생겼을까?** 페요테는 너비 8㎝, 높이 5㎝로 작고, 가시가 없는 청록색에서 회녹색을 띠는 선인장이다. 텍사스를 포함한 미국 서남부와 멕시코 북부의 석회암 지대에서 자란다. 4월부터 여름까지 분홍색 꽃이 피며, 꽃이 개화한 다음 작은 열매를 맺는다. 씨는 작고 검으며, 발아할 때는 높은 온도와 습도가 필요하다. 자라는 속도는 매우 느려, 골프공 크기만큼 자라려면 10~30년이 걸린다. 선인장의 끝은 왕관 모양으로 지면 위로 나온다. 사용방법은 왕관

페요테 선인장

모양 부분을 수확하여 씹거나 차로 마시고, 건조시켜 담배로 피우거나 즙을 내서 마시기도 한다.

페요테는 선인장 중에서도 꽃이 피는 매우 희귀한 종이다. 우리나라에서는 오우옥 선인장이라고 불린다. 우리나라에서는 애호가들이 좋아하는 고급 품종 중 하나로, 개인이 소장하는 경우가 많다. 기호품으로 취급되기 때문에 단속은 쉽지 않다.

● **페요테의 환각성분 및 중독작용** 페요테에는 28종의 페닐에틸아민계 알칼로이드가 포함되어 있다. 환각 작용의 주성분은 메스칼린(Mescaline)이다. 메스칼린은 페이오트에서 1896년에 분리되었다. 메스칼린 함량은 말린 페요테에서는 0.4%, 건조 후에는 3~6% 정도 포함되어 있다. 메스칼린의 효과는 섭취 후 10~12시간 지속된다.

페요테를 복용하면 구토와 심박수, 혈압, 호흡에 영향을 미치며, 중독 시 구토 및 정신 착란을 일으킨다. 그러나 LSD와 같은 플래시백 현상은 나타나지 않는다. 정신적 의존성이 생길 수 있지만, 신체적 의존성은 확인되지 않았다.

● **페요테 국내 재배 사례 및 규제 현황** 2010년, 서울지방경찰청 마약수사대는 마약성 선인장을 재배하고 판매한 사람을 적발했다. 이 사람은 태국에서 선인장을 우편으로 들여와 집 옥상에 비닐하우스를 설치하고 키웠다. 그는 마취성 알칼로이드가 함유되어 있어 오색 꿈을 꿀 수 있다고 홍보하며 선인장을 판매하려다 검거되었다. 우리나라에서는 2008년부터 페요테가 향정신성 의약품으로 지정되어 수입 및 판매가

엄격히 금지되고 있다.

⊙ 환각버섯(Magic mushroom)은 무엇일까?

환각버섯은 사일로사이빈 버섯(Psilocybin mushrooms) 또는 매직 머쉬룸(Magic Mushroom)이라고 불린다. 환각버섯의 사용 역사는 6000년 전으로 거슬러 올라간다.

환각버섯은 멕시코를 중심으로 한 아메리카와 중남미에서 원주민들이 영적 체험을 위해 제사 의식에서 사용하였다. 약 200종 이상의 사일로사이빈 함유 버섯이 있는데, 대부분 환각버섯 속(Psilocybe)에 속한다. 복용 방법은 주로 경구로 복용하는데 쓴맛이 강하기 때문에 가공한 식품으로 거래되거나 알약 형태로 유통된다. 1960년대에는 히피 문화에서 천연 환각제로 여겨지면서 유행하였고, 미국에서는 1970년대까지 법적으로 규제되지 않아 남용 문제가 심각했다. 국내에는 사일로신이 함유된 갈황색 미치광이버섯 등이 있지만 크기가 작다.

● **환각버섯의 성분 및 작용** 환각버섯의 주성분은 사일로사이빈(Psilocybin)과 사일로신(Psilocin)이다. 이들은 세로토닌과 비슷한 구조로 환각작용을 일으킨다. 건조된 버섯에는 사일로사이빈이 0.2~0.4% 함유되어 있으며, 사일로신은 미량이다. 사일로사이빈을 6~20㎎ 섭취하면 환각 증상이 나타난다. 사일로신도 비슷한 작용이 있으나, 활성은 사일로사이빈보다 약 1.4배 강하다. 사일로사이빈은 체내에서

환각 버섯

비교적 신속하게 사일로신으로 대사된다.

환각버섯을 섭취하면 환각, 정신 착란, 지각 상실 등의 증상이 나타난다. 소량으로도 LSD와 같은 강력한 환각작용을 일으키나, 중독성이나 독성은 적고, 의존성도 약한 편이다. 환각버섯을 먹고 환각을 경험하는 것을 '여행(Trip)'이라고 부른다. 환각작용을 경험하는 사람들은 즐거운 경험을 하기도 하지만, 무서운 경험을 하기도 한다. 무서운 경험을 한 사람은 극도의 우울증에 빠질 수도 있다.

사일로신은 투여량의 4%가 4-하이드록실인도일-3-초산(4-hydroxyindolyl-3-acetic acid)로 변환되어 소변으로 배설된다. 25%는 미변화체로, 나머지는 포합체 형태로 배설된다. 사일로시빈의 급성 독성은 비교적 약한 편이다. 마우스에 대한 경구 반수 치사량(LD_{50})은 약 250㎎/㎏이다.

● **환각버섯의 규제현황** 환각버섯은 오랜 역사를 가지고 다양한 문화에서 사용되어 왔지만, 그 효과와 부작용으로 인해 대부분의 국가에서는 마약류로 규제하고 있다. 우리나라에서도 향정신성 의약품으로 지정되어 있다. 일본에서는 한때 환각버섯이 식용으로 분류되어 수입과 매매가 합법이었으나, 중독 문제로 인해 규제가 강화되었다.

그러나 미국에서는 환각버섯이 의료용으로 사용될 수 있다는 점 때문에 합법화가 시도되고 있다. 콜로라도 주에서는 2019년에 환각버섯 합법화에 대한 주민투표를 실시했는데, 찬성이 50.56%, 반대가 49.44%로 환각버섯을 기소 대상에서 제외하도록 했다. 2020년에는 오클랜드, 덴버, 산타크루즈에서 환각버섯의 소지를 허용하였으며, 워싱턴 D.C.에서도 환각버섯 소지에 대한 법안이 통과되었다. 오리건 주는 환각버섯의 성분을 합법화하여 치료제로 사용할 수 있는 미국의 첫 번째 주가 되었다. 영국에서도 헤로인 중독 및 우울증 치료제로 사용 가능성에 대한 연구가 진행중이다.

● **환각버섯 관련 국내 사례** 2022년 10월, '마약 성분 환각버섯을 재배한 10대 첫 적발'이라는 기사가 보도되었다. 10대 청소년이 버섯 포자를 재배하여 말린 뒤 판매해 온 사건이 적발된 사례였다. 10대 청소년이 재배부터 유통까지 직접 하였다는 점도 놀라웠지만 포자만 구하면 재배가 어렵지 않다는 점에서 큰 충격을 주었다.

⊙ 카트(Khat) 는 무엇인가?

카트(Khat, Catha edulis)는 아프리카 뿔 지역(소말리아 반도)과 아라비아 반도에 자생하는 속씨식물이다. 이 식물은 에티오피아를 포함한 아프리카 지역에서 수천 년 동안 사용되어 왔다. 이 지역에서는 행복감과 흥분 작용을 얻기 위해 카트를 씹는 것이 오랜 풍습이다. 아프리카와 중동의 사람들이 종종 누워서 카트잎을 입에 넣고 씹는 사진을 볼 수 있다. 예멘에서는 주로 남자들만 카트를 복용한다.

카트 나무는 해발 780m에서 서식하는 느리게 자라는 관목이다. 일반적으로 높이는 1~5m이지만, 적도 지역에서는 최대 10m까지 자란다. 보통 5~35℃ 온도 범위의 건조한 환경에서 자라며, 길이 5~10㎝, 폭 1~4㎝ 정도인 상록수 잎이 달린다. 카트 식물이 완전한 높이에 도달하는 데는 7~8년이 걸리며, 태양과 물만 있으면 잘 자란다

카트를 복용하는 방법은 생잎을 씹거나 말려서 차로 마시는 것이다.

카트 잎

관목의 잎을 따서 씹을 때는 주로 신선한 잎과 꽃술 부분을 씹는 것이 일반적이다. 씹기 편하게 잎이나 부드러운 줄기를 껌처럼 씹거나 볶은 땅콩과 함께 씹기도 한다.

카트 속의 환각 성분은 휘발성이 강하기 때문에 휘발성을 막기 위해 카트를 복용할 때는 카트 잎을 덩어리로 만들어 씹는다. 또한 휘발성이 강하기 때문에 카트잎을 운반하는 것은 아주 어려운 편이다. 이러한 이유로 카트잎은 전 세계적으로 널리 퍼지지 못하고, 주로 북아프리카와 중동 일대에서 지역적으로 남용되었다. 그러나 최근에는 운송이 편해지면서 영국, 네델란드, 캐나다, 호주, 미국 등 전 세계로 퍼지고 있고, 미국에서는 신선한 카트잎까지도 거래가 된다.

● **카트의 성분 및 중독작용** 카트는 주로 신선한 잎을 씹어서 사용하며, 활성 성분인 케티논(Cathinone)과 카틴(Cathine)이 신체에 흡수되어 각성 효과를 유발한다. 카트잎에는 암페타민과 유사한 '각성제'인 케티논이 함유되어 있다. 암페타민류 각성제인 케티논은 복용 시 흥분, 식욕 감퇴, 행복감, 환각 작용, 각성 작용을 일으킨다. 케티논을 경구로 투여하면 암페타민 알약보다 효과가 더 빠르게 나타난다. 암페타민은 효과가 나타나기까지 약 30분이 걸리는 반면, 카트는 15분 이내에 효과가 나타난다. 저용량에서는 각성 및 에너지 증가 효과가 있으며, 고용량에서는 불안, 초조, 심한 경우 환각을 유발하게 된다.

카트에는 또한 케티논과 유사한 물질인 카틴과 환각 작용이 없는 노르에페드린(l-norephedrine)이 함유되어 있다. 케티논은 매우 불안정하여 시간이 지나면서 카틴과 노르에페드린으로 분해된다. 카틴은 환각 작용을 갖고 있지만, 노르에페드린은 환각 작용이 없다.

카트를 복용하면 진한 커피를 마신 것처럼 가벼운 행복감과 흥분을 느끼며, 말이 많아진다. 따라서 카트는 영어로 '채트트리(Chat Tree)' 또는 '낙원의 꽃(Flower of Paradise)'으로도 불린다. 이러한 이름은 카트를 복용하면 말이 많아지고 안락감을 느끼기 때문에 붙여졌다.

카트의 부작용으로는 식욕부진, 위염, 변비, 정신적인 흥분이 있다. 또한 동공이 확장되고 심장박동과 혈압이 상승한다. 장기간 사용하면 치아가 녹색으로 변하며, 위궤양의 가능성이 커지고 식욕억제 작용으로 인해 식욕이 감퇴된다. 주요 부작용으로는 구강 건강 문제, 불면증, 고혈압, 심장 문제가 있다. 장기 사용 시 정신적 의존과 심리적 문제를 일으킬 수 있다. 카트를 주기적으로 사용하면 건강에 해롭게 된다.

● **카트의 법적 규제 및 국내 현황** 카트의 법적 상태는 국가마다 다르다. 일부 국가에서는 합법적으로 사용 및 판매가 가능하지만, 다른 국가에서는 불법으로 간주하거나 규제 대상이다. 예를 들어, 미국과 캐나다에서는 불법이지만, 에티오피아, 소말리아, 케냐, 인도네시아, 예멘, 우간다 등에서는 카트의 복용이 합법이다. 1980년 세계보건기구(WHO)에서는 카트를 중등도의 정신적 의존성이 있는 남용 약물로 분류하였다.

우리나라에서는 카트뿐 아니라 케티논과 카틴 또한 향정신성의약품으로 지정되었다.

2015년 국내에서는 최초로 3,169kg의 카트(Khat)가 적발되었다. 염

색제인 '헤나'로 허위신고를 하고, 우리나라를 경유해 미국으로 밀수출되는 과정에서 적발된 사례였다.

⊙ 크라톰(Kratom) 은 무엇인가?

크라톰(Mitragyna speciosa)은 동남아시아의 커피과에 속하는 상록수 나무의 잎이다. 동남아시아에서는 의약용과 식용으로 중요한 역할을 하는 식물이다. 의약용으로는 다양한 질병과 질환의 통증 완화 및 아편 중독 치료에 사용되었다. 또한 민간요법으로 만성 통증을 치료하기 위해 사용되었으며, 요리 재료로도 사용되었다. 태국과 말레이시아 등에서 수백 년 동안 노동자나 농부들이 에너지를 얻고 고통을 경감시킬 목적으로 크라톰을 사용해 왔다.

동남아시아에서만 사용되던 크라톰은 1990년대에 들어서면서 전 세계로 퍼지기 시작했다. 미국에서는 만성 통증에 대한 건강 보조제로 사용되었으며, 아편계 약물이나 알코올 중독을 끊기 위한 목적으로도 사용되었다. 2000년대에 들어 크라톰의 사용이 급증하여, 2016년에는 미국 내 크라톰 소매점이 10,000개에 이르렀고, 소비자 수도 수백만 명에 달하게 되었다. 또한, 미국에서의 크라톰 압수량은 2005년에 비해 2011년에 5배 증가했다.

미국 독극물 규제센터(Poison Control Center)에 접수된 크라톰 부작용 문의 전화는 2010년 26건이었는데 2015년 263건으로 10배 증가했다. 또한, 크라톰과 관련된 사망 사고도 발생하여, 2014년에서 2016년 사이에 15건이 보고되었다.

태국에서는 2007년에 크라톰 남용 실태를 파악하기 위한 조사가 실시되었다. 조사 결과, 크라톰 사용자의 수가 대마 사용자 수보다 많았으며, 태국에서 가장 많이 남용되는 물질이 크라톰임이 밝혀졌다. 또한 태국 운전자들이 가장 많이 사용한 물질이었다.

크라톰 잎

● **크라톰의 성분 및 작용** 크라톰에는 40개가 넘는 성분이 포함되어 있으며, 25종 이상의 알칼로이드(Alkaloid)가 함유되어 있다. 주요 활성 알칼로이드는 미트라지닌(Mitragynine)과 7-수산화미트라지닌(7-OH Mitragynine)이다. 잎 속의 알칼로이드 함량은 0.5~1.5% 정도로 비교적 낮다.

크라톰의 효과는 복용 후 5~10분 이내에 나타나며, 2~5시간 정도 지속된다. 크라톰을 복용하면 에너지 증가와 통증 감소의 효과가 나타난다. 크라톰은 용량에 따라 효과가 크게 달라진다. 저용량에서는 카페인과 유사한 자극 효과를 나타내며, 고용량에서는 아편류와 유사한 진정 및 통증 완화 효과를 유발한다. 이러한 이유로 크라톰은 일부 지역에서 통증 관리와 오피오이드 의존 치료에 사용되기도 한다. 크라톰의 효과와 부작용은 복용량에 따라 크게 다르다. 1~5g을 투여하면 각성 작용이 나타나지만, 5~15g의 고용량을 복용하면 중추신경 억제 작용이 나타난다. 크라톰은 일반적으로 안전하게 사용될 수 있지만, 고용량 사용 시 의존성 및 부작용이 나타날 수 있다. 주요 부작용으로는 메스꺼움, 구토, 변비, 졸음, 간 손상 등이 있다.

크라톰의 약리적 작용을 고려할 때 법적 규제가 필요하다는 의견도 있지만, 건강에 큰 위해를 끼치지 않는다고 주장하는 사람들도 많다. 과량복용으로 인한 사고사도 없고, 어린이와 청소년에게 미친 영향에 대한 보고도 없다는 점을 강조한다. 또 크라톰은 부작용보다 업무 성과를 향상시키는 장점이 있어 규제할 경우 크라톰을 복용하던 사람들이 다른 불법 약물을 찾게 되어 더 큰 문제가 발생할 것이라는 의견도 있다. 그러나 복용자가 증가하면서 크라톰에 의한 부작용이 나타나고, 남용 가능성에 대한 우려가 제기되고 있다.

● **크라톰의 법적 규제현황** 크라톰의 법적 상태는 국가마다 다르다. 일부 국가에서는 합법적으로 사용 및 판매가 가능하지만, 다른 국가에서는 불법으로 간주되거나 규제 대상이다. 미국에서는 주별로 법적 상태가 다르며, 연방 차원에서는 규제 논쟁이 계속되고 있다.

우리나라에서는 크라톰과 크라톰의 성분인 미트라지닌, 7-히드록시미트라지닌을 향정신성의약품으로 규제한다. 2021년 12월 14일 미트라지닌, 7-히드록시미트라지닌은 1군 임시마약류에서 향정신성의약품으로 신규 지정되었다. 말레이시아, 미얀마, 호주, 부탄도 크라톰을 규제하고 있다. 유럽에서는 덴마크, 라트비아, 리투아니아, 폴란드, 루마니아, 스웨덴에서 규제하고 있다.

UNODC(유엔 마약 및 범죄 사무소)는 2012년부터 2017년까지 미국을 비롯한 유럽, 일본 등 전 세계 31개국에서 크라톰 사용을 모니터링한 결과, 크라톰을 신종 마약으로 분류했다.

9
수면제의 대명사 바르비탈산 유도체류

- 바르비탈산 유도체 수면제가 최근에는 왜 거의 사용되지 않을까?
- 수면제에는 어떤 종류가 있으며, 각각 어떤 특징을 가질까?
- 수면제의 종류에 따라 작용 방식이 어떻게 다를까?

⦿ 바르비탈산 유도체는 무엇인가?

바르비탈산 유도체는 바르비탈산(Barbituric acid)을 기본 구조로 하는 화학적으로 합성된 대표적인 수면 진정제이다. 바르비탈산 자체는 약리학적으로 활성 성분이 아니지만, 그 유도체는 강력한 약리 작용을 나타낸다.

바르비탈산 유도체는 작용의 지속 정도 및 시간에 따라 장시간형, 중간시간형, 단시간형, 초단시간형으로 분류된다. 초단시간 및 단시간형 바르비탈산 유도체는 주로 수술 전 진정제나 마취 유도로 사용된다. 여기에 속하는 것은 티오펜탈(Thiopental), 메토헥시탈(Methohexital)이 있다. 단시간형에는 펜토바르비탈(Pentobarbital), 세코바르비탈(Secobarbital)이 있고, 중간시간형에는 아모바르비탈(Amobarbital)이 있다. 장시간형에는 페노바르비탈(Phenobarbital)이 속하는데 수면제나 항경련제로 사용된다.

바르비탈산 유도체는 마약류관리에 관한 법률 제2조 제3호 다목에 해당하는 향정신성의약품으로 분류된다. 염 및 이성체 또는 이성체의 염을 포함하여 모두 사용에 규제를 받는다. 세코바르비탈의 경우, 제2조제3호 나목에 지정되어 있다.

● **바르비탈산 유도체의 역사적 발전 과정** 바르비탈산 유도체의 역사는 19세기 후반부터 시작되었으며, 약리학과 의학의 발전에 중요한 계기가 되었다. 1864년 독일의 화학자 아돌프 폰 바이어(Adolf von Baeyer)가 바르비탈산(Barbituric acid)을 처음 합성했다.

최초의 바르비탈산 유도체는 1903년 에밀 피셔(Emil Fischer)와 요제프 폰 메링(Josef von Mering)에 의해 합성된 페노바르비탈(Phenobarbital)이었다. 페노바르비탈은 임상적으로 신경 안정제와 항경련제로 사용되기 시작했다. 1912년 페노바르비탈이 '루미날(Luminal)'이라는 상품명으로 판매되기 시작했고, 당시 불면증과 불안장애 치료에 널리 사용되었다.

1930년대가 되면서 다양한 바르비탈산 유도체가 개발되었다. 이 시기에 아모바르비탈(Amobarbital), 세코바르비탈(Secobarbital), 펜토바르비탈(Pentobarbital) 등이 탄생되었다.

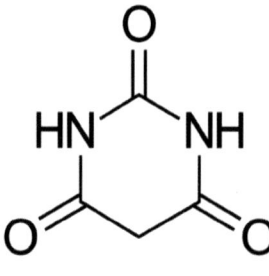

바르비탈산 유도체의 핵심구조

1950년대~1960년대가 되면서 바르비탈산 유도체의 남용과 의존성 문제가 대두되기 시작했다. 이 약물들은 오남용 시 심각한 호흡 억제와 사망 위험이 초래되어, 규제와 통제가 강화되었다. 1960년대 후반에 벤조디아제핀(Benzodiazepines) 계열 약물이 등장하면서 바르비탈산 유도체의 사용은 감소하기 시작했다.

⊙ 바르비탈산 유도체의 작용기전과 사용용도

바르비탈산 유도체는 중추신경계의 억제성 신경전달물질인 GABA(감마아미노부티르산)의 작용을 강화시킨다. GABA 수용체에 결합하여 염소이온의 흐름을 증가시킴으로써 신경 세포의 흥분을 억제한다. 이로 인해 진정, 수면, 항경련 효과가 나타난다.

사용용도는 진정 및 수면제로 불면증 치료, 수면 유도와 유지에 사용되고, 항경련제로 간질 및 발작 장애 치료에 사용된다. 초단시간형 바르비탈산 유도체는 마취 유도에 사용된다.

바르비탈산 유도체류는 소량복용하면 걱정이나 긴장감을 없애주고 진정 작용이 효과적으로 나타나지만, 다량을 복용하면 수면 작용이 나타나고, 중추신경억제효과가 강화된다.

국내에서 의약용으로 현재 유통되는 것으로는 펜토바르비탈, 페노바르비탈 두 가지가 있다. 펜토바르비탈은 마취제로, 페노바르비탈은 뇌전증, 불면증 등의 치료에 쓰이고 있다.

⊙ 바르비탈산 유도체의 중독증상 및 부작용

바르비탈산 유도체류의 부작용으로는 중추신경계 억제로 졸음, 혼란, 균형 장애 등의 증상을 유발하고, 장기간 사용으로 인한 기분 저하, 불면, 기억상실, 성격 변화 등이 나타난다. 장기 사용 시 신체적, 심리적 의존성을 유발할 수 있고, 반복 사용 시 효과가 줄어 점점 더 많은 양을 필요로 한다. 과다 복용 시 호흡 억제를 일으켜 치명적일 수 있다.

중독증상은 약물의 종류에 따라 크게 차이가 없이, 거의 비슷하게 나타난다. 중독되면 의식불명, 안면 창백, 구토, 사지 냉각, 동공 축소,

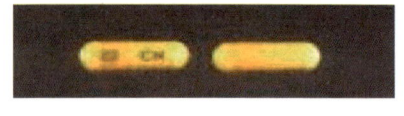
펜토바르비탈, 넴부탈

반사 기능 소실, 혼수상태가 나타난다. 경련, 발작, 허탈, 호흡마비에 이어 사망에 이르게 된다.

바르비탈산 유도체 중 남용으로 문제를 야기하는 것은 단시간 및 중간시간형에 속하는 펜토바르비탈, 세코바르비탈, 아모바르비탈이다.

장시간형인 페노바르비탈은 작용이 6시간 지속되고, 중간시간형인 아모바르비탈은 3~6시간 동안 지속된다. 단시간형에는 세코바르비탈, 펜토바르비탈이 속하며, 2시간 정도 작용이 지속된다. 초단시간형은 티오펜탈이 속하며, 마취제로 쓰이는데 작용은 30분 정도 지속된다.

바르비탈산 유도체류 수면제는 위에서 흡수가 잘되지 않으며, 주로 알칼리성인 십이지장에서 흡수된다. 이로 인해 작용이 느리게 나타나는 특징을 갖고 있다. 이런 특성 때문에 복용 후 효과가 나타나기 까지 시간이 걸릴 수 있다. 치사량은 바르비탈이 7~12g, 페노바르비탈이 4~5g, 알로바르비탈이 2~5g, 에틸헥사비탈과 헥소비탈은 약 5g으로 보고되어 있다. 치사량은 체질이나 습관성 여하에 따라 크게 달라지므로 20g 이상을 과량 복용하고도 사망하지 않은 경우도 있다.

⊙ 펜토바르비탈(Pentobarbital)

펜토바르비탈은 단시간형으로 작용하며, 상품명은 '넴부탈(Nembutal)'이 있다. 덴마크 제약회사인 '룬드벡(Lundbeck)'에서 생산되었으며, 미국에서는 주사제로만 허가되어 판매되었다.

펜토바르비탈은 짧은 시간 동안 진정, 최면작용을 일으킨다. 비상 상황에서 경련 조절에 사용되고, 수의사들은 마취제로 사용한다. 과량 복용 시 호흡기 억제로 인해 사망에 이를 수 있어, 안락사에 대표적으로 사용된다. 펜토바르비탈은 그 강력한 효과로 인해 다양한 의료적 용도와 함께 논란의 중심에 있는 약물이다. 안전한 사용과 규제가 필수적이며, 특히 안락사와 관련된 윤리적, 법적 문제로 인해 각국에서 다양한 규제와 논의가 이루어지고 있다.

● **펜토바르비탈과 안락사** 적극적 안락사를 합법화한 네덜란드에서는 의사의 조력으로 자살할 때 펜토바르비탈을 정맥주사로 투여한다. 이후 다른 약물을 추가로 주입하여 호흡기를 정지시켜 안락사를 유도한다. 네덜란드 안락사 가이드라인에 따르면, 경구 투여 약물로 펜토바르비탈과 세코바르비탈을 제시하고 있으며, 권장 표준 안락사 사용량은 전체 무게 기준으로 15g이다.

스위스에서도 안락사에 펜토바르비탈을 사용하며, 정맥으로 투여 후 30초 이내에 수면 상태가 되고 3분 이내에 심장이 멈춘다. 미국은 사형 집행용 및 안락사용으로 펜토바르비탈을 주로 유럽에서 수입하였으나, 2011년 유럽연합집행위원회는 사형제도는 인권상 받아들일 수 없다는 이유로 미국에 펜토바르비탈의 수출을 금지했다. 2019년 미국 내에서 의사 조력 자살을 허용하는 주는 오리건주, 워싱턴주, 버몬트주, 하와이주, 콜로라도주, 캘리포니아주, 워싱턴D.C.(법률로 허용), 몬타나주(대법원 판결로 허용)이다.

⊙ 페노바르비탈(Phenobarbital)

페노바르비탈은 1912년 바이엘(Bayer) 회사에서 '루미날(Luminal)'이라는 이름으로 시판이 시작되었다. 초기에는 수면 장애와 불안 치료제로 사용되었고, 수술 시에도 사용되었다. 페노바르비탈은 정맥 투여 시 약 5분, 경구 투여 시 약 30분 이내에 수면작용이 나타나며, 효과는 4시간에서 2일까지 지속될 수 있다.

페노바르비탈의 수면 및 진정작용은 일찍이 알려져 있었지만, 경련 치료에도 효과가 있다는 것은 뒤늦게 밝혀졌다. 한 독일의 젊은 의사가 간질 환자에게 수면제로 페노바르비탈을 처방한 후 간질 치료에 상당한 효과가 있다는 것을 발견했다.

페노바르비탈은 간질 치료에 매우 효과적임이 밝혀지면서, 경련 치료제로 적극적으로 사용되기 시작했다. 실제로 페노바르비탈을 복용하면 심한 간질 환자의 발작 횟수가 줄어들고 발작의 정도도 약해졌다. 경증 환자의 경우 발작이 완전히 사라지는 경우도 있었다. 이러한 이유로 페노바르비탈은 수면제보다는 간질 치료제로 더 많이 사용되게 되었다.

페노바르비탈은 세계보건기구(WHO)에서 개발도상국의 간질 환자 치료에 권장하는 가장 오래된 약물이다. 가격이 저렴하여 WHO 필수 의약품으로 지정되었다. 선진국에서도 어린이의 발작을 치료하는 데 널리 쓰이고 있다. 페노바르비탈은 정맥주사, 근육주사, 또는 경구로 복용할 수 있다.

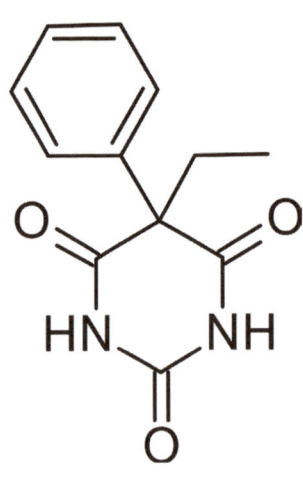

페노바르비탈 구조

페노바르비탈은 그 강력한 효과와 다양한 용도로 인해 의학적으로 중요한 약물로 자리 잡았다. 그러나 남용과 의존성의 위험이 있기 때문에 신중하게 사용해야 한다.

● **페노바르비탈의 역사적 사용** 나치시대에 장애가 있는 어린이들 안락사 시킬 목적으로 페노바르비탈이 사용되었다.

페노바르비탈이 집단자살의 목적으로도 사용된 사례도 있다. 대표적인 사례로 1997년 3월 미국 샌디에이고에서 발생한 '천국의 문(Heaven's Gate)'이라는 사이비 종교의 집단 자살 사건이 있다. 이 사건에서는 목사와 신도 39명이 치사량의 페노바르비탈과 보드카를 복용하고 자살했다. 이들은 검은색 셔츠와 흰색 운동화를 신고, 외계로 가는 우주선의 문이 열리기를 바라며 누워서 사망했다.

⊙ **세코바르비탈(Secobarbital)**

세코바르비탈은 나트륨염의 형태로 1934년 미국에서 불면증 치료제로 특허를 받았다. 빨간색 캡슐에 100㎎이 함유된 제품이 '세코날(Seconal)'이라는 상품명으로 릴리 제약회사에서 제조, 판매되었다. 세코바르비탈은 단시간형 약물로 마취제, 항경련제, 불안 완화, 진정제, 최면 유도에 사용되었다. 세코바르비탈도 펜토바르비탈과 마찬가지로 동물과 사람의 안락사에 사용되었다.

네덜란드에서는 안락사시 15g의 세코바르비탈을 경구 투여하는 방식이 사용된다고 알려져 있다.

세코날은 미군정 시대에 우리나라에 유입되어 일반인들에게 '세코날'

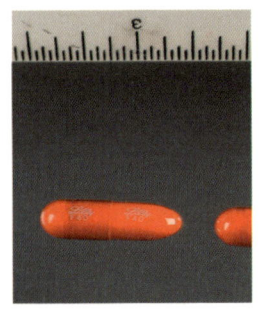

세코날 캅셀

이라는 이름으로 알려졌다. 1960년대부터 1970년대까지 유흥 목적으로 남용되었으며, 과다 복용으로 인한 사망 사례도 빈번했다. 그러나 1980년대부터 세코날의 중독성과 습관성이 문제가 되면서 사용이 감소되었다. 이후 신경안정제인 벤조디아제핀(Benzodiazepine)이 등장하면서 세코날은 시장에서 사라졌다.

바르비탈로 인한 사망사례

● **마릴린 먼로의 사망** 1962년 8월 5일 미국 최고의 배우 마릴린 먼로(36세)가 사망한 채 발견되었다. 그녀는 오른손으로 전화기를 잡고 엎드린 상태였으며, 주변에는 수면제인 '넴부탈'의 빈 병이 있었다. 마릴린 먼로의 부검은 로스앤젤레스(LA) 카운티 검시관사무소의 토마스 노구치(Thomas Noguchi) 박사가 집도하였다. 주사바늘 자국은 발견되지 않았다. 위에 남아있는 약물도 없었고, 넴부탈의 색이 노란색이었는데 노란 색상 또한 보이지 않았다. 그러나 혈액과 간 조직에 대한 독성학 검사결과 '포수클로랄(Chloral hydrate)'과 '펜토바르비탈'이 검출되었다. 포수클로랄은 불면증에 쓰이는 진정제이고, 펜토바르비탈은 수면제인 넴부탈의 성분이었다. 혈액에서 두 약물의 농도는 포수클로랄이 80mg/mL, 펜토바르비탈이 45mg/mL 검출되었고, 간 조직에서 펜토바르비탈의 농도는 130mg/mL이었다. 치사량 범위의 몇 배에 해당하는 양이 측정되었다. 따라서

마릴린 먼로의 사인은 바르비탈산 과량 복용으로 인한 '급성 바르비탈산 중독(Acute Barbiturate poisoning)'으로 판정되었다. 이 사건을 통하여 바르비탈산 유도체의 위험성과 부작용이 널리 알려졌다.

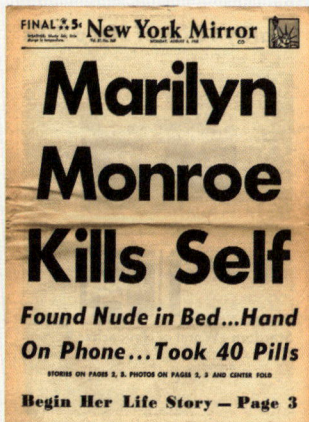

부검을 집도한 토마스 노구치 박사는 일본에서 의대를 졸업하고 미국에서 부검의가 되었다. 이후 LA 카운티의 수석검시관이 되었다. 그는 로스앤젤레스 지역의 유명인들을 많이 부검하여, '스타들의 검시관(Coroner to the Stars)'이라는 명칭을 얻었다. 마릴린 먼로 이외에도 로버트 케네디, 샤론 테이트, 윌리엄 홀덴 등 많은 유명인을 부검하였다. 그의 저서로는 검시관(Coroner)등이 있다.

국내에서도 세코바르비탈에 의한 사망사건이 있었다. 1965년, 우리나라의 저명한 수재이자 번역가, 수필가가 세코날 40정을 복용하고 사망한 사례였다. 또한 1970년 7월, 실직 후 '세코날'을 하루에 평균 1알씩 복용하던 사람이 정신착란증을 일으켜 자살한 사건도 발생했다.

10
위험한 유혹:
청소년을 덮친 다이어트 약물의 그림자

- 청소년들이 다이어트 목적으로 남용하는 약물은 무엇일까?
- 다이어트 약물이 어떻게 마약류 남용으로 이어질까?
- 청소년들은 이런 약물을 어디에서, 어떻게 구할까?

⦿ 비만 치료제가 다 마약일까?

비만 치료제로 쓰이는 약물이 모두 마약은 아니다. 그러나 일부 비만 치료제는 중추신경계에 작용하는 마약류 성분을 함유하고 있어 규제의 대상이 되고 있다. 비만 치료제는 크게 식욕 억제제와 지방 흡수 억제제의 두 가지 유형으로 나뉜다.

식욕 억제제는 중추신경계를 자극하여 식욕을 억제하는 약물로, 마약성분을 포함하고 있다. 대표적인 예로 나비약이라고 불리는 펜터민(Phentermine)은 암페타민과 유사한 구조를 가지고 있어 식욕을 억제한다. 이런 유형의 약물은 중추신경계를 자극하기 때문에 의존성과 남용의 가능성이 있다. 반면에 지방 흡수 억제제는 지방의 흡수를 억제하여 체중 감소를 돕는 약물이며, 대체로 마약 성분을 포함하지 않는다.

⦿ 비만 치료제 종류와 사용 역사

건강을 목적으로 또는 아름다움을 목적으로 살을 더 빼려는 욕구는 오랜 역사를 갖고 있고 이에 따라 약물도 많은 변화가 있었다. 비만 치료제의 역사는 19세기 말부터 시작되었으며, 체중 감소를 돕는 약물의 발전은 시대에 따라 다양한 변화가 있었다. 갑상선 추출물이 비만 치료에 1893년에 처음 사용되기 시작했지만, 부작용으로 인해 장기 사용에 제한이 따랐다. 1930년대에는 암페타민이 식욕 억제제로 도입되었다. 그러나 중추신경계를 자극하여 식욕을 억제했지만 의존성과 남용의 문제를 야기했다.

1959년 암페타민의 유도체인 펜터민(Phentermine)이 최초로 FDA의 승인을 받아 시장에 출시되었다. 1960년대와 1970년대에는 펜터민이 체중 감소에 널리 사용되었으나, 남용과 심각한 부작용 문제가 나타났다. 1973년에는 펜플루라민(Fenfluramine)이 식욕 억제제로 FDA 승인을 받았지만, 나중에 심장 판막 질환과 관련된 부작용이 밝혀져 사용이 중지되었다. 1997년에는 펜터민과 펜플루라민의 조합인 펜-펜(Fen-Phen)이 체중 감소에 엄청난 효과가 있음이 밝혀졌다. 그러나 펜플루라민의 심장 판막질환 발생 문제로 시장에서 철수되었다. 1999년에는 지방 흡수를 억제하는 오르리스타트(Orlistat)가 FDA 승인을 받았으며, 2012년에는 식욕 억제 효과를 가진 로카세린이 승인되었지만 발암 가능성으로 인해 시장에서 철수되었다.

이 외에도 대사율 증가제 및 호르몬 조절제등 다양한 비만 치료제가 개발되었다. 또한 당뇨병 치료와 관련된 비만 치료제가 최근에는 개발되어 삭센다, 위고비 등이 비만 환자, 당뇨병 등 대사질환을 동반하는 경우에 쓰이고 있다. 여기에서는 범죄수사와 관련되어 의뢰되었던 비만 치료제를 중심으로 시대적 변화를 살펴본다.

● **1980년대 사용된 이뇨제** 1980년대에는 일부 여고생을 비롯한 젊은 여성들이 날씬해지기 위해 이뇨제를 사용하는 것이 문제였다. 'L'이라는 상품명의 이뇨제가 널리 사용되었는데, 일반인뿐만 아니라 체급 경기를 하는 운동선수들 사이에서도 사용되어 또 다른 문제를 야기하였다. 1987년 동아일보에 'IOC 금지 이뇨제 국내 복용선수 많다'는 기사가 보도되었고, 이어 1989년에는 '국내 선수 이뇨제복용 우려할 단계'라는 기사가 다시 보도되었다. 유도, 레슬링, 역도, 복싱, 태권도와 같은 체급이 중요한 종목의 선수들이 체중 조절을 위해 이를 사용한다는 것이었다. 이뇨제는 체중 조절에 실패한 운동선수들 사이에서 몸속의 수분을 배출시켜 몸무게를 감소시키려는 목적으로 사용되었다.

하지만 이뇨제에 의한 체중 감소는 단순히 수분이 빠지는 것이며, 몸무게가 변하는 것은 아니었지만 이뇨제의 남용이 한동안 지속되었다. 이에 따라 이뇨제 복용으로 탈수 현상이 일어나고, 염분 부족 현상으로 건강에 막대한 해를 끼치는 부작용이 보고되었다.

이러한 배경에도 불구하고, 운동선수들과 젊은 여성들 사이에서 체중 감소를 목적으로 한 이뇨제의 남용이 문제가 되어 수사 대상이 되었다.

● **1990년대 비만치료제로 사용된 다양한 차 종류** 1990년대 초반 이뇨제 사용이 줄어들면서 체중 감량을 위한 차의 사용이 급증했다. 특히 중국에서 수입된 연꽃잎을 포함한 10여 가지 허브가 배합된 감비차가 인기를 끌었다. 이 차는 살을 빼면서 피부를 곱게 하는 효과가 있다고 알려져 많은 사람들이 구매했다. 국내 관광객들이 중국 여행시 이 차를 구입함으로써 국내 유입량이 급증했다.

이어 동규자차라는 다른 살빼는 차가 등장했다. 동규자차는 아욱 씨에서 추출한 것으로 이뇨 효과가 있는 것으로 알려져 있었다. 살빼는 차의 인기가 높아짐에 따라, 일부 제조사들은 감비차와 동규자차에 설사 효과가 있는 센나잎을 섞어 가짜 동규자차를 만드는 사례도 인지되기 시작했다. 가짜 동규자차는 1993년에 처음 적발되기 시작하여, 1999년과 2000년까지도 계속해서 발생했다.

감비차와 동규자차에 센나엽과 같은 천연 성분 이외의 다른 약물을 혼합하여 판매한 사례도 적발되었다. 1996년 일본에서는 감비차에 마약성분인 펜플루라민을 혼합하여 판매한 것이 적발되어 판매가 금지되었다. 이 사건으로 인해 한국에서도 감비차 사용에 대한 금지 조치가 이어졌다. 미국에서도 살빼는 차를 마시고 사망하는 사건이 발생하면서 살빼는 차에 대한 위험성이 널리 알려지게 되었다.

● **1990년대 정제 형태의 비만치료제 등장** 1990년대 중반부터 중국산 정제 형태의 살빼는 약이 한국으로 유입되기 시작했다. 이 약들은 '분기납명편(芬氣拉明片)'과 '안비납동편(安非拉酮片)'이라는 이름으로 불리며, 국내에서 중국 상품명이 그대로 통용될 정도로 광범위하게 유통되었다. 분기납명편은 펜플루라민성분이었고, 안비납동편은 암페프라몬(Amfepramone)이라는 성분을 함유하고 있었다.

이 약물들은 국내에서 향정신성 의약품으로 지정되어 있었기 때문에 법적으로 규제를 받고 있었다. 그러나 중국에서는 규제를 받지 않고 있어 여행객들이 별 생각없이 구입하여 국내로 들여오다가 적발되는 사건이 빈번하게 발생했다.

펜플루라민의 국내 사용량이 증가하면서 소규모 보따리 장사들이 이 비만 치료제의 유입에 관여하기 시작했다. 중국에서 저렴하게 구매할 수 있는 이 약들은 국내로 들어오며 가격이 급등하였다. 예를 들어 중국에서 1천 원에 구입한 제품이 국내에서는 2만 원에서 4만 원 사이에 거래되었다. 이러한 이윤 차이는 밀수를 촉진했다.

1997년 박모 씨(44세)는 펜플루라민 성분이 든 약 1,500정을 밀반입하다 김포세관에 적발되었다. 그 해 인천항 국제여객터미널에서의 여행객 휴대품 검사에서도 분기납명편과 안비납동편 2,873갑(시가 약 3,020만 원 상당)이 압수되었다. 1999년에는 서울지검이 컨테이너선을 개조하여 17억 원 어치의 분기납명편을 밀수한 일당을 적발했다.

이와는 별도로 국제우편을 통한 약물의 밀반입 사례도 많았다. 이런 사례는 비만 치료제 밀수가 얼마나 심각한 수준이었는지를 보여 주었다. 분기납명편이라는 이름이 규제 대상으로 널리 알려지자, 펜플루라민 성분을 포함한 채로 이름을 '섬수' 또는 '분미림편(芬美琳片)'으로 변경하여 다른 약물인 것처럼 위장해 유통시키는 꼼수가 등장했다.

펜플루라민을 포함한 비만 치료제의 남용문제는 2000년대에도 지속되었고, 2002년 KBS 방송은 중국산 펜플루라민 성분을 함유한 살빼는 약을 얼마나 쉽게 구할 수 있는지를 보도했을 정도였다. 이 보도를 통해 동네 미용실에서조차 구할 수 있다고 할 정도로 펜플루라민 성분이 포함된 비만 치료제의 불법 유통이 얼마나 광범위하게 사회에 퍼졌는지를 보여주었다.

● **태국산 비만 치료제의 등장** 중국산 살 빼는 약에 대한 엄격한 규제가

이루어지자 이어 태국산 살빼는 약이 대체제로 국내에 유입되기 시작했다. 1999년 관세청 자료에 따르면, 비만 약과 관련된 적발 사건 중 44%가 태국에서 들어온 살빼는 약이었다. 이들은 한약재로 위장하여 운반되었고, 국내에 도착한 후에는 화장품 판매망을 통해 유통되었다.

● **시부트라민의 등장** 태국산 비만 치료제의 유통 이후, 2010년에는 시부트라민(Sibutramine)이라는 성분이 포함된 비만 치료제가 정식으로 인가받아 처방되기 시작했다. 그러나 이 약물은 심근경색과 뇌졸중 등 심혈관계 부작용을 일으킬 수 있다는 것이 밝혀져 같은 해 10월부터 국내 판매가 금지되었다. 그럼에도 불구하고, 금지된 시부트라민을 식품에 넣어 다이어트 식품으로 속여 판매하는 사례가 빈번하게 발생했다. 또한 시부트라민의 유사물질인 데스메틸시부트라민(Desmethyl-sibutramine)을 함유한 식품이 등장하여 불법으로 유통되는 문제도 있었다.

◉ 향정신성의약품인 비만 치료제

2005년 언론 보도에 따르면, 향정신성 의약품으로 분류되는 비만 치료제의 사용량이 2002년에 비해 3년간 38배 증가했으며, 매출 또한 2001년 이후 10배 이상 급증했다. 이러한 급격한 성장은 비만 치료제가 단순히 체중 감소를 돕는 기능을 넘어서 향정신성 약물로서의 특성 때문에 남용될 가능성이 크다는 우려를 낳았다. 10년 후인 2016년부터 2020년까지의 기간 동안에도 향정신성 의약품 비만 치료제는 한국에서 사용되는 비만 치료제 중 2위를 차지할 정도로 지속적으로 소비되었다. 이러한 지속적인 사용 추세는 UN 마약감시기구의 주목을 받을 정도로 심각하였고, 국제적인 관심을 촉발시켰다.

향정신성의약품에 속하는 비만 치료제에 대한 위험을 관리하기 위해, 식품의약품안전처는 2020년 8월, 이러한 약물들의 사용을 허가 용량 내에서 4주간의 단기 처방으로 제한하고, 최대 3개월을 초과하지 않도록 규정을 강화하였다. 이 조치는 약물의 부작용을 최소화하고, 장기간 사용으로 인한 부작용 및 의존성 발생을 예방하기 위한 조치였다.

펜플루라민 구조

● **펜플루라민** 펜플루라민은 1973년에 단기 비만 치료제로 승인받아 시판되기 시작했다. 이 약물의 작용 기전은 중추신경을 자극하여 일시적인 식욕 억제 효과를 유도하는 메커니즘을 갖는다. 그러나 장기 복용 시 어지러움, 설사, 갈증, 구토, 복통 등 다양한 부작용을 일으키며, 만성적으로 복용할 경우 정신분열증과 같은 심각한 정신 증상의 악화를 유발할 수 있다.

더욱이, 펜플루라민은 심장판막 손상과 폐동맥, 혈압 상승과 같은 중대한 부작용을 일으킬 수 있으며, 이는 사망 위험도를 높이는 요인이었다. 이러한 심각한 부작용으로 인해 미국에서는 1997년에 펜플루라민 사용이 중지되었고, 중국에서도 2009년에 판매가 중지되었다.

● **펜터민(Phentermine)** 최근에는 청소년들 사이에서 "나비약"으로 알려진 펜터민이 다이어트 보조제로 인식되며, 그 불법 유통이 사회적 문제로 대두되었다. 가장 많이 알려진 상품명은 디에타민으로 나비넥타

이 모양의 흰색 알약이어서 나비약이라고 불린다. 특히 여성 청소년층에서의 남용이 심각한 문제로 지적되고 있다.

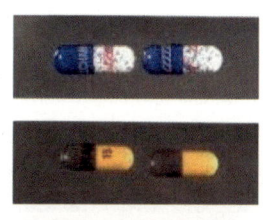

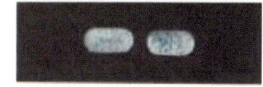

펜터민은 뇌의 시상하부에 위치한 식욕중추에 작용하여, 노르에피네프린과 도파민과 같은 신경전달물질의 분비를 증가시킨다. 이는 배고픔을 줄이고 포만감을 증가시켜 식욕을 억제하는 효과를 낳는다. 암페타민과 유사한 작용 기전을 갖고 있고, 도파민 분비를 촉진하기 때문에 남용의 가능성이 크다.

다양한 펜터민 제제

펜터민의 부작용은 다양하다. 심혈관계에서는 혈압 상승과 심박수 증가, 중추신경계에서는 불면증, 우울증, 자살 충동, 조현병과 같은 심각한 정신적 문제가 발생할 수 있다. 소화기계에는 변비나 구토 같은 증상이, 과민반응으로는 피부 발진이나 가려움증 등이 나타날 수 있다.

실제로, 펜터민을 복용한 후 상습적인 절도를 저지른 사람이 있었고, 운전 중 차량 6대를 들이받은 사건도 있었다. 펜터민은 화학적 구조가 필로폰과 비슷하며, 약리 작용도 유사하다. 이 때문에 향정신성 의약품으로 규제되고 있다.

● 펜디메트라진(Phendimetrazine), 디에틸프로피온(Diethylpropion)

이들 두 물질은 펜터민과 같은 기전으로 약리 작용을 나타내기 때문에 암페타민류와 약리작용, 구조가 유사하여 남용의 가능성이 있다. 이 약물은 중추신경계를 자극하여 식욕을 억제하며, 장기간 사용 후 갑작스럽

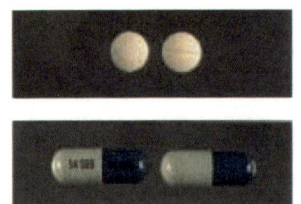

펜디메트라진 제제

게 중단할 경우 극도의 피로감과 정신적 우울증을 초래할 수 있다. 따라서 이들은 향정신성의약품 라목으로 규제하고 있다. 펜디메트라진도 식욕억제제로서 사용이 증가하고 있다. 처방 건수는 2018년 약 8천만 건에서 2019년부터 2022년까지 매년 1억 4천 건을 넘어서는 급증세를 보이고 있다.

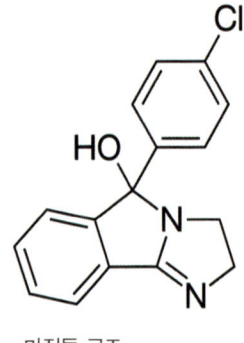

마진돌 구조

● **마진돌(Mazindol)** 마진돌은 암페타민류와 유사하게 작용하여 노르에피네프린(Norepinephrine)의 재흡수를 차단함으로써 식욕을 억제하는 효과를 나타낸다. 식욕억제 효과는 수주간의 치료 후에 나타나며, 암페타민류와 같이 중추신경을 흥분시키기 때문에 남용 가능성이 있다. 동물 실험에서도 금단 증상이 관찰되었다는 보고가 있다. 마진돌을 체중 감량 요법에 사용할 경우, 의존성 발생에 특별히 주의해야 한다. 우리나라에서는 향정신성의약품 라목으로 규제되고 있으며, 현재는 판매되지 않고 있다.

마진돌의 부작용은 다양하며, 불안, 진전(떨림), 과호흡, 혼란, 환각, 메스꺼움, 구토, 설사 등이 나타난다.

● **로카세린(Lorcaserin)** 로카세린은 뇌 내 세로토닌 수용체에 직접적으로 작용하여 식욕을 억제한다. 신체적 의존성을 유발한 연구 결과는

보고되지 않았지만, 치료용량을 초과하는 과량 복용 시 환각이나 이상 행복감과 같은 정신적 의존성을 일으킬 수 있는 것으로 알려져 있다. 로카세린은 주로 비만인 사람들 사이에서 체중 감소 목적으로 장기간 사용되어 왔다.

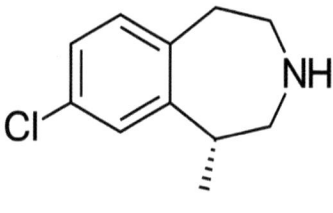

로카세린 구조

2020년 미국에서는 로카세린 복용자 중에서 암 발병 위험이 증가한다는 인식이 확산되어, 이 약물은 시장에서 퇴출되었다. 또한, 미국에서는 2012년부터 과량복용시 나타나는 환각작용과 정신적 의존성 때문에 스케줄IV로 분류하여 규제하고 있다.

스케줄IV 약물은 남용 가능성이 있으나 합법적 의료 목적으로 사용이 허가된 약물로 분류된다. 우리나라를 포함한 다른 나라들에서도 로카세린은 향정신성 의약품으로 규제받고 있다.

비만 치료제의 부작용

1996년 6월, 중국산 다이어트약 복용 후 환각 상태에 빠진 25세의 엄마가 자신의 2세인 아들을 흉기로 찔러 살해하는 충격적인 사건이 발생했다. 엄마는 3만 원에 구입한 다이어트 약을 16개월 동안 하루에 6~7정씩 복용하며, 부엌에서 음식을 준비하던 중 "아들을 죽여야 세상이 편해진다"는 환청을 들었다고 한다. 이 환청에 따라 잠자고 있던 아들의 배를 흉기로 찔러 사망에 이르게 했다.

사건 수사가 진행되면서 어떤 다이어트 약을 복용했는지 확인하기 위해 엄마의 소변이 의뢰되었고, 실험 결과 소변에서 펜플루라민이 검출되었다. 이 사건은 중국에서 유입된 펜플루라민이 널리 사용되고 있던 시대 배경을 반영하였고, 다이어트 약의 부작용과 관련된 심각한 문제를 드러냈다.

11
기침약 남용, 미래를 앗아간 약물의 굴레

- 기침약에서 환각 작용이 나타나는 원리는 무엇일까?
- 젊은 성인들이 기침약을 환각 목적으로 남용하다 사망하는 사례가 국내에서 특히 많은 이유는 무엇일까?
- 기침약 남용 문제를 해결하기 위해 어떤 조치가 취해졌을까?

◉ 기침약에 의한 사망사건 발생

1991년부터 10대에서 20대의 젊은 성인들이 기침약을 복용하고 사망하는 특이한 사례가 발생하기 시작했다. 부검 후 사인을 밝히기 위해 의뢰되는 혈액, 위내용물, 소변 등 약독물 시료에서 기침약 성분인 지페프롤이 검출되었다. 혈액 중에서 검출되는 약물의 농도로 볼 때 기침약을 치료제로 복용하지 않은 것이라는 것은 확실했다. 따라서 사망 원인에 대해 부검의는 지페프롤 중독으로 판명하였다. 부검시 사망자의 식도가 초록색으로 변한 특징이 보여지기도 했고, 소화되지 않은 초록색 캡슐이 위에서 발견되는 것으로 보아 아주 많은 양의 기침약을 복용한 것으로 추정할 수 있었다.

기침약 복용 후 연속적으로 사망사건이 발생한 것은 충격적이었다. 1991년에 10건이 발생했고, 1992년 15건, 1993년 14건, 1994년 23건, 1995년 6건, 1996년 1건으로 1991년부터 1996년까지 69건에 이르렀다. 1995년부터 사망사건이 급격히 감소하고, 1996년에는 사망사례가 1건만 있었던 것은 지페프롤이 향정신성 의약품으로 분류되어 규제가 강화되었기 때문이었다.

지페프롤의 화학구조

지페프롤 제제

⊙ 지페프롤은 무엇인가?

지페프롤은 1970년대 프랑스에서 기관지 천식 치료제로 개발되었다. 이 약물은 비몰핀계 진해제로, 기도 평활근의 수축을 완화시키고 객담을 배출하는 작용을 한다. 또한, 지페프롤은 국소 마취제로도 사용되었다. '지놀타' '레스필렌' 등 10여종의 다양한 상품명으로 캡슐과 시럽 형태로 판매되었으며, 가장 널리 알려진 상품명은 '지놀타'였다. 지놀타는 초록색 캡슐 형태로 제조되었다. 처방에 따라 성인 1회 75㎎을 1일 3~4회 복용할 경우, 지페프롤은 신체적 의존성이 발생하지 않는 안전한 약물로 알려져 있었다. 그러나 과량 복용 시 아편과 유사한 다행감과 환각 작용이 나타나는 특성 때문에, 지페프롤의 남용은 심각한 건강 문제를 초래하게 되었다.

⊙ 왜 지페프롤을 과량 복용했을까?

왜 지페프롤을 과량복용했을까 하는 것에 대한 답으로는 젊은 성인들이 환각작용을 나타내는 물질을 찾다 발견했다는 설이 가장 설득력이 있다. 많은 약물 중 지페프롤의 부작용으로 언급된 과량복용을 하면 환각작용이 나타난다는 것을 알게 되었다는 것이었다. 지페프롤을 이용한 환각 작용을 경험하기 위해서는 일반적인 치료량의 10배~15배에 해당하는 용량을 복용했다는 것이었는데 심한 경우에는 일회 치료량인 75mg의 40배에 해당하는 양을 섭취하기도 했다. 과다 복용으로 인한 환각 효과를 추구하는 행위는 사망사고가 유발되어 많은 생명을 앗아가게 되었다. 사망한 대부분의 피해자들은 10대 후반에서 20대 사이의 젊은 층이었으며, 사망자의 평균 연령은 21세였다. 10대가 전체 사망자의 50%를 차지했으며, 성별로는 남성이 44명으로 70%를 차지했고 여성이 21명이었다. 지역별로는 서울과 인천에서 사망자의 80%가 발생했다.

우리나라에서 심각한 남용 사례가 보고된 지페프롤이지만 해외에서는 지페프롤의 남용 사례가 매우 드물다. 이탈리아에서만 환각 작용에 대한 문제가 제기된 바 있었고, 안락감을 얻기 위해 지페프롤을 과량 복용하는 습관적인 사례가 있었다고 할 뿐이었다. 지페프롤은 미국과 캐나다에서는 유통되지 않으며, 유럽에서도 생산이 금지된 상태이다. 지페프롤은 아시아와 남미 일부 지역에서만 사용되고 있다.

◉ 지페프롤과 덱스트로메토르판을 함께 투여하고 사망한 사례

환각작용을 얻기 위해 지페프롤을 과량 복용하였던 남용자들은 더 강한 환각 효과를 추구하게 되었다. 이들은 단순히 복용량을 늘리는 것뿐만 아니라, 다른 약물을 혼합하는 방법을 찾아 더욱 강력한 효과를 얻고자 했다. 이들이 찾은 약물이 바로 덱스트로메토르판이었다. 지페프롤과 덱스트로메토르판을 병용하여 더 큰 환각 작용을 얻으려고

하였다. 그러나 결과적으로 지페프롤과 덱스트로메토르판을 과다 복용하여 사망한 사건도 지속적으로 발생하였다. 이렇게 두가지 약물을 병용 투여하고, 사망 사례는 총 69건 중 12건에 이르렀다.

두가지 약물이 공공연하게 쓰이고 있음은 인천 폭력범을 대상으로 한 소변 검사에서도 잘 보여졌다. 1995년에는 인천의 폭력범들을 대상으로 한 소변 검사에서 242명 중 74명의 소변에서 지페프롤이 검출되어, 조직 폭력범들 사이에서의 남용이 심각함을 알 수 있었다. 이때 소변 중에서 지페프롤 이외에 29명에서 메트암페타민, 24명에서 대마, 14명에서 덱스트로메토르판이 검출되었다. 지페프롤과 함께 덱스트로메토르판의 남용이 일반화되고 있음을 알 수 있었다.

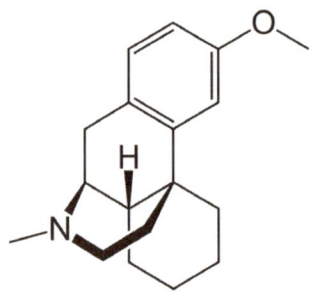

덱스트로메토르판 구조

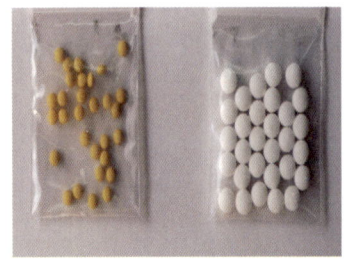

덱스트로메토르판 제제

⦿ **덱스트로메토르판은 무엇인가?**

덱스트로메토르판은 1949년에 특허를 받고, 1953년부터 의약적 용도로 사용되기 시작한 약물이다. 이 약물은 진통 효과는 거의 없으면서 진해 효과가 월등히 뛰어나 비마약성 진해제로서 30년 이상 널리 사용되어 왔다. 세계보건기구(WHO)는 덱스트로메토르판의 탐닉성이 없음을 인정하고 마약류에서 제외시켰으며, 이로 인해 덱스트로메토르판은 의약계에서 아주 안전한 약물로 평가받고 있다.

덱스트로메토르판은 주로 15㎎ 정제

형태로 판매되며, 성인은 하루 1회에서 4회, 회당 15~30㎎을 복용한다. 감기, 상기도염, 급·만성 기관지염, 폐결핵, 기관지확장증, 폐렴 등 다양한 호흡기 질환의 치료에 사용된다. 우리나라에서는 덱스트로메토르판을 포함한 약 10여 종의 단일제제가 시판되고 있다. 덱스트로메토르판은 위장관을 통하여 매우 잘 흡수가 되며 섭취 후 2시간 이내에 혈중 최고치에 도달한다. 흡수되면 대사되어 변화되지 않은 덱스트로메토르판 및 대사체인 덱스트로르판(Dextrorphan)이 소변으로 배설된다.

    덱스트로메토르판은 그 치료적 효과와 오랜기간 동안의 안전한 사용으로 인해 신뢰받는 약물이었지만, 과량 복용시 환각 작용이 일어난다는 사실이 알려지면서 젊은 청소년들 사이에서 남용이 시작되었다. 이로 인해 환각을 목적으로 한 남용이 증가하면서, 일반 환자들에게 필수적인 약물임에도 불구하고 문제 약물로 인식되기 시작했다. 이러한 상황은 보건 당국의 정책과 사회적인 문제 사이에 큰 갈등의 요인이 되었다.

⊙ 덱스트로메토르판 과량 복용으로 인한 문제

보건 당국은 덱스트로메토르판 남용을 방지하기 위한 조치로 약의 부형제를 늘리는 방법으로 크게 만들어 과량 섭취를 어렵게 하는 방안을 시도하였다. 그러나 이러한 조치에도 불구하고 남용자들은 환각 효과를 얻기 위해 한 번에 30~40정을 복용하는 등의 행위를 지속했다. 이 사례는 단순히 약의 크기를 변경하는 것만으로는 남용 문제를 해결하기 어렵다는 것을 보여주었다.

    덱스트로메토르판은 과량 복용시에도 비교적 안전한 약물로 평가받아 왔지만, 장기간에 걸친 과다 섭취는 정신적 문제를 유발하고, 심지어

정신병을 일으키게 된다. 일시적으로 과량을 복용할 경우 발생할 수 있는 부작용으로는 환각, 불면증, 정신병과 같은 심각한 질환이 포함된다.

덱스트로메토르판을 상습적으로 과다 복용하는 사례에서 11건의 사망사례가 있었다. 1992년에 발생한 사망 사건에서 C씨는 감기약인 러미라(덱스트로메토르판의 상품명)를 약 30정 복용한 후, 심각한 부작용으로 인해 정신적 문제를 겪었다. 이는 불행하게도 치명적인 결과로 이어졌다. C씨는 복용 후 오전 6시에 잠에서 깨어나 고종사촌을 먼저 망치로 공격한 뒤 식칼로 찔러 사망에 이르게 했다. 이 사건은 덱스트로메토르판의 환각 효과와 관련된 심각한 부작용을 잘 보여주는 사례였다.

2003년 7월 30일, 덱스트로메토르판의 남용 문제가 심각한 사회적 이슈로 부각되면서, 정부는 이 약물을 향정신성 의약품으로 분류하기로 결정했다. 이 조치는 덱스트로메토르판의 유통과 사용을 엄격히 규제하여 남용을 줄이고, 관련된 건강 및 사회적 문제를 예방하기 위한 것이었다.

⦿ 지페프롤과 덱스트로메토르판관련 연도별 사망 사례

● **1991년에 10건의 지페프롤 사망사고 발생** 서울: 19세 여성이 러미라(덱스트로메토르판) 45정과 지놀타 (지페프롤) 캡슐 15알을 복용한 후 알코올을 섭취하고 갑자기 마비 증세를 일으켜 사망했다. 약독물 검사 결과 혈액에서 덱스트로메토르판과 지페프롤이 검출되었다. 또한 16세 남자가 갑작스러운 경련을 일으키고 코에서 거품을 내며 사망했다. 이 경우에도 혈액 검사에서 지페프롤이 검출되었다. 20세 남성이 사망했는데 위내용물과 혈액에서 지페프롤이 검출되었다.

충남: 17세 남자가 몸을 부드럽게 하기 위해 지놀타 캡슐 56알을 복용한 후 손발 마비를 일으키며, 입에 거품을 물고 사망했다. 약독물 검사 결과에서 지페프롤이 검출되었다.

강원: 22세 여성의 위내용물과 혈액에서 지페프롤과 덱스트로메토르판이 함께 검출되었다.

● **1992년에 15건의 지페프롤 사망사고 발생** 서울: 16세 여성이 담배를 피우다 갑작스럽게 경련을 일으키며 입에서 거품을 뱉어내고, 병원으로 후송되는 도중 사망하였다. 21세 남성이 애인과 함께 여관에 투숙한 후 기분 좋아진다며 지놀타 캡슐 37정을 복용, 10~15분 후 경련을 일으켜 사망하였다. 19세 남성이 만화가게 내에서 사과와 커피를 마신 후 경련을 일으켜 병원으로 후송 중 사망하였다. 지놀타 20캡슐을 소지하고 있었다. 모두 혈액에서 과량의 지페프롤이 검출되었다.

전국: 1992년 3월 충남에서 18세 남자, 경기에서 27세 남자가 사망하였으며, 4월에는 전남에서 추가적인 사망자가 발생하였다. 5월에는 18세, 21세, 그리고 14세 남성이 연이어 사망하였다. 모두 혈액에서 과량의 지페프롤이 검출되었다.

● **1993년에 발생한 24건 사망사고** 서울: 서울에서 25세 여성, 17세 여성과 16세 남성이 사망하였다. 15세 남학생이 컵라면을 먹은 후 방에 누워 입에 거품을 물고 사망하였다. 모두 혈액에서 과량의 지페프롤이 검출되었다

전국: 경남에서 15세 남학생이 친구들과 커피와 생맥주를 마신 후

의식을 잃어 병원으로 후송되었으나 사망하였다. 인천에서 23세 남성, 18세 남성, 20세 남성, 31세 남성, 그리고 25세 남성이 사망하였다. 혈액에서 과량의 지페프롤이 검출되었다.

● **1994년에 발생한 23건 사망사고** 서울: 25세 남성, 24세 남성, 19세 여성, 15세 여성, 19세 남성, 18세 남성이 사망하였고, 모두 혈액에서 과량의 지페프롤이 검출되었다

전국: 경기에서 25세 남성, 21세 남성, 23세 여성이 사망했다. 인천에서 22세 남성, 29세 여성, 29세 남성 두 명, 32세 남성이 사망했다. 경기에서 21세 남성이 사망했다. 경남에서 20세 남성과 19세 남성이 각각 사망했다. 모두 혈액에서 과량의 지페프롤이 검출되었다.

미군 자녀들 감기약 복용 문제 확산

1995년에 주한 미군 신문은 미군 자녀들 사이에서 한국산 감기약인 '지놀타'와 '로밀라'의 남용이 심각한 부작용을 초래하고 있다고 보도했다. 보도에 따르면, 미국 국방부 소속 고등학교 학생들이 이 약물들을 광범위하게 복용하고 있으며, 특히 학생들이 정상 복용량의 2배에서 5배에 이르는 양을 섭취하고 있다고 했다. 이로 인해 매달 약 5명의 학생들이 감기약 중독 증세로 병원에 후송되었고, 환각 증세를 보이는 학생들이 발생했다고 했다. 이 약물의 남용으로 혼수상태, 발작, 동공확대, 호흡곤란과 같은 심각한 부작용을 유발할 수 있으며, 특히 알코올과 함께 복용할 경우 치명적일 수 있다는 경고를 하였다.

12
치료제에서 환각제로: 케타민의 두얼굴

- 동물마취제로 사용되는 케타민을 사람들이 왜 남용할까?
- 케타민은 인체에 어떤 작용을 하며, 남용시 어떤 효과를 기대하는 걸까?
- 케타민 남용이 특히 문제가 되는 나라는 어디일까?

⊙ 케타민의 역사

케타민은 1962년 미국의 제약회사 파크-데이비스(Park-Davis)에서 처음 합성되었다. 기존에 사용되던 펜사이클리딘(PCP)이 강력한 진통효과를 가지고 있었지만, 심각한 부작용으로 인해 안전한 대체제가 필요했다. 이에 개발된 케타민은 펜사이클리딘보다 5~10% 더 강력한 해리성 마취제로, 보다 안전하면서도 효과적인 마취제로 주목받았다.

1970년, 미국에서 인간용 마취제로 공식 승인을 받은 후, 수술 중 진정제 및 마취제로 사용되기 시작했다. 특히 베트남전쟁 당시 미군이 빠르고 안전한 마취제로 널리 활용하며, 실전에서도 효과를 입증했다.

케타민은 강력한 진정 및 진통 효과를 유발하며, 사용자는 의식을 유지한 채 통증을 느끼지 못하는 '해리성 마취' 상태를 경험하게 된다. 이러한 특성 덕분에 인간과 동물 모두에서 마취제로 널리 사용되고 있다. 케타민은 원래는 동물용 마취제로 개발되었지만, 효과가 빠르게 나타나는 특성 덕분에 사람에게도 마취제로 사용된다. 특히 짧은 시술이나 응급 상황에서 마취 유지 및 통증 완화를 위해 활용되며, 수술 전 마취 유도 및 유지에도 쓰인다. 또한, 화상 치료와 같은 고통이 심한 의료 절차에서도 유용하게 사용된다. 즉, 케타민은 빠른 작용 속도와 강력한 마취 효과 덕분에 다양한 의료 환경에서 필수적인 역할을 하는 약물이다.

최근에는 케타민의 또 다른 의약적 활용 가능성이 주목받고 있다. 기존 치료에 반응하지 않는 주요 우울증 및 정신 질환 환자에게 빠른 효과를 보이는 것으로 연구되고 있으며, 이를 기반으로 정신과 치료제로서의 가능성을 탐색하는 연구가 활발히 진행 중이다

⊙ 케타민의 물리적 성상 및 작용

케타민은 냄새가 없는 백색의 결정 또는 가루 형태로, 물에 잘 녹는 특성을 가지고 있다. 케타민은 광학적 이성체를 가지고 있으며, 임상에서는 두 가지 형태를 섞은 라세믹 혼합물이 사용된다. 좌선성의 레보형은 항우울 효과가 크고, 신경 독성 등의 부작용이 적다. 최근 연구에서는 치료 저항성 우울증 치료제로 주목받고 있다. 우선성의 덱스트로형은 주로 진통 효과가 강해 마취 및 통증 완화 목적으로 사용된다.

케타민은 액체 형태로 주사하거나, 분말 형태로 복용할 수 있다. 투여 방식에 따라 효과가 나타나는 속도가 다르며, 작용 시간도 차이가 있다. 주사를 할 경우 1~5분 내에 빠르게 효과가 나타나며, 신속한 마취 및 진통 효과를 제공한다. 경구 투여 시에는 5~30분 후에 작용하며, 흡수 과정이 상대적으로 느리다.

케타민의 주요 효과는 1~2시간 지속되지만, 판단력과 감각 능력 저하는 최대 24시간 이상 영향을 미칠 수 있다. 주사 후에는 말초 조직에 분포되며, 간에서 대사된 뒤 소변으로 배설된다. 체내에서 케타민은

노르케타민(Norketamine)과 디하이드로노르케타민(Dihydronorketamine)으로 대사되며, 이 대사체들은 소변과 모발에서 검출 가능하여 남용 여부를 확인하는 데 활용된다.

케타민은 강한 환각 작용 때문에 일부 사람들이 남용하는 대표적인 약물이다. 특히 클럽용 마약으로 분류되면서 청소년과 젊은 층 사이에서 파티 약물로 인기가 상승하고 있으며, 약물 유도 범죄(Drug Facilitated Crime)에도 악용되는 사례가 보고되고 있다. 이러한 이유로 다수의 국가에서 케타민의 사용과 유통을 엄격히 규제하고 있다.

케타민은 사용자에게 해리상태(현실과의 단절), 환각, 그리고 안락감을 유발할 수 있지만, 장기적인 사용은 심각한 건강 문제를 초래할 수 있다. 일부 사용자들이 현실에서의 분리감을 경험하거나 환각효과를 얻기 위해 남용하는 것은 신체적·정신적 의존을 유발할 위험이 크다.

케타민은 단순한 남용 약물이 아니라, WHO의 필수 의약품 리스트에 포함될 정도로 중요한 의료용 마취제이다. 따라서 의료적 가치와 남용 문제라는 양면성을 지닌 약물로, 적절한 관리와 연구가 지속적으로 요구되고 있다. 한국에서는 2006년부터 케타민이 향정신성 의약품으로 규제되고 있다.

◉ 케타민의 부작용

케타민을 장기간 과도하게 사용하면 신체적·정신적 의존, 중독, 인지장애를 포함한 다양한 부정적인 건강 문제를 초래할 수 있다. 대표적인 부작용으로는 해리상태, 환각, 운동 기능 저하, 호흡 억제, 구토 및 메스꺼움, 심박수 및 혈압 증가, 정서적 불안정 및 정신건강문제가 나타날 수 있다.

케타민은 중추신경계(CNS)의 특정 부위에 작용하여 강력한 진통 효과를 나타내지만, 강한 환각과 혼란을 유발하는 특징이 있다. 특히 LSD나 엑스터시보다 강한 환각 효과를 보이며, 이러한 이유로 대표적인 클럽 약물로 남용되는 사례가 많다.

케타민을 오락 목적으로 남용할 경우, 일시적인 환각뿐만 아니라 심각한 정신적·신체적 부작용이 발생할 수 있다. 정신적 부작용으로는 시각, 청각왜곡, 사고력 및 집중력저하, 불안과 혼란, 정신병적 증상 등이 발생한다. 신체적 부작용으로는 균형감각 상실, 비정상적인 움직임, 심박수 상승, 메스꺼움, 구토가 나타난다. 케타민은 강한 해리성 효과로 인해 일시적으로 현실에서 벗어난 듯한 경험을 하게 하지만, 심각한 정신적 혼란과 신체적 이상 반응을 초래할 수 있는 위험한 약물이다.

케타민을 고용량 복용하거나 반복적으로 남용할 경우, 신체적·정신적 건강에 심각한 영향을 미칠 수 있으며, 급성 중독으로 이어질 위험이 있다. 고용량 복용시 호흡 마비, 심혈관계 이상, 심각한 중추신경 억제로 인해 생명에 치명적인 영향을 미칠 수 있으며, 심한 경우 사망에 이를 수도 있다.

⦿ 불법 케타민

2018년부터 2022년까지 미국, 영국, 호주, 캐나다, 홍콩, 인도, 중국을 포함한 전 세계 81개국에서 케타민 남용 사례가 UN에 보고되었다. 이는 케타민 남용이 특정 지역을 넘어 글로벌한 문제로 확산되고 있음을 보여준다.

불법적으로 유통되는 케타민은 주로 세 경로를 통해 시장에 유입된다. 첫 번째는 제약 회사의 제조 공정 중 최종 제품이 되기 전에 유출되는 경우이고, 두 번째는 제약 회사에서 정상적으로 생산된 후 약국이나 병원, 수의병원 등에서 도난당하거나 유출되는 경우이다. 마지막으로는 불법 제조된 케타민이다.

케타민의 불법 제조는 그동안 거의 불가능하다고 알려져 있었다. 케타민을 생산하기 위해 필요한 전구물질인 하이드록실이민(Hydroxylimine)의 제조가 어려웠기 때문이었다. 유럽마약기구(EMCDDA)에서는 2002년, WHO에서는 2014년에 케타민을 합성하기 위한 전구물질의 합성이 어렵기 때문에 케타민의 불법 제조는 거의 없다고 하였다. 그러나 2015년 중국은 UN 마약통제 본부에 케타민이 제약회사에서 유출되는 것이 아니라 불법으로 합성되어 불법시장에 유통된다는 정보를 제공하였다.

실제로 동아시아 및 동남아시아 여러 국가에서는 불법적으로 케타민이 제조되고 있으며, 전 세계에서 가장 많은 케타민이 압수되는 지역으로 꼽힌다. 특히, 2021년 이후 동남아시아에서 압수된 케타민 중 가장 많은 양이 캄보디아에서 적발되었으며, 2022년 6월까지 캄보디아에서 압수된 케타민만 2.7톤에 달한다. 이는 비의료적 사용 기준으로 최대 1억 3,500만 명이 복용할 수 있는 양으로, 불법 유통의 규모가 얼마나 거대한지 보여준다. 최근 동남아시아에서는 대규모 불법 케타민 제조 조직이 운영하는 정교한 비밀 실험실이 적발되고 해체되는 사례가 잇따르고 있다.

불법적으로 유통되는 케타민은 엑스터시(MDMA)로 오인되어 판매되는 사례가 많다. 이로 인해 사용자가 자신도 모르게 케타민을 복용하는 위험이 발생할 수 있다. 케타민은 복용량에 따라 효과가 극적으로 달라지기 때문에, 불법 정제에 포함된 정확한 양을 알 수 없을 경우 심각한 부작용을 초래할 수 있다. 불법적으로 제조된 약물은 정확한 성분 함량이 확인되지 않으며, 케타민이 엑스터시나 다른 약물과 혼합된 경우도 많아 더욱 위험하다. 특히 사용자가 원하는 효과와 다른 반응이 나타날 수 있어, 예측 불가능한 부작용을 초래할 가능성이 크다.

⦿ 국내 케타민 남용 사례

최근 한국에서도 케타민 남용이 꾸준히 증가하고 있다. 2021년 상반기 관세청 보고서에 따르면, 케타민 압수 건수가 전년 대비 267% 증가한 것으로 나타났다. 이는 불법 유통이 활성화되고 있으며, 클럽·파티 문화와 연관된 남용 사례가 늘어나고 있음을 시사한다. 케타민 남용이 클럽에서 만연하고 있음이 '버닝썬 사건'을 통해 드러났다. 2019년 3월, 강남에 위치한 클럽 '버닝썬'에서 중국인 여성이 마약을 판매했다는 의혹이 제기되었는데, 마약 검사에서 케타민과 엑스터시(MDMA)가 검출되었다. 같은 해 5월에는 버닝썬 클럽 대표 또한 마약 검사에서 케타민이 검출되었다. 이는 클럽 내부에서 마약 유통 및 남용이 만연했음을 보여주는 중요한 사례가 되었다.

2023년 8월, 서울 강남구 신사동 압구정역 인근에서 발생한 교통사고가 케타민 남용의 위험성을 다시금 알리는 사건이 되었다. 20대 남성이 운전하던 롤스로이스 SUV가 인도로 돌진하여 20대 여성이 머리와 다리를 크게 다치는 사고가 발생했다. 사고 운전자는 마약 간이시약 검사에서 케타민 양성 반응을 보였다. 목격자들은 운전자가 비틀거리고 횡설수설하며 이상한 행동을 했다고 했다. 운전자는 경찰 조사에서 최근 수술을 받았고, 의사로부터 케타민을 처방받았다고 진술했다. 따라서 케타민을 복용한 상태에서 운전한 것이 사고의 원인으로 지목됐다.

⊙ 국외 케타민 관련 사건

홍콩과 대만에서는 오랫동안 케타민 남용이 심각한 사회 문제로 자리 잡고 있다. 홍콩에서는 2011년~2015년 사이, 전체 남용 약물 중 케타민이 34%를 차지할 정도로 가장 널리 사용되는 약물 중 하나였다. 2016년 ~2018년 사이에는 다소 감소했지만, 여전히 전체 약물 남용 사례의 10%를 차지하며 지속적인 문제로 남아 있다.

케타민 남용 문제는 동남아시아 지역에서 특히 심각하게 나타나고 있다. 그 중 태국에서는 클럽과 파티에서 케타민이 포함된 오락용 마약인 Happy water와 K-powdered milk와 같은 제품이 큰 문제를 일으켰다. 2021년 1월, K-powdered milk라는 제품을 복용한 13명이 약물 과다복용으로 사망하는 사건이 발생했다. 이 제품은 케타민, 디아제팜 (진정제), 카페인이 포함되어 있었다.

국외에서는 케타민이 주로 약물 유도 범죄(Drug Facilitated Crime)에 사용되면서 더욱 큰 사회적 관심과 우려의 대상이 되고 있다.

영국에서는 클럽과 파티에서 케타민을 이용한 성범죄 사례가 보고되고 있다. 피해자들은 대부분 케타민이 몰래 섞인 음료를 섭취한 후 의식을 잃거나 혼미한 상태에서 성폭행을 당한 것으로 나타났다. 한 사례에서는 20대 여성이 클럽에서 음료를 마신 후 갑자기 현기증을 느끼고 기억을 잃었으며, 깨어난 후 성폭행을 당한 사실을 알게 되었다. 이후 소변검사에서 케타민이 검출되었으며, 이는 피해자가 약물에 의해 무력화된 후 성범죄의 대상이 될 위험이 있음을 보여주었다. 특히 케타민은 무색무

취로 음료에 쉽게 섞일 수 있어 피해자가 이를 인지하기 어렵다는 점이 문제로 지적된다.

미국에서도 대학생들을 대상으로 한 케타민 범죄가 보고되었다. 일부 학생들은 파티나 모임에서 제공된 음료를 마신 후 기억을 잃고, 나중에 자신들이 강도나 성범죄의 대상이 되었음을 알게 되었다. 특히 일부 동호회 멤버들이 파티에서 여성을 무력화시키기 위해 케타민과 같은 약물을 음료에 몰래 섞어 사용하는 사례가 밝혀지면서 심각한 사회적 문제가 되고 있다.

케타민은 피해자의 억제력을 낮추고 기억을 상실하게 만들어, 성폭행 후에도 피해자가 무슨 일이 일어났는지 기억하지 못하게 한다. 특히 케타민은 신속하게 작용하기 때문에 피해자가 위험을 인지하거나 대처할 시간이 부족하다는 점에서 더욱 큰 위험성을 갖고 있다.

클럽과 파티에서도 케타민을 음료에 몰래 섞어(spike) 피해자에게 권하는 사례가 다수 보고되고 있다. 피해자는 약물이 혼합된 것을 알지 못한 채 음료를 섭취한 후 의식을 잃거나 혼미해지며, 이후 성폭행을 당하는 위험에 노출된다.

미국에서는 불법 유통되는 케타민의 상당수가 동물병원에서 합법적으로 사용되던 것을 절도하거나, 멕시코에서 밀수된 것이 사용되는 경우가 많아 문제의 심각성을 더하고 있다. 미국에서는 1999년부터 케타민을 스케줄III로 분류해 규제되고 있다.

⊙ 케타민에 의한 약물 운전 사건

케타민은 인지 및 운동 능력을 심각하게 저하시켜 시각 장애와 반응 속도

저하를 초래하며, 이는 운전에 큰 위험 요소가 된다.

미국의 사례를 보면, 2003년부터 2020년까지 뉴욕에서 케타민이 포함된 음주운전 사례가 증가한 것으로 보고되었다. 이 기간 동안 케타민이 운전자 사망 사고 및 약물운전 사례에서 총 47건 확인되었으며, 이는 케타민이 주의력과 반응 속도에 미치는 영향이 상당함을 보여준다. 케타민 복용 후 운전은 심각한 교통사고로 이어질 가능성이 높다.

또한, 오리건주에서는 한 운전자가 케타민을 복용한 상태로 운전하다가 교통사고를 일으킨 후 체포되었다. 당시 운전자는 의식이 혼미한 상태였으며, 경찰 조사 결과 체내에서 높은 농도의 케타민이 검출되었다. 이러한 사례들은 케타민이 운전에 미치는 위험성을 단적으로 보여준다.

미국에서 44세 남성 운전자가 부주의하게 로터리에 진입한 후 중앙에서 멈춰 서는 사건이 발생했다. 목격자에 따르면, 그는 코에 하얀 가루가 묻은 상태였으며, 무감각한 표정과 함께 긴장하며 몸을 떨고 있었다. 이를 수상하게 여긴 목격자가 즉시 경찰에 신고했다. 경찰이 도착했을 때, 운전자는 눈물을 흘리며 동공 축소, 경련, 운동 동요, 손 떨림, 입 건조, 과잉행동, 빠른 말투 등 여러 정신운동 장애 징후를 보였다. 그는 경찰 조사에서 약 3.5~6.5시간 전에 케타민 분말을 섭취했다고 자백했으며, 사건에 대한 기억이 전혀 없다고 주장했다. 음주 측정 결과, 알코올은 검출되지 않았다. 이 사건은 케타민이 운전자의 주의력과 운동 능력에 심각한 영향을 미쳐 위험한 상황을 초래할 수 있음을 단적으로 보여준다.

영국에서는 젊은 층 사이에서 케타민 남용이 확산되면서 교통사고가 사회적 문제로 대두되고 있다. 케타민은 시각 인식 능력을 손상시키고, 운동 능력을 저하시켜 운전자가 도로 위 장애물이나 보행자를 적절히

피하지 못하는 상황을 초래할 수 있다. 이러한 위험성으로 인해 사회적 경각심이 높아지고 있으며, 교통 안전에 대한 우려가 커지고 있다.

홍콩에서도 케타민 사용자가 증가하면서 교통사고와 관련된 사건이 급증하고 있다. 이는 케타민이 운전자의 판단력과 반응 속도를 심각하게 저해할 수 있음을 보여주며, 이에 대한 규제와 예방 조치의 필요성이 강조되고 있다.

'K-홀' 경험

K-홀은 케타민 남용 시 나타나는 독특한 경험으로, 과량을 복용하거나 남용했을 때 사용자가 자신의 몸과 주변 환경으로부터 완전히 분리되는 상태를 의미한다. 이 상태는 시간, 공간, 자신에 대한 인식의 왜곡을 동반하며, 사용자는 현실에서 벗어난 느낌을 강하게 받는다. K-홀의 강도와 지속 시간은 케타민 복용량, 개인의 내성, 그리고 투여 방법에 따라 달라진다. 효과는 몇 분에서 몇 시간까지 지속될 수 있으며, 과도한 복용 시 경험이 더 강하고 길어질 수 있다. K-홀 경험은 정신적, 신체적 혼란을 겪으며 현실을 인식하는 능력이 크게 저하된다. 따라서 정신적인 혼란을 유발할 수 있으며, 신체적인 반응도 예측할 수 없어 사고나 자해로 이어질 위험이 크다.

3장

새롭게 나타난 신종마약과 그 종류

1
신종마약의 모든 것: 분류와 특징 한눈에 보기

- 신종마약이란 무엇이며, 기존 마약과 어떻게 다를까?
- 전통적 마약보다 더 강력하고 교묘한 신종마약, 그 정체는?
- 신종마약은 언제부터 나타났을까?

신종마약은 영어로는 New Psychoactive Substances(NPS)로 불린다. 유엔마약범죄연구소(UNODC) 정의에 따르면 신종마약은 1961년 마약 단일조약과 1971년 향정신성 의약품 조약에 포함되지 않지만 남용될 경우 건강에 심각한 위험을 초래할 수 있는 물질을 뜻한다.

이들은 순수한 형태 또는 제제의 형태로 유통되고 있고 신(New)'이라는 용어가 꼭 새롭게 개발된 물질만을 의미하는 것은 아니다. 과거에 남용되었던 물질이 오랫동안 사용되지 않다가 다시 유행하여 남용되거나 오래전에 개발되었지만 사용되지 않았던 물질이 최근에 등장하여 남용되는 경우도 신종마약에 속한다.

신종마약은 개발과 확산이 매우 빠르며, 이로 인해 기존 법체계로는 효과적으로 통제하는 데 많은 어려움이 있었다. 따라서 나라마다 새로운 법률을 제정하여 대응하고 있다. 임시마약류라는 분류체계를 적용하기도 하고, 포괄적 마약규제 법률(Generic legislaton), 유사물질 규제(Analog control), 신속 처리체계, 특정 신종마약체계 등 다양한 체계를 적용하고 있다.

⊙ 신종마약의 분류

신종마약류가 기하급수적으로 등장함에 따라 2009년부터 UNODC에서는 이들에 대한 모니터링을 시작했다. 전 세계적으로 나타나는 신종마약의 종류를 파악하고, 이동 경로, 남용의 추세, 독성 정도등 다양한 조사를 진행하고 있다. 모니터링 초기에는 신종마약류를 화학적 구조에 따라 9가지 주요 체계로 분류하여, 어느 정도 각 그룹의 특정 효과나 위험성을 알릴 수 있었다.

●**UNODC에 따른 신종마약 분류의 변화** 그러나 그 후 신종마약이 다양해지고, 새로운 물질이 계속적으로 등장하면서 현재는 신종마약을 15가지 체계로 분류 하고 있다.

새로운 분류에는 특징적으로 미국에서 심각한 문제가 되고 있는 펜타닐 유도체가 포함되었고, 합성오피오이드계인 니타진류가 포함되었다.

UNDOC의 신종마약 분류

- 2009년 초기 분류
- 추가
- 삭제

	합성대마류 Synthetic cannabinoids	펜에틸아민류 Phenethylamines
	피페라진류 Piperazines	트립타민류 Tryptamines
합성 케치논류 Synthetic cathinones	식물유래 물질류 Plant-based substances	아미노데인류 Aminodanes
펜사이클리딘 유도체류 Phencyclidine-type substances	케타민류 Ketamines	벤조디아제핀류 Benzodiazepines
펜타닐 유도체 Fentanyl analoges	LSD류 Lysergamides	니타진류 Nitazenes
페니데이트류 Phenidates	펜메트라진류 Phenmetrazines	기타 물질류

니타진은 펜타닐보다 작용이 강해 남용하면 치명적일 수 있다. 이외에도 식욕억제제로 쓰이는 펜메트라진류가 포함되었고, ADHD치료제에 쓰이는 페니데이트류가 포함되었다.

⊙ 신종마약 명칭의 변화

신종마약이라는 용어가 공식적으로 NPS라고 사용되기 이전부터 새롭게 등장하는 물질들은 다양한 이름으로 불리웠다. 1990년대 이전부터 주로 거리에서 사용되기 때문에 'street drug', 광란파티에서 자주 사용되어 'rave drug', 클럽에서 사용되어 'club drug', 파티에서 사용되어 'party drug' 등으로 불렸다. 이러한 명칭들은 사용되는 환경과 문화에 따라 다양했다. 1990년대에는 법적으로 규제되는 약물과 비슷한 효과를 내면서도 법의 규제를 피하기 위해 약물의 화학적 구조를 의도적으로 변형하는 경우가 많았다. 이 때문에 이들을 'designer drug'이라고 부르기도 했다. 이 용어는 약물이 특별히 디자인된 것처럼 보인다는 뜻도 내포하고 있다. 이후 이러한 물질들은 'new drug'이라는 명칭과 함께 유럽에서는 'new psychoactive substances', 미국에서는 'novel psychoactive substances'라는 용어로 불리며 더 널리 알려지게 되었다. 각 용어는 그 지역의 법적·문화적 맥락에 따라 다소 차이가 있어 이러한 배경을 이해하는 것은 글로벌 차원에서 신종마약 문제에 대응하는 데 중요한 요소가 된다.

⊙ 신종마약의 특징

● **신종마약의 다양한 종류** 신종마약은 종류와 개수는 물론 다양성에서 기존 마약이나 향정신성 의약품과 확연히 구별되는 특성을 보인다.

1961년 마약 단일조약에 따라 50년 이상 규제되어 온 마약류는 커다란 변화없이 현재 123종이 지정되어 있다. 향정신성 의약품의 경우도 1971년 규제 이래 40년 동안 큰 변화 없이 138종으로 비교적 일정한 숫자를 유지하고 있다. 반면, 신종마약은 2009년 모니터링이 시작된 이래로 급격히 증가하였다. 모니터링 시작한 첫 해에는 166종이었던 신종마약은 2010년에는 206종, 2011년에는 243종으로 계속 증가하다가 2012년에는 251종, 2013년에는 348종으로 늘어났다. 이러한 추세는 계속되어 2016년에는 644종, 2019년에는 899종으로 더욱 빠르게 증가했으며, 2024년 6월 현재는 무려 1241종이 모니터링되었다. 이러한 급속한 증가는 신종마약의 국제적 확산을 시사하며, 이들 물질이 전 세계적으로 얼마나 빠르고 광범위하게 퍼져 나가고 있는지를 잘 보여준다.

● **신종마약의 글로벌 확산** 신종마약의 두 번째 중요한 특징은 특정 국가에 국한되지 않고 전 세계적으로 거의 모든 나라에서 발견된다는 점이다. 전 세계적으로 142개 국가에서 신종마약의 등장이 보고되었다. 이는 신종마약이 국경을 넘나들며 전세계 대부분의 나라에서 문제가 되고 있음을 보여준다.

2017년 통계에 따르면 북유럽 국가들에서 신종마약 남용 문제가 특히 심각하게 나타났다. 스웨덴과 핀란드에서는 각 300종 이상의 신종마약이 보고되었고, 미국, 러시아, 일본에서는 각 200종 이상, 중국과 호주에서는 100종 이상의 신종마약이 확인되었다. 또한, 인도, 브라질, 한국에서도 50종 이상의 신종마약이 등장한 것으로 보고되었다.

그러나 2023년에 들어서면서 이러한 추세에 변화가 생겼다. 스웨덴과 미국에서 신종마약의 발생이 더욱 두드러지게 증가했다. 두 나라 모두 600종 이상의 신종마약이 발견된 것으로 보고되었다.

● **신종마약의 등장과 퇴장** 신종마약과 관련하여 세 번째 중요한 특징은 이들 마약의 등장과 퇴장이 매우 빠르게 진행된다는 점이다. 예를 들어, 2016년 통계에 따르면 479종의 마약 중 72종의 신종마약이 새로 등장했고, 동시에 63종이 시장에서 사라졌다. 2021년에는 더욱 많은 193종이 시장에서 사라지면서 새롭게 71종이 등장했다. 전 세계적으로 볼 때 매 주일 적어도 한 가지 이상의 신종마약이 시장에 등장하지만, 사라지는 것도 많아 신종마약의 부침 현상을 보여주고 있다. 그러나 사라졌다고 해서 아주 없어지지 않고 얼마 후 다시 등장하기도 한다.

● **신종마약의 위협** 네 번째 특징은 신종마약이 인류 보건에 큰 위험을 주고 있다는 것이다. 신종마약은 새롭게 등장하기 때문에 정확한 사용량을 알 수 없으며, 어떤 증세가 나타날지 알 수 없다. 불법으로 제조되는 경우가 많아 품질 관리가 이루어지지 않고 있어 불순물이 함유될 가능성이 크며, 이는 사용자에게 심각한 건강 위험을 초래할 수 있다.

2
합성대마의 진화 역사부터 부작용까지 총정리

- 합성대마란 무엇이며, 천연 대마와 어떤 차이가 있을까?
- 합성대마는 누가, 왜 만들었을까?
- 합성대마가 초래하는 부작용은?

⊙ 합성대마(Synthetic cannabinoids)

합성대마는 대마의 주 환각성분인 테트라하이드로칸나비놀(THC)과 유사한 환각 효과를 내는 합성 화학물질을 말한다. 자연적으로 자라는 대마초에 존재하는 성분인 THC와 유사한 작용을 하지만 인위적으로 만든 화학물질이라는 점에서 차이가 있다.

합성대마는 'K2'와 '스파이스(Spice)'라는 이름으로 잘 알려져 있으며, 이외에도 'herbal incense', 'legal high', 'incense blends', 'potpourri'와 같은 명칭을 사용된다. 합성대마 제품에는 다른 신종마약과 마찬가지로 규제를 피하기 위해 'not for human consumption' 또는 'research chemical' 등의 문구가 포장에 기재되어 있는 경우가 많다. 허브방향제 타입의 경우 비닐 팩 뒷면에 'herbal incense', 'not for human consumption' 및 'not for sale in the USA' 등의 문구가 기재되어 있다. 합성대마는 주로 방향제용 허브와 같은 일상적인 제품으로 위장하여 판매된다.

이러한 명칭 사용은 실제로 이러한 제품들이 마약 또는 향정신성 물질로 인식되지 않도록 하기 위한 전략의 일부이다. 합성대마의 남용

방법은 주로 흡연을 통해 이루어진다. 드물게는 정제나 분말 형태로 제조되기 때문에 정제, 분말이 압수되는 경우도 있다.

● **합성대마를 합성한 연구자들** 합성대마를 연구한 사람들이 많다. 그 중에 미국 마약남용연구소의 지원을 받은 클렘슨대학의 유기화학 연구팀이 가장 많이 알려져 있다. 존 윌리엄 허프만 교수가 이끄는 클렘슨대학의 유기화학 연구팀은 1984년부터 THC와 유사한 특성을 지닌 칸나비노이드 화합물을 합성하기 시작했다. 이 연구의 목적은 대마의 작용 메커니즘을 밝히는 것이었지만, 결과적으로 합성대마의 개발로 이어졌다. 허프만 교수는 이 분야연구의 선구자로, 자신의 이니셜을 사용해 'JWH 시리즈'라 명명된 합성대마를 개발했다. 그는 약 20년 동안 400종 이상의 합성대마 화합물을 개발하였다.

허프만 교수는 합성대마 화합물들을 순수하게 과학적, 의학적 연구 목적으로 개발하였으나, 이들이 현실 속에서 남용되면서 사회적으로 큰 문제가 되었고, 그 결과 허프만 교수 자신도 비난의 대상이 되었다. 그는 자신의 연구가 의도치 않게 마약 남용을 촉진하게 되면서 개인적으로 우려를 표현하기도 했다. 허프만 교수는 자신이 개발한 합성대마 중 JWH-018이 만들기 쉽고 작용이 강력하기 때문에 가장 많이 남용될 것이라고 예측했다. 실제로 JWH-018은 최초로 등장하여, 오랫동안 전 세계적으로 가장 많이 사용된 대표적인 합성대마로 군림하고 있다. JWH-018은 특히 강력한 환각 효과를 발휘하기 때문에 대마초와 비슷한 효과를 찾는 사람들 사이에서 인기를 끌고 있다.

합성대마 연구는 허프만 교수 외에도 여러 과학자들에 의해 진행되었다.

매사추세츠 주 보스턴에 위치한 노스이스턴 대학의 알렉산드로 마크리야니스 교수도 이 분야의 연구를 수행했다. 그는 칸나비노이드 화합물을 합성하고 이에 자신의 이니셜인 AM을 붙여 'AM 시리즈'라는 합성대마물질을 만들었다. 이러한 합성 물질은 초기에는 주로 칸나비노이드의 향정신성 작용 기전을 연구하는 데 사용되었다.

또한 1988년 이스라엘의 히브리 대학에서 라파엘 메쿨람 교수가 이끄는 연구 그룹도 비슷한 연구를 수행했다. 그들은 합성한 대마물질에 대학의 이니셜인 HU를 붙여 'HU 시리즈'라고 명명했다.

합성대마와 관련된 다양한 제품의 이름은 여러 가지 근원에서 유래되었다. JWH, AM과 같이 이니셜을 이용하기도 하고, HU와 같이 대학 이름을 쓰기도 했지만 일부는 화학명의 이니셜을 사용하였다.

예를 들어 APICA(N-(ladamantyl)-1-pentyl-1H-indole-3-carboxamide)는 특정 화학구조를 나타낸다. 또 다른 예로는 UR-144, A-836,339 등과 같이 특허 등록번호를 사용한 경우도 있다. 또한 AKB-48이나 2NE1과 같은 유명 여자 아이돌 그룹의 이름을 사용하는 경우도 있다. STS-135와 같이 미국 NASA의 우주왕복선 임무번호를 사용하는 경우도 있는 등 아주 다양하다.

● **합성대마의 증가와 변신** 2008년경부터 합성대마는 유럽과 일본 등지에서 허브 방향제로 처음 등장한 이후, 수와 종류가 급격히 증가하기 시작했다. 이러한 확산추세는 전세계적으로 관찰되었으며, 2009년부터 2014년까지 모니터링한 결과를 보면 합성대마의 출현속도는 놀랍다. 특히 합성대마 중에서도 JWH-018, JWH-073, JWH-250, JWH-082,

AM-2201 등이 주로 인지되었다. 이러한 화합물들은 JWH 시리즈와 AM 시리즈 등으로, 각각의 화합물이 갖는 특성과 환각 효과로 인해 매우 인기를 끌었다.

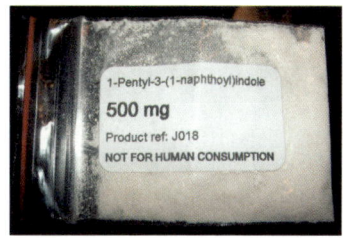

유통되는 JWH-018 제제

미국에서는 XLR-11 같은 새로운 합성 대마가 시장을 주도하는 시기도 있었다. 또한 2021년 미국마약수사청(DEA)의 보고에 따르면 2021년 상반기 동안 확인된 40종의 합성대마 중 MDMB-4en-PINACA가 38%로 가장 많은 비율을 차지했다.

한편 한국에서도 2008년 JWH-018이 발견된 이래로 지속적으로 새로운 합성대마 제품이 발견되고 있다. 한국 내에서의 합성대마 압수량은 2009년 30g에서 2010년에는 605g, 2011년에는 3,059g, 2012년에는 7,037g으로 급증했다. 이와 더불어 2016년부터 2019년까지 4년간 국립과학수사연구원(국과수)이 검출한 신종마약류 426건 중 315건(약 74%)이 합성대마류였다. 이는 합성대마가 한국 내에서 신종마약류 중 대부분을 차지하고 있음을 보여주었다. 다행히 2021년 들어서는 압수되는 양과 종류가 전반적으로 감소하였다.

● **합성대마의 놀라운 변신 속도** 2002년 이래로 여러 나라의 암시장에서 판매되어 왔던 K2와 스파이스에 함유된 성분이 무엇인지를 찾는 데까지는 6년의 시간이 걸렸다. 2008년에 독일의 한 제약회사가 'K2'와 '스파이스'라는 이름의 허브 제품에서 활성성분이 JWH-018이라는 것을 밝혔다. JWH-018 등 다양한 합성 칸나비노이드가 허브 제품의

주요 활성 성분으로 이용되고 있음을 규명한 중요한 발견이었다. 더 놀라웠던 것은 독일에서 JWH-018을 금지한 후에 나타난 상황이었다. JWH-018 금지 후 불과 4주 만에 당국이 압수한 제품에서 발견된 물질은 JWH-018이 아닌, 알킬기에서 탄소 하나가 적은 JWH-073이라는 새로운 합성 물질이었다. 이는 법적 규제를 우회하는 신속한 변화를 보여주며, 법망을 피해 가는 마약 제조자들의 능력을 드러내는 대표적인 사례였다.

● **합성대마의 특징 및 부작용** 합성대마는 젊은 연령층에서의 남용이 두드러지는 경향을 보이고 있다. 이는 다양한 요인에 의해 설명될 수 있다. 그 중에서도 접근성, 인지도, 그리고 인식의 문제가 중요한 역할을 한다. 미국의 사례를 살펴보면, 대마의 경우 사용자들의 평균 연령이 27세인 반면, 합성대마 사용자들의 평균 연령은 22세로 나타나, 젊은 층에서 합성대마가 더 널리 사용되고 있음을 보여준다. 이러한 나이 차이는 합성대마가 특히 젊은 사람들 사이에서 인기가 있음을 시사한다.

합성대마의 부작용으로는 충혈된 눈, 빈맥, 지각능력 변화, 균형감각 상실, 환각, 진정작용, 시간에 대한 관념 파괴 등이 알려져있다. 이러한 효과는 대마와 유사하지만, 합성대마는 경련, 공격성, 걱정 등의 부작용이 더 강하게 나타난다. 뿐만 아니라, 합성대마 복용으로 사망하는 사례가 발생하고 있다.

허프만 교수가 우려한 것처럼 대표적인 합성대마인 JWH-018는 심각한 의존성 및 금단 증상을 유발하는 것으로 알려졌다. 실제로 8개월 동안 매일 JWH-018을 사용한 사람이 대마를 복용한 사람보다 더 심각한 금단 증상을 겪었다. 이는 JWH-018의 강력한 효과와 높은 의존성 경향을 보여주는 사례였다. 또, JWH-018의 부작용으로 정신병 및 불안감의 재발이 보고되고 있었고, 실제로 2011년에는 미국의 한 대학 농구 선수가 JWH-018 약물 독성으로 사망한 사건이 있었다.

3
펜에틸아민류 이야기

- 펜에틸아민류란 무엇이며, 왜 주목해야 할까?
- 펜에틸아민류에는 어떤 물질들이 포함될까?
- 펜에틸아민류가 가진 독특한 특징은?

⦿ 펜에틸아민류(Phenethylamines)

펜에틸아민 화합물은 페닐기와 에틸아민기가 결합된 구조를 가진 화합물을 말한다. 자연적으로는 도파민, 노르에피네트린과 같은 신경전달물질로 존재한다. 중추신경계에 작용하여 다양한 약리 활성을 나타내기 때문에 의학적으로 여러 용도로 활용되고 있다. 주의력결핍 과잉행동장애 치료제, 식욕억제제, 기관지확장제, 진해거담제 등으로 사용되지만, 각성 및 환각 작용을 나타내어 남용될 위험이 있다. 대표적인 펜에틸아민류는 메트암페타민, 암페타민, MDMA가 있다.

그러나 신종마약으로 새롭게 등장한 펜에틸아민류는 환치환 물질인 2C시리즈와 D시리즈이다. 이들 약물은 법적 규제를 피하기 위해 새로운 화학적 변형을 거쳐 불법 시장에서 유통되고 있다.

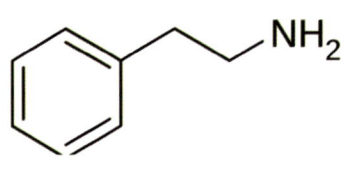

펜에틸아민 구조

펜에틸아민계 신종마약에서 가장 유명한 사람은 바로 엑스터시의 대부로 알려진 알렉산더 슐긴(Alexander Shulgin) 박사이다. 펜에틸아민계 신종마약의 합성과 연구에서 중요한 인물이다. 그의 저서인 『PiHKAL』은 1990년대 초반에 발간되어 펜에틸아민계 화합물의 합성 방법과 약리활성에 대한 상세한 정보를 제공하였다. 이 책은 신종마약의 확산에 큰 영향을 미쳤으며, 많은 연구자와 약물 불법 제조자들에게 이들 화합물에 대한 지침서 역할을 했다. 실험을 통해 179종의 신종 화합물을 합성하고, 그 중에서도 DOC, DOI와 같은 D시리즈 및 2C-T-2와 같은 2C시리즈를 개발하였다.

2C시리즈는 D시리즈와 화학적 구조가 비슷하면서도 약간의 차이가 있다. 2C시리즈는 복용량에 따라 저용량에서는 흥분 작용을, 고용량에서는 환각 작용을 나타내며, D시리즈는 비교적 작용 시간이 길고 효과가 강하다.

● **2C 시리즈** 2C 시리즈는 벤젠 고리에 두 개의 메톡시(-OCH$_3$) 그룹이 2번과 5번 탄소에 결합된 구조를 가진다. 일반적으로 2,5-디메톡시펜에틸아민(2C-H) 기반으로 다양한 치환기가 추가되어 화합물이 생성된다. 2C시리즈는 특히 시각적 환각을 유발하고 사회적 상호작용을 증가시킬 수 있는 효과를 나타내는 것으로 알려져 있다. 2C시리즈의 부작용으로는 심장 박동수 증가, 혈압 상승, 불안, 혼란, 신경과민 등이 보고되어 있다. 고용량 사용 시 심각한 정신적 문제나 신체적 위험이 따를 수 있고, 장기 사용 시 의존성과 내성이 생길 수 있다.

2C 시리즈에는 2C-B(4-브로모-2,5-디메톡시펜에틸아민), 2C-I(4-아이오딘-2,5-디메톡시펜에틸아민), 2C-E(4-에틸-2,5-디메톡시펜에틸아민)가 있다.

● **D시리즈** D시리즈는 펜에틸아민의 1,4-디헥소펜에틸아민(D-DOP) 기반으로 한 물질이다. 주로 페닐기와 다양한 치환기가 결합하여 독특한 향정신성 효과를 나타낸다. D시리즈 또한 강력한 환각 효과를 가진 것으로 유명하다. D시리즈의 부작용으로는 진전, 빈맥, 환각, 발작, 간 및 신장 기능 저하등이 보고되어 있고, 사망 사건도 보고되어 있다. 특히 PMMA와 PMA는 독성이 커서 사망의 원인으로 지목되고 있다. D시리즈에는 DOC(2,5-디메톡시-4-클로로펜에틸아민), DOI(2,5-디메톡시-4-아이오딘펜에틸아민), DOM(2,5-디메톡시-4-메톡시펜에틸아민)이 있다.

4
합성 케티논 이야기

- 합성 케티논이란 무엇이며, 기존 마약과 어떻게 다를까?
- 합성 케티논에는 어떤 물질이 포함될까?
- 강한 중독성과 극단적 행동 변화 합성 케티논의 위험한 부작용은?

⊙ 합성 케티논(Synthetic Cathinones)

합성 케티논(Synthetic Cathinones)은 천연 마약인 케티논(Cathinone)의 화학 구조를 변형하여 합성한 물질이다. 동부 아프리카와 중동에서는 오랫동안 사용된 카트 식물성분인 캐티논에서 유래되었지만 합성캐티논은 훨씬 더 강력한 효과를 나타낸다. 주로 '배스 솔트(Bath Salts)'라는 이름으로 불리며, 최근 몇 년간 전 세계적으로 남용 사례가 급증하면서 큰 사회적 문제로 대두되고 있다. 법망을 피하기 위해 화학구조를 다양하게 변형한 합성 케티논 성분은 'bath salt' 뿐 아니라 'research chemical' 등의 이름으로 유통되고 있다. 합성케티논은 메트암페타민, 암페타민과 화학적 구조가 유사한 케토-펜에틸아민이며, 이들 물질은 암페타민류의 동족체이다. 케티논, 메스케티논, 메틸론은 각각 암페타민, 메트암페타민, MDMA의 베타-케토 치환 합성 버전이다.

2000년대 중반에 합성 케티논이 마약 시장에 처음 나타나기 시작했다. 2005년에는 MDMA의 동족체인 메틸론이 유럽에서 처음으로 등장했고, 2007년에는 이스라엘에서 메스케치논의 유사체인 4-메틸메스케치논

MDPV 구조

(4-MMC), 즉 메페드론이 처음 등장했다. 가장 눈에 띄는 합성케티논으로는 피로발레론 동족체인 MDPV가 신종마약으로 주목받고 있다. MDPV는 1969년에 처음 합성되었지만, 2007년에 합성마약으로서의 뒤늦게 등장하면서 마약 시장에서 큰 문제를 야기하고 있다. MDPV는 매우 강력한 흥분제로, 신체에 심각한 부작용을 초래할 수 있으며, 중독성이 빠르고, 오남용 위험이 높아 큰 우려를 낳고 있다. 2021년 미국마약수사청에 따르면 케티논이 105종 압수되었는데 유틸론(Eutylone, N-ethylbutylone)이 78종으로 1위를 차지 했다.

합성 케티논의 신체적 부작용으로 심박수 증가, 혈압 상승, 체온 조절 불능, 탈수, 근육 경련, 발작 등이 나타날 수 있다. 정신적 부작용으로는 불안, 편집증, 환각, 심한 경우 정신병적 상태에 이를 수 있다. 반복 사용 시 신체적, 정신적 의존성이 형성될 수 있으며, 중독상태에 빠지기 쉽다. 이와 더불어 과다 복용 시 심장 마비, 뇌졸중, 체온 상승 등 생명을 위협하는 치명적인 상황이 발생할 수 있다.

메트암페타민, MDMA와 독성작용을 비교할 때 흥분, 안락감, 빈맥, 편집증까지는 비슷하지만 합성 케티논의 경우 환각, 경련, 사망까지 나타나는 등 독성은 더 강하다. 합성 케티논에 의한 사망사건은 2008년 스웨덴에서 메페드론에 의해 발생했고, 메데드론, 부티론에 의한 사망사고도 있었다. 합성 케티논은 구강섭취, 흡연, 직장투여, 정맥투여 등의 방법으로 섭취된다.

● **좀비 상태를 유발하는 신종마약** 신종마약 중 합성 케티논 일부는 매우 강력한 환각 작용을 일으켜서 극단적인 행동 변화와 심각한 정신적 영향을 일으켜 좀비마약으로 불린다. 이러한 신종 마약은 신체에 미치는 영향이 매우 심각하여, 사용자가 극도의 폭력성을 나타내거나 자해 행위를 하는 등 비정상적인 행동을 한다.

또한 2012년 미국 마이애미사건에서 31세 남성이 노숙자의 얼굴을 심하게 훼손한 사건이 있었고, 미국 플로리다에서는 신혼부부를 살해한 범인이 신혼부부의 살을 뜯어먹는 사건이 발생했다. 또한 35세의 여성이 3살의 자기 아이를 폭행하고 애완견을 죽인 다음 나체로 활보를 하는 사건도 발생했다.

2016년 호주 골드코스트에서 발생한 사건은 합성마약, 특히 '좀비마약'이라 불리는 신종 합성물질의 위험성을 드러내는 충격적인 사례였다. 약물을 복용하고 36시간 동안 16명이 나체로 거리를 활보하고, 달리는 차에 뛰어들기도 하고, 발코니에서 점프를 하는 등 심한 발작과 환각작용을 나타내는 사건이었다.

이들 사건은 모두 신종마약의 복용과 관련이 있다. 가해자들이 복용한 것은 배스솔트(bath salt) 라는 이름으로 유통되는 신종마약이었다. 이들이 복용한 약물은 MDPV(메틸렌디옥시피로발레론, methylenedioxypyrorvalerone)와 플래카라고 불리우는 알파-피브피(α-pyrrolidinovalerophenone, α-PVP) 였다.

이 약물들은 엑스터시보다 10배 강한 환각 효과를 갖고 있고 작용이 장시간 지속되는 특징이 있다. 따라서 약물을 복용하면 사용자의 정신 상태는 극단적인 변화를 일으킨다. 또한 체온 상승과 같은 심각한 신체적 반응을 초래하여 사용자는 본능적으로 옷을 벗고, 공공장소에서의 부적절한 행동을 하게 된다. 또한, 이 약물은 사용자가 자신의 행동을 통제하는 능력을 잃게 만드는 경우가 많다. 극단적인 상황에서는 심한 정신혼란 상태에 빠질 수도 있다. 예를 들어 사용자가 경찰서를 자발적으로 찾아가거나 사탄이라고 외치며 돌아다니는 등의 행동을 보일 수 있다. 이러한 행동은 사용자가 현실과 환각을 구분하지 못하는 상태에서 발생하게 된다.

5
피페라진류 이야기

- 피페라진류란 무엇이며, 어떻게 마약으로 사용될까?
- 피페라진류에는 어떤 물질들이 포함될까?
- 각성 효과부터 정신 착란까지, 피페라진류의 위험한 부작용은?

⊙ 피페라진류(Piperazines)

피페라진류는 피페라진 고리를 기본 구조로 하는 화합물 군으로, 이 고리는 6원자고리에 두 개의 질소 원자가 포함된 형태이다. 피페라진은 자연적으로 페퍼 식물에서 발견되며, 19세기 후반에 처음 합성되었다. 이후 항히스타민제, 항우울제 등 다양한 의약품의 기초 구조로 활용되며 의학 분야에서 중요한 역할을 해왔다.

피페라진류는 기본 피페라진 고리에 다양한 치환기가 결합하여 여러 종류로 나뉜다. 대표적인 예로는 항히스타민제인 클로르페니라민, 항우울제인 플루옥세틴, 그리고 오락적 용도로 남용되는 여러 합성 피페라진류 약물이 있다. 각 화합물은 치환기의 종류와 위치에 따라 약리적 특성이 달라진다.

일부 피페라진류는 기분 전환제나 흥분제로 오용되어 오락적 목적으로 남용된다. 합성 피페라진류는 신종마약으로 분류되어 법적 규제를 받는다. 피페라진류는 중추신경계에 강력한 영향을 미쳐 각성, 흥분, 기분 변화를 유발한다.

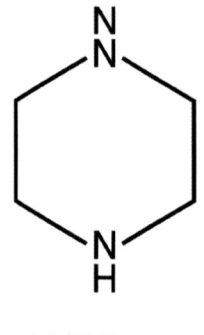

피페라진 구조

대표적인 신종마약에 속하는 피페라진은 벤질피페라진(Benzylpiperazine, BZP)이다. MDMA 등 기존 club drug에 대한 규제가 강화됨에 따라 이의 대체 약물로서 BZP가 사용되었는데 미국에서 1996년도에 최초로 적발되었다. 페닐피페라진(Phenylpiperazine)과 1-(3-Trifluoromethylphenyl) piperazine(TFMPP) 등 피페라진계 신종남용물질의 남용사례가 지속적으로 발견되고 있다. BZP 등의 경우 암페타민과 유사한 환각 효과를 나타내며 TFMPP 등과 같이 Phenyl ring에 치환기가 붙은 경우 MDMA와 유사한 환각효과를 나타내는 것으로 알려져 있다. 피페라진류는 사용 시 신체적 부작용으로는 두통, 어지러움, 혈압 변동, 심박수 증가 등이 있으며, 정신적 부작용으로는 불안, 혼란, 환각 등이 발생할 수 있다. 장기 사용 시 의존성과 중독성이 생길 수 있으며, 과다 복용 시 심각한 심장 문제나 호흡 억제 등의 치명적 위험이 있다.

6
트립타민류 이야기

- 트립타민류란 무엇이며, 왜 환각제의 핵심으로 불릴까?
- 트립타민류에는 어떤 물질들이 포함될까?
- 의식 확장인가, 정신적 위험인가? 트립타민류의 부작용은?

⊙ 트립타민류(Tryptamines)

트립타민류는 자연적으로 발생하는 신경전달물질 세로토닌(Serotonin, 5-HT)의 구조를 기반으로 한 화합물군이다. 마약버섯(Magic mushroom)의 환각성분인 사일로신(Psilocin) 및 사일로사이빈(Psilocybin) 등 다양한 트립타민계 화합물이 천연물에 존재한다. 인간의 중추신경계에서도 중요한 역할을 한다.

트립타민은 인돌 고리와 에틸아민 사슬을 포함하는 구조를 가지고 있다. 이 기본 구조에 다양한 치환기가 결합하여 다양한 트립타민 유도체가 생성된다. 1950년대 이후 화학자들은 트립타민의 구조를 변형하여 다양한 향정신성 물질을 합성하게 되었고, 이는 심리학 연구와 오락적 용도로 널리 사용되었다.

대표적인 트립타민으로는 DMT(디메틸트립타민), LSD(리세르그산 디에틸아미드), Psilocybin(사일로사이빈) 등이 있다. 합성된 트립타민계 신종남용물질의 약리학적 특성은 인돌모핵과 곁사슬의 치환기에 따라 큰 영향을 받는 것으로 알려져 있다.

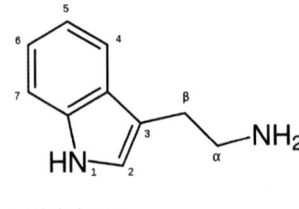

트립타민 구조

트립타민류의 부작용으로는 강한 환각, 혼란, 불안, 공황 발작 등이 있으며, 고용량 사용 시 심각한 정신적 스트레스와 정신병적 증상을 유발할 수 있다. 신체적으로는 혈압 상승, 심박수 증가, 구토, 현기증 등이 나타날 수 있으며, 장기 사용 시 심리적 의존성이 형성될 수 있다.

트립타민의 경우도 알렉산더 슐긴의 TiHKAL(Tryptamines I have known and loved)의 출판으로 합성법 및 약리작용등이 일반에게 널리 알려지는 계기가 되었다. 그는 트립타민류 화합물에 대한 상세한 합성법, 효과, 경험 등을 기록하였다. 슐긴은 새로운 트립타민을 합성하고 그 효과를 체계적으로 연구함으로써 향정신성 약물의 과학적 이해를 증진시켰다. 그의 연구는 약물 안전성, 법적 규제 논의에도 영향을 미쳤으며, 현대 약리학과 심리학 연구에 중요한 기반을 제공하였다.

그러나 이 방법을 악용한 불법제조자들이 신종마약을 만들어 남용 문제가 발생하면서 비난의 대상이 되었다.

7
알킬니트리트류 이야기

- 알킬니트리트류란 무엇이며, 어떻게 사용될까?
- '팝퍼스(Poppers)'라는 이름으로 유통되는 알킬니트리트, 그 정체는?
- 일시적 쾌감 뒤에 숨은 위험—알킬니트리트류의 부작용은?

◉ 알킬니트리트류(Alkyl nitrites)

알킬 니트리트류는 알킬기(R)가 니트리트기(-ONO)와 결합된 구조를 가지고 있다. 대표적인 예로는 아밀 니트리트(Amyl nitrite), 부틸 니트리트(Butyl nitrite), 이소프로필 니트리트(Isopropyl nitrite) 등이 있다. 이들은 휘발성이 높아 쉽게 증발하며 흡입을 통해 빠르게 효과를 발휘한다.

알킬 니트리트류는 1844년대에 협심증 치료제로서 개발되었다. 당시 혈관 확장제로 사용되었으나, 곧 향정신성 효과로 인해 오락적 용도로도 사용되기 시작했다. 특히 1960년대부터 클럽 문화와 함께 대중화되었다. 흡입 시 환각작용을 유발하는 것이 알려지며 남용이 확산됨에 따라 미국, 일본, 유럽 등에서 법적으로 규제하고 있다. 우리나라에서도 2013년 최초로 임시마약류로 지정된 후 2019년 다시 임시마약류로 재지정되었다. 오락적 용도로는 주로 성적 흥분을 증진시키거나 파티 분위기를 조성하는 데 사용된다.

러쉬, 정글쥬스, 블루보이 라는 별칭으로 남용되는 알킬니트리트류는 'poppers', 'rush', 'bolt' 등으로 표기된 작은 유리병에 담겨 '비디오 헤

유통되는 Poppers 제제

드크리너(Video Head Cleaner)', '가죽 크리너(Leather Cleaner)' 등으로 유통되나 실제로는 남용 목적으로 제조, 판매된다.

최근 5년간 국과수 감정 결과 60여 종의 현장 증거물에서 n-프로필 니트리트, 이소프로필 니트리트, n-부틸 니트리트, 이소부틸 니트리트, n-펜틸 니트리트, 이소펜틸 니트리트 등 6종의 알킬 니트리트류가 검출되었다. 일반적으로 poppers 제품은 유리병의 외부에 표기된 라벨과 병 안에 든 구형 또는 원주형 조각을 통해 식별하지만 'jungle juice' 및 'ram' 등으로 표기된 제품 중 알킬 니트리트류가 일부에서만 검출되고 다른 제품에서는 검출되지 않는 경우가 있었다.

알킬 니트리트류 남용물질은 체내에서 빠르게 대사되어 알코올로 배설되는데 이들 알코올 화합물은 규제대상이 아니어서 피의자가 부인할 경우 남용여부 입증에 어려움이 있을 수 있다.

알킬 니트리트류의 흡입은 일시적인 혈압 강하, 두통, 어지러움, 메스꺼움 등을 유발할 수 있다. 장기 사용 시에는 빈혈, 신경 손상, 시력 장애 등의 심각한 건강 문제가 발생할 수 있다. 또한, 급격한 혈압 강하는 실신이나 심장마비의 위험을 증가시킨다.

8
신종마약, 법으로 막는법: 주요 대응 전략

- 신종마약을 규제하는 법률에는 무엇이 있으며, 얼마나 효과적일까?
- '임시마약류'란 무엇이며, 신종마약 대응에 어떻게 활용될까?
- 빠르게 진화하는 신종마약, 현행 법률로 충분히 대응할 수 있을까?

⦿ 임시마약류의 지정

임시마약류의 지정은 국내 유입되는 신종마약을 신속하게 규제하여 국민 건강을 지키고, 법적제재를 적시에 적용하여 유통과 사용을 억제할 목적으로 실시된다. 즉 임시마약류로 지정되면 정식 마약류로 분류되기까지 법적대응이 가능하게 된다.

임시마약류로 지정이 되는 과정은 관세청, 경찰, 국립과학수사연구원등에서 신종마약의 유입이나 사용사례에 따라 발생보고를 하면서 시작된다. 발생보고를 받으면 식품의약품안전처등 관련기관에서는 물질의 위험성을 과학적으로 평가한다. 이 결과에 따라 정부는 임시마약류로 지정할지 여부를 결정한다. 이후 공포를 통해 국민에게 알리고, 즉각적인 규제가 시행된다. 임시마약류로 지정되면 추가적인 연구와 검토를 통해 마약류로 전환되거나 규제를 철회할 지 여부가 일정시간 내에 결정된다. 마약류로 전환 또는 철회여부 결정 기간이 2011년에는 1년이었으나 2014년부터는 3년으로 연장되었다.

국내에서 최초로 2011년 임시마약으로 지정된 물질은 MDPV였고,

2012년 12월 마약류로 전환되었다. 좀비마약으로 알려진 알파 PVP는 2013년 5월에 임시마약으로 지정된 후 그해 12월에 마약류로 전환되었다.

신종마약이 급증함에 따라 2016년에는 258종이 임시마약으로 지정되었고, 62종이 마약류로 분류되었다. 2017년에는 158종이 임시마약으로 지정되었고, 62종이 마약류로 분류되었다. 현재 임시마약류에는 2024년 7월 현재 124 종이 있다.

⊙ 포괄적 마약규제 및 유사물질 규제 체계 채택

신종마약류에 효율적으로 대응하기 위해 두가지 중요한 법률이 전세계적으로 적용되고 있다. 특정화학구조를 기반으로 신종마약류를 분류하는 포괄적 마약 규제 법률(generic system)이 있고, 유사물질 규제(Analog system)가 있다. 포괄적 마약 규제 법률은 유사한 화학 구조나 작용 기전을 가진 물질들을 하나의 범주로 묶어 규제하는 접근법이다. 예를 들어, 암페타민 계열의 약물이 모두 동일한 규제 범주에 포함되는 것이 이에 해당한다. 이 체계의 장점은 새로운 물질이 등장했을 때 기존의 분류 기준을 적용하여 신속하게 규제할 수 있다는 점이다. 그러나 화학 구조의 유사성만으로 분류되기 때문에, 구조는 다르지만 유사한 효과를 가진 물질은 규제할 수 없다는 문제점이 있다. 포괄적 마약 규제 법률 체계를 적용한 일본의 사례에 따르면 2016년 신종마약 전체를 한가지 약물씩 규제하는 경우는 241종만 규제할 수 있는데 반해 포괄적 마약 규제 법률을 적용하면 합성대마는 772종, 합성캐티논은 1,335종을 규제할 수 있다고 하였다.

유사물질 규제는 기존에 규제되는 마약과 유사한 효과나 작용을 보이는 물질을 분류하는 방식이다. 이 체계는 약리학적 특성, 효과, 남용 가능성 등을 종합적으로 고려한다. 예를 들어 기존 마약과 유사한 환각 효과를 나타내는 새로운 물질이 등장하면, 그 물질은 기존 마약의 유사물질로 간주되어 규제할 수 있다. 이 방법은 화학 구조가 다르지만 유사한 위험성을 가진 물질을 효과적으로 규제할 수 있다는 장점이 있다. 그러나 유사성을 판단하는 기준이 주관적일 수 있다는 단점도 있다.

우리나라는 두 가지 체계를 적절하게 활용하여 신종마약의 유입을 억제하고 있다.

4장

대마와 대마초: 하나의 식물, 다양한 얼굴

1
대마초와 헴프의 과학: 성장부터 산업적 활용까지

- 대마초와 대마, 같은 식물이지만 왜 구분될까?
- 대마초와 헴프, 단순한 이름 차이일까, 본질적으로 다른 물질일까?
- 헴프씨(햄프씨드)는 정말 안전할까?

대마와 대마초의 정의는 법적으로 구체화 되어있다. '마약류 관리에 관한 법률'에 따르면, '대마'는 대마초를 포함하여 그 수지, 그리고 이들을 원료로 제조된 모든 제품을 아우르는 넓은 범위를 가리킨다. 반면, '대마초'는 구체적으로 Cannabis Sativa L. 종을 지칭한다. 또한 대마초와 수지에서 추출한 성분과 화학적으로 동일한 합성물질도 대마에 포함되며, 이를 함유하는 모든 혼합물질과 혼합제제 역시 마찬가지이다.

그러나 대마초의 종자, 뿌리 및 성숙한 대마초의 줄기와 그로부터 제작된 제품은 대마 분류에서 제외된다.

◉ 대마초에 대한 이해

대마초는 뽕나무과에 속하는 일년생 목초로, 일반적으로 1~3m 정도 자라며, 줄기는 둔한 4각형이고 부드러운 털이 난다.

원산지는 중앙아시아이며, 일조량이 많은 덥고 건조한 기후에서 잘 자라 서아프리카, 중미, 동남아시아 등지에서도 널리 재배된다. 미국, 캐나다, 멕시코 등의 나라에서도 자라고, 실내외를 막론하고 재배된다.

● **대마초의 성장과 구조**   대마초는 은행나무처럼 암수가 분리되어 있으며, 꽃은 담녹색으로 7~8월에 피며, 수꽃은 원추화서로, 암꽃은 수상으로 나타난다. 잎은 가지 줄기의 마디에 한 장씩 붙어 있으며, 한 개의 잎자루에는 3~9개의 작은 잎이 방사형으로 붙어 있다.

● **대마잎의 현미경적 관찰**   대마잎은 현미경 하에서 그 특유의 형태를 드러낸다. 200~500배율의 현미경을 사용하여 관찰하면, 두 유형의 털(강모와 선모)이 확인된다: 강모는 식물체의 껍질 세포가 변형되어 빳빳하고 끝이 뾰족하게 발달한 털이며, 끝에는 탄산칼슘의 결정체가 형성되어 있다.

반면, 선모는 수지와 정유를 함유하고 있어 대마초의 특징적인 화학 성분을 포함한다. 이러한 미세 구조적 특성은 대마초의 식별에 중요한 역할을 한다.

● **테트라하이드로칸나비놀(THC)의 분포**   대마초에서 향정신성 효과를 나타내는 주요 활성 성분인 테트라하이드로칸나비놀(THC)은 주로 암그루의 화서부위에 집중되어 있다.

이 성분은 식물의 재배 환경과 수확 시기에 따라 그 함량이 변할 수 있다. THC 함량에 따라 대마잎은 세 가지 등급(0~1%, 1.1~2.8%, 2.9~4.8%)로 분류된다. 이 함량은 기후, 수확 시기, 처리 과정 및 보관 조건 등 다양한 요인에 따라 달라질 수 있다.

● **대마초의 명칭과 용도**   일반적으로 대마초를 '칸나비스'라 부르며, 잎

과 꽃술부분을 건조한 것을 '마리화나', 섬유를 위주로 언급할 때는 '헴프'라고 한다. 마리화나와 헴프는 동일한 식물에서 유래하지만, 테트라하이드로칸나비놀(THC)의 함량에 따라 구분된다. 미국에서는 THC 함량 1% 이상이면 마리화나, 0.3% 이하면 '헴프'로 분류한다. 헴프는 대마 식물을 건조할 때 건조 중량 기준으로 THC 함량이 0.3% 미만인 경우를 지칭한다.

● **대마초의 부위별 명칭 및 은어** 대마초의 각 부위는 전통적인 중국어 명칭을 가지고 있다. 잎은 '마엽(麻葉)', 뿌리는 '마근(麻根)', 종자는 '마자인(麻子仁)'으로 불린다. 이 중에서 마근과 마자인은 주로 약용으로 활용되고 있다.

서양에서는 대마초를 지칭하는 다양한 은어가 사용된다. 가장 널리 알려진 은어로는 'Aunt Mary', 'Ganja', 'Grass', 'Herb', 'Joint', 'Mary Jane', 'Sinsemilla', 'Weed' 'Pot' 등이 있다.

● **헴프의 산업적 활용** 헴프는 향정신성 효과가 거의 없어 오락용으로는 사용되지 않고 섬유, 종이, 식용유, 화장품 등 다양한 산업용으로 활용된다. 헴프 섬유는 직물 제조에 오래전부터 사용되어 왔으며, 최근에는 원예재배, 친환경 천연 섬유, 특수 펄프, 토목용 섬유 등 다양한 분야에서 사용되고 있다. 한국에서는 전통적으로 삼베옷의 원료로 쓰이고 있다. 연료, 페인트, 플라스틱, 윤활유, 단열재 등 다양한 건축 자재로도 사용되고, 특히 헴프 펄프로 만든 종이는 그 강도가 높으면서도 유연성을 유지해 종이 산업에서 중요한 역할을 한다.

대마 씨앗

● **헴프씨드(대마씨앗)의 다양한 활용**

헴프씨드(대마씨앗)는 식용유로서 샐러드 오일, 두부, 맥주 제조에 활용된다. 또한, 20세기 후반부터 비누, 샴푸, 마스크팩 등 다양한 화장품 원료로도 사용되고 있다. 헴프오일(대마씨유)은 그 영양 가치와 피부에 유익한 특성으로 인해 뷰티 산업에서 주목받고 있다.

한국에서도 헴프씨드와 헴프오일의 사용이 확대되고 있다. 대마씨나 대마씨유를 판매하기 위해서는 엄격한 THC 함량 기준을 준수해야 하는데, 대마씨는 5mg/kg 이하, 대마씨유는 10mg/kg 이하의 THC 함량이 기준이다. 식품의약품안전처에서는 헴프(환각성분인 Δ9-THC가 0.3% 미만인 대마)의 씨앗인 헴프씨드를 '껍질이 완전히 제거된 씨앗'으로만 제한하여 판매가 허가되는데, 이때 판매 가능한 THC 함유량 기준은 대마씨(Hemp seed)가 5mg/kg 이하, 대마씨유(Hemp seed oil)는 10mg/kg 이하이며, CBD 함유량 기준은 대마씨가 10mg/kg 이하, 대마씨유에서 20mg/kg 이하이다.

2
대마수지의 모든 것: 특성에서 생산지까지 한눈에

- 대마수지란 무엇이며, 대마초와 어떻게 다를까?
- 대마수지는 어떻게 추출·제조되며, 그 과정에서 무엇이 중요한가?
- 대마수지의 대표적인 생산지는 어디일까?

⊙ 대마수지(Cannabis Resin)란 무엇인가?

대마수지는 대마초의 꽃과 다른 부위에서 발견되는 작은 털, 즉 트리코메(Trichome)에서 분리된 대마 성분의 농축물이다. 이 농축물은 '해시시(Hashish)' 또는 간단히 '해쉬(Hash)'라고도 불린다. 대마 수지는 순수한 형태의 수지와 불순물이 포함된 수지 모두를 포함한다.

● **대마 수지의 제작 과정** 대마초 꽃의 표면에 있는 작은 털인 트리코메에는 주요 효과를 나타내는 고농도의 칸나비노이드가 함유되어 있다. 따라서 이를 만들기 위해서는 다양한 방법이 활용되고 있다.

작은 털이 붙어 있는 꽃 부분

● **기계적 분리 방법** 대마초 식물을 건조시킨 후, 체를 이용해 트리코메를 분리한다. 이 과정에서 건조한 식물에서 트리코메가 떨어져 나와 분말 형태의 수지가 생성된다.

● **화학적 추출 방법** 알코올을 이용하여 대마초의 털을 식물로부터 화학적으로 분리한다. 이 방법은 트리코메에서 칸나비노이드를 효율적으로 추출할 수 있다. 얼음물을 사용하여 식물에서 털을 분리하는 방법도 있다. 이는 저온에서 트리코메를 더욱 쉽게 분리할 수 있기 때문이다.

유통과정의 대마수지 일부

● **대마 수지의 최종 형태** 제작된 대마 수지는 두 형태로 나타날 수 있다. 건조 및 체 분리 과정을 거친 결과로, 고운 분말 형태의 수지가 된다. 이와는 달리 알코올이나 얼음물로 추출하면 끈적끈적한 수지 상태로 변한다.

대마 수지는 종종 케이크나 벽돌 형태로 제조되는데, 이러한 형태는 제품에 상표를 찍어 식별하기 용이하게 한다. 일반적으로 이러한 제품은 약 250g 단위로 만들어진다. 저장 및 운송을 편리하게 하며, 사용자가 소량으로 나누어 사용하기 쉽게 한다.

해시시의 THC(테트라하이드로칸나비놀) 함량은 그 원산지와 사용된 대마의 종류(품종)에 따라 다양하다. 그러나 평균적으로 일반 대마초보다 향정신성 효과가 8~10배 강하다고 알려져 있으며, THC 함량은 대략 0.5%에서 최대 22%까지 범위이다.

● **대마수지의 생산 지역** 해시시는 전 세계 여러 지역에서 제작되나 인도, 중동, 모로코, 파키스탄, 멕시코, 카리브해 등에서 주로 생산된다. 해시

시는 특징적인 황색에서 흑갈색 사이의 색을 띠고, 끈적끈적한 분말 형태를 갖는다. 추출된 수지를 건조시킨 후 뭉친 것으로, 강한 향과 함께 특유의 냄새를 풍긴다. 각 지역에서 생산되는 해시시는 독특한 제조 방식을 갖추고 있어, 지역에 따라 다양하며, 색상에 따라 생산지를 구별할 수 있는 독특한 특징이 있다.

검은색 해시시는 네팔, 아프가니스탄, 파키스탄에서 주로 생산되고, 강한 효과와 짙은 향을 가지고 있다. 갈색 해시시는 모로코에서 생산되며, 부드러운 향과 효과를 나타낸다. 적색 해시시는 레바논에서 생산되며, 고품질로 알려져 있고 특유의 적색을 띤다.

3
대마의 화학적 구성: 주요 화합물과 그 역할

- 대마에서 법적으로 규제되는 성분은 무엇일까?
- 대마의 환각 효과를 유발하는 핵심 성분은 무엇일까?
- 대마 성분 중 의료용으로 사용되는 것은?

⊙ 대마의 성분

대마초에서 파생된 화학 구조를 가진 다른 화합물들을 칸나비노이드라고 총칭한다. 이들 중 약 120여 종의 칸나비노이드가 알려져 있는데 이렇게 많은 칸나비노이드 중 대통령령으로 정한 화학적 합성품은 세가지이다. 대마초, 수지에서 생산되는 성분과 동일한 Δ9-THC(델타-9-테트라하이드로칸나비놀), 칸나비놀(CBN)과 칸나비디올(CBD)이다. 또한 이들의 염 및 이성질체 또는 이성질체의 염도 포함된다.

● **Δ9-THC(델타-9-테트라하이드로칸나비놀)** 대마초에서 가장 중요한 활성 성분은 Δ9-THC(델타-9-테트라하이드로칸나비놀)이다. Δ9-THC는 대마초의 주된 향정신성 효과를 나타내는 성분으로, 1964년 이스라엘의 과학자에 의해 대마에서 처음 분리되었다. Δ9-THC는 무색의 기름상 물질로, 비점은 약 155~157℃(0.05㎜Hg)이다. Δ9-THC에는 4개의 광학 이성질체가 있지만, 천연적으로 발견되는 것은 한 종류뿐이다. 그 외에 Δ8-THC와 Δ10-THC와 같은 이성질체들도 존재하며,

이들은 9-THC와 유사한 화학 구조를 가지지만 화학적 특성이나 생리적 효과에서 차이를 보인다.

●**칸나비놀(CBN)** 칸나비놀, 또는 CBN은 대마초의 성분 중 하나로, THC가 산화되면서 자연적으로 형성되는 화합물이다. CBN은 THC보다 약한 향정신성 효과를 가지지만, 수면 유도 효과가 있어 수면 장애를 가진 사람들에게 효과적일 수 있다. 또한, 항균성, 항염증성 특성을 가지고 있어 다양한 의학적 용도로 연구되고 있다.

●**칸나비디올(CBD)** 칸나비디올, 또는 CBD는 대마초에서 발견되는 또 다른 주요 화합물로, THC와는 달리 향정신성 효과가 없다. 이 성분은 다양한 건강 문제에 대한 치료제로 크게 각광받고 있으며, 특히 항염증, 항불안, 항경련 작용 등의 효과로 인해 의학적으로 매우 유용하게 사용된다.

최근 연구에서는 CBD가 신경 보호 특성 및 항암 효과를 가질 수 있다는 증거도 제시되고 있다.

4
액상 대마와 대마 카트리지: 국내로 스며드는 새로운 위험

- 액상 대마란 무엇이며, 기존 대마와 어떻게 다를까?
- '대마 카트리지'란 무엇이며, 왜 빠르게 확산되고 있을까?
- 액상 대마가 급증하는 이유는?

⊙ 액상 대마는 무엇인가?

액상형 대마는 다양한 형태로 제조되며, 그 주성분인 THC의 함량이 상당히 높게 나타날 수 있다. 천연 대마 추출물과 합성 대마 액상의 유형으로 나눌 수 있다. 액상형 대마는 높은 THC 함량으로 인해 효과가 강력하여, 남용 또는 부적절한 사용시 심각한 부작용을 초래할 수 있다.

● **천연 대마 추출물(액상 THC)** 직접 대마 식물에서 THC를 추출하여 만든다. 일반적으로 알코올 같은 용매를 사용하여 대마에서 활성 성분을 추출하고, 이를 증발시켜 농축시키는 방식이다. 천연 대마에서 추출한 액상 THC는 THC 농도가 매우 높아질 수 있다. 심한 경우 THC 농도가 90%에 이르는 경우도 있다.

● **합성 대마 액상** 신종 마약의 일종인 합성 대마를 실험실에서 화학적 방법으로 합성해 액상형태로 만든 것이다. 합성 대마는 천연 대마와 화학적 구조는 비슷하지만, 제조 과정이나 부작용에서 차이가 날 수 있다.

● **사용방법** 액상형 대마를 2-3 방울 혀 아래에 떨어뜨려 직접 점막을 통해 흡수하는 방식이 있다. 이 방법은 대마의 활성 성분이 소화 시스템을 거치지 않고 빠르게 혈류로 직접 흡수되기 때문에 빠른 효과를 기대할 수 있다.

대마카트리지

증기화 흡입(Vaping)법으로 전자담배(Vape pen 또는 Vape cartridge)를 사용하여 액상 대마를 기체화시켜 흡입하는 방법도 있다. 이는 흡연에 비해 건강에 덜 해롭다고 여겨지고 있다. 빠른 효과와 휴대성이 높은 장점을 가지며, 향과 맛도 다양하여 사용자의 선호에 맞게 선택할 수 있다. 액상 대마를 음식이나 음료에 몇 방울 떨어뜨려 섭취하는 방법도 있다. 이 방법은 대마의 효과가 나타나기까지 시간이 다소 걸리지만, 효과는 오랫동안 지속될 수 있다.

◉ 대마카트리지는 무엇인가?

대마카트리지는 전자담배 기기에 사용되는 특수한 부속품이다. 이 카트리지는 전통적인 니코틴 액상이 아닌, 액상 상태의 대마를 담는 용기로 설계되었다. 사용 방법은 전자담배와 유사하며, 사용자는 기기로 액상 대마를 가열하여 생성된 증기를 흡입한다.

대마 카트리지는 여러가지 요인으로 인해 사용이 급증되고 있다. 휴대가 용이한 편리성이 있고, 다양한 크기와 THC 또는 CBD의 농도로 제공되기 때문에 용량과 농도를 조절할 수 있다. 전자담배를 사용하는 방식으로 대마를 흡입하면 전통적인 흡연 방식에 비해 냄새와 연기가 적게 발생한다. 증기를 통해 대마의 활성 성분이 폐로 직접 전달되기 때문에, 효과가 빠르게 나타난다.

● **대마카트리지 국내 유입의 급증** 세관 통계에 따르면 전자담배용 대마카트리지의 적발 건수와 압수량이 급증하고 있다. 2019년 7월까지 적발 건수는 전년 대비 4배 증가하여 총 173건에 달했으며, 대마카트리지 압수량은 7.9㎏에 이르렀다. 2016년 대비 5년간 대마카트리지 적발 건수가 3.5배 증가하였다. 2019년에서 2020년 사이에도 대마카트리지 적발이 14.8% 증가하였다. 이는 전 세계적으로 전자담배와 대마 제품의 사용이 증가하고 있으며, 이에 따른 불법 유통도 늘어나고 있음을 시사한다.

대마카트리지의 가격은 1그램당 5~20만 원 범위로 농도에 따라 가격 차가 크다. 그러나 일반 대마초가 1그램에 2~5만 원인데 비하면 훨씬 비싸게 거래된다. 대마카트리지가 비싼 이유는 높은 농도의 THC를 함유하고 있고, 대마카트리지를 제조하는 과정은 복잡하며, 특정 기술이 필요하기 때문이다. 대마카트리지의 유통과 판매는 법적 리스크를 수반하기도 하여 고가정책을 유지하고 있다. 따라서 우리나라에서도 가격이 고가이기 때문에 경제적으로 여유가 있는 재벌 자녀들이나 부유층이 반입하는 사례가 지속되고 있다.

5
대마의 두얼굴: 규제속 의료용 대마의 가능성

- 어떤 나라들이 대마를 합법화했으며, 그 이유는 무엇일까?
- 의료용 대마란 무엇이며, 일반 대마와 어떻게 다를까?
- 의료용 대마에는 어떤 제품들이 있을까?

⦿ 대마의 규제 현황

대마(마리화나)는 세계에서 가장 널리 남용되는 물질 중 하나로, 각국에서는 이에 대한 규제가 매우 다양하게 적용되고 있다. UN은 1961년에 체결된 단일조약을 통해 대마초와 대마수지를 규제 물질로 분류하였다. 1961년 단일조약에서는 대마초와 대마수지를 스케줄 I과 스케줄 IV에 포함시켜 매우 엄격하게 규제했다. 또한, 대마 추출물과 팅크(알코올 추출액) 역시 스케줄 I에 포함시켜 규제했다.

이후 1971년에는 대마초의 주성분인 테트라하이드로칸나비놀(THC)이 향정신성의약품으로 분류되어 스케줄 I에 포함되었다.

그러나 2020년 12월 2일, 유엔은 59년 만에 대마를 재분류하기로 결정했다. 세계보건기구(WHO)의 권고를 받아 유엔마약위원회(CND)는 제63차 회의에서 대마초와 대마수지를 스케줄 IV에서 삭제하고 스케줄 I에만 남기기로 했다. 이 재분류는 대마초가 의료 목적으로 사용될 수 있음을 인정하는 중요한 변화로, 국제적인 대마 정책에 상당한 영향을 미쳤다. 이로 인해 많은 국가들이 의료 목적의 대마 사용을 재고하고,

관련 법률을 개정하는 계기가 되었다.

　미국은 1996년 캘리포니아주에서 처음으로 대마의 의료용 사용을 합법화하였고, 그후 25년 간 50주 중 총 37주가 의료용 대마 사용을 합법화하였다. 2012년 콜로라도주와 워싱턴주가 처음으로 대마를 기호용으로 사용(Recreational use)하는 것을 합법화하였다. 이후 대마의 기호용 사용을 허용하는 주가 점점 늘어났고, 2021년 기준 미국 동부와 서부를 중심으로 총 18주가 기호용과 의료용 사용을 합법화하였다. 대마중에서도 THC 건조중량이 0.3% 이하인 품종은 '헴프(Hemp)'라는 이름으로 별도로 분류하여 2018년부터 연방 차원에서 재배는 합법화되었다.

　캐나다의 경우 2001년 의료용 대마가 합법화된 이후, 2018년 7월 대마의 재배, 유통, 판매 및 소지와 관련된 정부의 규제 틀 내에서 대마의 의료용 및 기호용 사용을 허용하였다. 네덜란드의 경우 1976년부터 대마초를 비범죄화하며, 유통을 허용했다. 아시아에서는 태국의 경우 2018년 의료용 대마를 합법화하고, 2022년 대마 사용 및 가정 재배를 합법화하였다.

◉ **의료용 대마**

대마초의 유효 성분인 THC와 CBD를 활용하여 다양한 질병의 치료에 사용되는 것을 의료용 대마라고 한다. 주로 만성 통증, 다발성 경화증, 간질, 암 치료 부작용 완화 등에 효과가 있는 것으로 보고되어 있다. THC는 진통 및 항구토 효과가 있으며, CBD는 항염증 및 항불안 작용을 하는 것으로 되어 있다. 각국의 법적 규제는 상이하며, 일부 국가에서는 처방을 통해 합법적으로 사용할 수 있다. 국내에서는 2018년 마약류

관리에 관한 법률 개정안이 국회를 통과하면서 대마 성분 의약품 수입과 사용이 허가되었다. 국내에 대체 치료 수단이 없는 뇌전증 등 희귀 또는 난치 환자들에게 해외에서 허가된 '대마' 성분 의약품을 자가 치료용으로 허용하였다. 식품의약품 안전처장의 승인을 받고, 한국 희귀필수의약품센터를 통해서만 의약품을 수령할 수 있다.

CBD는 특히 의약품으로서의 잠재력이 높이 평가되어 다양한 형태의 의약품과 보충제로 개발되어 시장에 출시되고 있다.

국내에서 허가된 제품은 에피디올렉스(Epidiolex) 등이 있다. CBD 기반 의약품으로 청소년과 어린이의 난치성 간질 질환인 드라벳 증후군과 소아기 간질성 뇌변증(레녹스 가스토증후군)을 치료하는데 사용된다. Δ9-THC가 함유된 Dranabinol은 Marinol이라는 상품명으로 식욕부진을 겪는 에이즈 환자, 항암치료를 받은 뒤 구토 증상을 보이는 환자에게 사용되고 있다. 합성 칸나비노이드인 나빌로(Nabilone)을 함유하는 Cesamet 도 항암 치료를 받은 환자의 구토 치료에 사용된다. THC와 CBD가 성분인 사티벡스(Sativex)는 다발성경화증 환자의 경련 완화제로 사용된다.

우리나라에 허용된 의료용 대마제품 및 성분

NO	제품	성분
1	에피디올렉스	칸나비디올(CBD)
2	사티벡스	테트라하이드로칸나비놀(THC) 및 칸나비디올(CBD)
3	마리놀	합성 테트라하이드로칸나비놀(THC)
4	세사메트	나빌론: 합성 칸나비노이드

Cannabis Sativa L 이외에도 다른 종류의 대마초가 있을까?

대마초에는 여러 종류가 있다. 대표적인 종류인 칸나비스 사티바 엘(Cannabis Sativa L.) 이외에도 주요 변종이 두 가지 더 있다.

인도, 아프가니스탄, 파키스탄, 터키 등이 산지인 칸나비스 인디카(Cannabis Indica)가 있다. 일년생 식물로, CBD와 THC의 함량이 모두 높아 효과가 강하다. 중부 및 동부 유럽, 러시아가 산지인 칸나비스 루더랄리스(Cannabis Ruderalis)는 THC 함량이 낮고 CBD 함량이 높으며, 성장 속도가 매우 빠르다. 이들 변종은 재배 목적에 따라 다르게 활용되고 있다. 최근에는 이들 변종을 교배하여 의약용으로는 THC 함량을 낮추고 CBD 함량을 높이는 재배가 이루어지고 있다. 이러한 잡종재배를 통해 다양한 용도로 대마를 활용할 수 있다. 기호용으로는 THC 함량을 높이는 방식의 재배가 이루어지고 있다.

대마초의 종자, 뿌리 및 성숙한 줄기와 그 제품이 대마에 포함되지 않는 이유는 무엇인가?

대마초의 종자, 뿌리 및 성숙한 줄기와 그 제품이 대마에 포함되지 않는 이유는 이들 부분은 THC가 아주 적게 포함되어 있어 대마초와 같은 효과를 내지 못하기 때문이다. 따라서 기호품으로 남용될 가능성이 거의 없다. 성숙한 대마초의 줄기는 삼베옷 등 산업용으로 사용된다. 이로 인해 대마초의 다른 부분과는 다르게 규제된다.

참고문헌

서론

정희선, 생체시료에서 마약류의 검사, 신일상사 2000

https://www.unodc.org/unodc/en/treaties/single-convention.htmL?ref=menuside

https://www.unodc.org/pdf/convention_1971_en.pdf

https://www.unodc.org/unodc/en/treaties/illicit-trafficking.htmL?ref=menuside

마약류관리에 관한법률-국가법령정보센터

Darke, S., Kaye, S., & Duflou, J. (2007). Comparative toxicology of fatal methamphetamine and heroin toxicity. Addiction, 102(2), 191-197.

Richards, J. R., Derlet, R. W., & Albertson, T. E. (1999). Methamphetamine toxicity: treatment and complications. The Journal of Emergency Medicine, 17(5), 673-682.

Volkow, N. D., Chang, L., Wang, G. J., Fowler, J. S., Franceschi, D., Sedler, M. J., ... & Logan, J. (2001). Higher cortical and lower subcortical metabolism in detoxified methamphetamine abusers. The American Journal of Psychiatry, 158(3), 383-389.

Callaghan, R. C., Cunningham, J. K., Sykes, J., & Kish, S. J. (2012). Increased risk of Parkinson's disease in individuals hospitalized with conditions related to the use of methamphetamine or other amphetamine-type drugs. Drug and Alcohol Dependence, 120(1-3), 35-40.

Degenhardt, L., Larney, S., Randall, D., Burns, L., & Hall, W. (2014). Causes of death in a cohort treated for opioid dependence between 1985 and 2005. Addiction, 109(1), 90-99.

1장 1~3

https://biography.yourdictionary.com/friedrich-serturner

https://blog.smartsense.co/friedrich-serturner-morphine

https://www.ncbi.nlm.nih.gov/pmc/articles/PMC5125194/

https://www.uchicagomedicine.org/forefront/news/as-morphine-turns-200-drug-that-blocks-its-side-effects-reveals-new-secrets

https://www.sciencetimes.co.kr/news/

https://www.uchicagomedicine.org/forefront/news/as-morphine-turns-200-drug-that-blocks-its-side-effects-reveals-new-secrets

A Historical Analysis of the Dr. Crippen Case" - Forensic Science Review.

Robins, Jane (2013). The Curious Habits of Dr Adams: A 1950s Murder Mystery.

Profile of a Medical Murderer: The Case of Michael Swango - American Journal of Forensic

Medicine and Pathology.

Forensic Analysis in the Case of Jane Toppan - Journal of Forensic Sciences.

1장 4

https://www.unodc.org/unodc/en/data-and-analysis/bulletin/bulletin_1953-01-01_3_page005.htmL

https://imnews.imbc.com/replay/2015/nw1800/article/3805802_30267.htmL

Australian Government Department of Health and Aged care, version 1.1 December 20164.

Heroin-Drug Fact Sheet, DEA - Heroin], https://www.dea.gov/factsheets/heroin

Heroin Overdose: What Happens, Causes, Treatment WebMD, https://www.webmd.com/mental-health/addiction/heroin-overdose)

National Institute on Drug Abuse (NIDA) - Heroin Research Report," https://www.drugabuse.gov/publications/research-reports/heroin/overview)

The Good Doctor Harold Shipman, BBC News, https://www.bbc.com/news/uk-england-3933935

https://drugabuse.com/blog/the-forefathers-of-modern-illicit-drugs/ wright

https://www.hani.co.kr/arti/legacy/legacy_general/L16597.htmL

https://www.addictioncenter.com/drugs/heroin/

https://www.jeonmae.co.kr/news/articleView.htmL?idxno=880737

http://www.munhwa.com/news/view.htmL?no=20220428010313393080 01

https://www.seoul.co.kr/news/newsView.php?id=20220427500129

1장 5

The True Tale of America's Opiate Epidemic" by Sam Quinones

Pain Killer: An Empire of Deceit and the Origin of America's Opioid Epidemic" by Barry Meier

https://www.voanews.com/a/us-records-more-than-107-000-drug-overdose-deaths-for-2021/6567089.htmL

https://www.yna.co.kr/view/AKR20220616142300009

Disposition of toxic drugs and chemicals in man. Chemical toxicology Institute

https://www.cdc.gov/nchs/pressroom/nchs_press_releases/2021/20211117.htm

http://www.knnews.co.kr/news/articleView.php?idxno=1351627

https://www.incb.org/documents/Narcotic-Drugs/Technical-Publications/2013/Part_2_Comments_E.pdf

https://www.dea.gov/resources/facts-about-fentanyl

https://www.colorado.edu/health/fentanyl

1장 6

https://www.kukinews.com/newsView/kuk202206180018

https://www.donga.com/news/Society/article/all/20030410/7933372/1

Cocaine: An Unauthorized Biography" by Dominic Streatfeild

Drug Use for Grown-Ups: Chasing Liberty in the Land of Fear" by Dr. Carl L.Hart

The Cocaine Chronicles" edited by Gary Phillips and Jervey Tervalon

1장 7

https://edition.cnn.com/2021/04/02/politics/hunter-biden-book-memoir-addiction/index.htmL

https://www.drugfreeworld.org/drugfacts/crackcocaine/a-short-history.htmL

https://americanaddictioncenters.org/cocaine-treatment/differences-with-crack

https://www.justice.gov/archive/ndic/pubs3/3978/index.htm

https://www.theglobeandmail.com/news/world/crack-is-king-in-brazil-what-sao-paulo-is-doing-about-it/article18232957/

https://edition.cnn.com/2014/05/09/world/americas/brazil-crack-cocaine-world-cup/index.htmL

https://www.therecoveryvillage.com/crack-addiction/crack-overdose/

https://www.bostonkorea.com/news.php?mode=view&num=24205

https://www.cheatsheet.com/entertainment/was-whitney-houston-referencing-art-when-she-said-crack-is-wack.htmL/

Crack In America: Demon Drugs and Social Justice" edited by Craig Reinarman and Harry G. Levine

2장 1

https://www.yna.co.kr/view/MYH20220710000700641

https://www.seoul.co.kr/news/newsView.php?id=20220706500102

https://weekly.donga.com/List/3/all/11/1446758/1

http://www.busan.com/view/busan/view.php?code=19960703000881

https://www.idaegu.com/newsView/idg201301090062

https://www.chosun.com/site/data/htmL_dir/2017/04/03/2017040302422.htmL

마약류 감정백서 (국립과학수사연구원, 2023)

2장 2

https://m.lawtimes.co.kr/Content/Article?serial=55770

https://www.yna.co.kr/view/MYH20220710000700641
http://news.imaeil.com/page/view/2007022710184793716
https://www.ytn.co.kr/_ln/0103_200805070505445954
https://www.chosun.com/site/data/htmL_dir/2018/08/20/2018082001907.htmL
https://www.yna.co.kr/view/AKR20180820053400062

2장 3

https://allthatsinteresting.com/ricky-kasso
https://www.donga.com/news/Society/article/all/20171013/86726755/1
https://www.joongang.co.kr/article/21987164#home
https://via.library.depaul.edu/cgi/viewcontent.cgi?referer=&httpsredir=1&article=3140&context=law-review
https://www.argusleader.com/story/news/crime/2017/03/22/court-documents-lsd-ingested-homicide-suspect-before-killing/99487914/
https://www.kob.com/archive/16-year-old-who-allegedly-killed-mother-while-high-on-lsd-to-stay-in-jail-pending-trial/
https://www.cbsnews.com/news/casey-henderson-washington-student-charged-in-alleged-lsd-fueled-murder/
https://www.abc.net.au/news/2020-08-19/canberra-teen-pleads-guilty-killing-acid-trip-act-supreme-court/12573350
https://www.chicagotribune.com/news/ct-xpm-1998-08-12-9808120138-story.htmL
https://www.healthline.com/health/how-long-does-acid-last
NIDA Research Report series, www.drugabuse. gov
https://www.sedaily.com/NewsView/1VKHPFHC9X

2장 4

DEA-
http://www.usdoj.gov/dea/programs/forensicsci/microgram/mg0103/mg0103.htmL

- Holland, J. (2001). *Ecstasy: The Complete Guide: A Comprehensive Look at the Risks and Benefits of MDMA*. Park Street Press.

ole, J. C., & Sumnall, H. R. (2003). Altered states: The clinical effects of ecstasy. *Pharmacology & Therapeutics*, 98(1), 35-58.

United Nations Office on Drugs and Crime (UNODC). (2021). *World Drug Report 2021*. Retrieved from [UNODC website](https://www.unodc.org/unodc/en/data-and-analysis/wdr2021.htmL).

- European Monitoring Centre for Drugs and Drug Addiction (EMCDDA). (2020). *European Drug Report 2020: Trends and Developments*. Retrieved from [EMCDDA website] (https://www.emcdda.europa.eu/publications/edr/trends-developments/2020_en).

National Institute on Drug Abuse (NIDA). (2020). MDMA (Ecstasy/Molly) DrugFacts. Retrieved from [NIDA website](https://www.drugabuse.gov/publications/drugfacts/mdma-ecstasymolly).

2장 5

https://www.dea.gov/factsheets/ghb-gamma-hydroxybutyric-acid
https://www.webmd.com/vitamins/ai/ingredientmono-950/gamma-hydroxybutyrate-ghb
https://www.segye.com/newsView/20190308000229
https://pubmed.ncbi.nlm.nih.gov/12570228/
http://www.newsfreezone.co.kr/news/articleView.htmL?idxno=202535
https://www.yna.co.kr/view/AKR20120215088500004
https://www.yna.co.kr/view/AKR20190319043800053
https://www.donga.com/news/article/all/20160811/79702861/1
https://news.kbs.co.kr/news/view.do?ncd=3327283&ref=A
https://www.buzzfeed.com/patrickstrudwick/deaths-linked-to-chemsex-drug-ghb-have-risen-by-119-in-one-y
https://ndarc.med.unsw.edu.au/news/new-report-shows-deaths-related-ghb-could-have-been-prevented
https://www.addictioncenter.com/drugs/hallucinogens/ghb/
https://www.hankookilbo.com/News/Read/A2022020415590005364
http://www.chemicalnews.co.kr/news/articleView.htmL?idxno=4464

2장 6

https://www.joongang.co.kr/article/9001807#home
https://www.sedaily.com/NewsView/1HWJQD6PLN
https://www.chosun.com/site/data/htmL_dir/2010/08/29/2010082900555.htmL http://www.chemicalnews.co.kr/news/articleView.htmL?idxno=711https://www.joongang.co.kr/article/4466962#home
https://www.bbc.com/korean/news-59046335
https://www.hankyung.com/society/article/2012101295108
https://www.yna.co.kr/view/AKR20130313092452004
https://jhealthmedia.joins.com/article/article_view.asp?pno=5283
Korean J Leg Med, 2012, 36, 56-62
https://www.akomnews.com/bbs/board.php?bo_table=news&wr_id=2845

http://www.docdocdoc.co.kr/news/articleView.htmL?idxno=171404
https://en.wikipedia.org/wiki/Propofol
http://www.health.kr/Menu.PharmReview/_uploadfiles
https://en.wikipedia.org/wiki/Death_of_Michael_Jackson
Photo byTeo Do RioonUnsplash

2장 7

https://imnews.imbc.com/replay/1992/nwdesk/article/1917328_30556.htmL
https://www.seoul.co.kr/news/newsView.php?id=19920619019007

2장 8

https://www.chosun.com/site/data/htmL_dir/2011/04/15/2011041500048.htmL
https://www.medicalnewstoday.com/articles/peyote#potential-health-benefits
https://www.sciencedirect.com/topics/neuroscience/peyote
https://www.healthline.com/health/peyote-101
https://www.hankookilbo.com/News/Read/A2022102015110001776

2장 9

https://en.wikipedia.org/wiki/Barbiturate
https://en.wikipedia.org/wiki/Phenobarbital
https://apnews.com/article/9b1155a6f51fd5c6c4c206968e4e476b
https://en.wikipedia.org/wiki/Pentobarbital
https://en.wikipedia.org/wiki/Secobarbital
https://en.wikipedia.org/wiki/Marilyn_Monroe
https://www.mk.co.kr/news/culture/view/2017/08/534437/

2장 10

https://n.news.naver.com/mnews/article/005/0000111932?sid=102
http://www.bosa.co.kr/news/articleView.htmL?idxno=142430
https://www.thinkfood.co.kr/news/articleView.htmL?idxno=1261
https://www.hani.co.kr/arti/legacy/legacy_general/L125250.htmL
https://www.mk.co.kr/news/home/view/2005/02/63839/
https://www.joongang.co.kr/article/3811402#home
https://news.sbs.co.kr/news/endPage.do?news_id=N1000807991
http://www.medipharmhealth.co.kr/news/article.htmL?no=56660

2장 11

Disposition of toxic drugs and chemicals in man, Chemical toxicology Institute
https://www.joongang.co.kr/article/2876769#home
Chung H, Park M, Hahn E, Choi H, Choi H, Lim M (October 2004). "Recent trends of drug abuse and drug-associated deaths in Korea".Annals of the New York Academy of Sciences.1025(1): 458-64.
https://www.joongang.co.kr/article/2677209#home
https://imnews.imbc.com/replay/2003/nwdesk/article/1899569_30767.htmL

2장 12

Ketamine
https://www.unodc.org/LSS/Substance/Details/b5d69313-0eae-4e06-8f70-9bd5676068dd
https://www.dea.gov/factsheets/ketamine
https://www.dea.gov/sites/default/files/2020-06/Ketamine-2020.pdf
https://pubmed.ncbi.nlm.nih.gov/10340064/
https://adf.org.au/drug-facts/ketamine/
https://www.unodc.org/LSS/Announcement/Details/116e8cfa-0c76-4060-81b9-43620a71ffc1
https://www.unodc.org/documents/scientific/Global_SMART_Update_2022_Vol.27.pdf
https://www.unodc.org/unodc/en/frontpage/ketamine-sweeps-the-rave-scene.htmL

3장

https://www.unodc.org/LSS/Home/NPS
https://www.unodc.org/LSS/SubstanceGroup/GroupsDashboard?testType=NPS
https://www.unodc.org/LSS/Page/NPS/pharmacology
https://www.unodc.org/LSS/Page/NPS/LegalResponses
https://www.unodc.org/LSS/Page/NPS/GlobalSmart
https://www.unodc.org/LSS/announcement/Details/de8a65ad-7b6d-4d60-9ffd-67cdbb105d15
https://www.deadiversion.usdoj.gov/synthetic_drugs/about-sd.htmL
https://www.sciencedirect.com/science/article/pii/S2667118223000533
https://obamawhitehouse.archives.gov/ondcp/ondcp-fact-sheets/synthetic-drugs-k2-spice-bath-salts

https://archive.cdc.gov/www_cdc_gov/nceh/hsb/envepi/outbreaks/sc/About.htmL

https://www.dea.gov/sites/default/files/2020-06/K2-spice-2020.pdf

https://nida.nih.gov/research-topics/synthetic-cathinones-bath-salts

https://nida.nih.gov/research-topics/synthetic-cannabinoids

https://academic.oup.com/book/46625/chapter-abstract/410052220?redirectedFrom=fulltext

4장

https://www.unodc.org/drugs/en/get-the-facts/cannabis.htmL

https://www.unodc.org/wdr2015/en/cannabis.htmL

https://www.unodc.org/documents/scientific/Recommended_methods_for_the_Identification_and_Analysis_of_Cannabis_and_Cannabis_products.pdf

https://www.dea.gov/factsheets/marijuana

https://www.dea.gov/sites/default/files/2020-06/Marijuana-Cannabis-2020_0.pdf

https://www.nhs.uk/conditions/medical-cannabis/

https://www.webmd.com/a-to-z-guides/medical-marijuana-faq

https://msutoday.msu.edu/news/2021/cbd-marijuana-and-hemp

https://www.healthline.com/health/hemp-vs-marijuana

https://news.kbs.co.kr/news/pc/view/view.do?ncd=4295532

https://www.newsis.com/view/NISX20190910_0000766772

https://www.akomnews.com/bbs/board.php?bo_table=news&wr_id=5562

용어해설

서론

- 오용 (Misuse): 의약품을 용도에 맞게 사용하지 않는 것.
- 남용 (Abuse): 의약품을 비의약적 목적으로 사용하는 것.
- 습관성 (Habituation): 약물에 대한 정신적 의존성.
- 탐닉성 (Addiction): 약물에 대한 강렬한 신체적, 정신적 의존성.
- 내성 (Tolerance): 약물을 반복적으로 사용할 때 동일한 효과를 얻기 위해 더 많은 양을 필요로 하는 현상.
- 금단 현상 (Withdrawal Symptom): 약물 사용을 중단했을 때 나타나는 다양한 신체적, 정신적 증상.
- 마약류 (Narcotics): 마약, 향정신성의약품, 대마, 임시마약류를 포함하는 포괄적인 용어.
- 향정신성의약품 (Psychotropic drugs): 인간의 정신 기능에 영향을 미치는 약물.
- 임시마약류 (Temporary narcotics): 마약류로 지정되지 않았지만, 마약류와 유사한 작용을 나타내는 물질.
- Drug: 영어에서 마약 또는 의약품을 의미하는 단어 (문맥에 따라 의미가 달라짐).

1장 1

- 양귀비 (Poppy): 앵속이라고도 불리는 한해살이 식물로, 관상용과 의약용으로 나뉜다. 마약 성분을 함유한 종은 엄격히 통제된다.
- 아편 (Opium): 양귀비 열매에 상처를 내어 얻은 액체를 건조시킨 것으로, 모르핀, 코데인 등의 알칼로이드를 함유하고 있다.
- 황금의 삼각지대 (Golden Triangle): 라오스, 미얀마, 태국의 국경이 만나는 지역으로, 과거 세계 최대의 아편 생산지였다.
- 황금의 초승달 지역 (Golden Crescent): 아프가니스탄, 파키스탄, 이란을 포함하는 지역으로, 현재 세계 최대의 아편 생산지이다.
- 생아편: 양귀비에서 채취한 액체를 건조시킨 것으로, 가공되지 않은 아편의 형태이다.
- 알칼로이드 (Alkaloid): 식물에서 주로 발견되는 함질소 유기 화합물로, 약리 작용을 가지고 있다. 모르핀, 코데인 등이 대표적이다.
- 모르핀 (Morphine): 아편에 함유된 주요 알칼로이드로, 강력한 진통 효과를 가진다.
- 코데인 (Codeine): 아편에 함유된 알칼로이드로, 진통 및 기침 억제 효과를 가진다.
- 아편굴 (Opium Den): 아편을 흡연하는 장소로, 19세기까지 중국, 동남아시아 등에서 유행했다.
- 파파베르 솜니페룸 (Papaver somniferum): 마약으로 지정된 일반 양귀비의 학명.

1장 2

- 모르핀 (Morphine): 아편에서 추출한 강력한 마약성 진통제로, 통증 완화, 마취, 진정 작용 등에 사용되지만 중독성이 강하다.
- 제르튀르너 (Friedrich Sertürner): 19세기 독일의 약사로, 아편에서 모르핀을 처음으로 분리해낸 인물이다.
- 마장디 (François Magendie): 19세기 프랑스의 생리학자로, 모르핀의 진통 효과를 처음으로 임상적으로 입증하여 모르핀의 의학적 사용을 확산시키는 데 기여했다.
- 피하 주사기 (Hypodermic syringe): 피부 아래에 약물을 주입하는 데 사용되는 의료 기기로, 모르핀의 빠른 효과를 가능하게 했지만 중독 문제도 심화시켰다.
- 내성 (Tolerance): 약물을 반복적으로 사용할 때 약효가 감소하여 더 많은 양의 약물이 필요하게 되는 현상이다.
- 의존성 (Dependence): 약물 사용을 중단하면 금단 증상이 나타나는 현상으로, 약물에 대한 신체적, 정신적 의존을 의미한다.
- 금단 증상 (Withdrawal symptoms): 약물 사용을 중단했을 때 나타나는 불쾌한 신체적, 정신적 증상으로, 모르핀의 경우 식욕부진, 불안, 구토 등이 나타날 수 있다.

1장 3

- 아편 (Opium): 양귀비에서 추출한 생즙을 건조시킨 것으로, 모르핀, 코데인 등 다양한 알칼로이드를 함유하고 있는 마약류 물질.
- 아편 알칼로이드 (Opium Alkaloids): 아편에 함유된 자연 발생적인 질소 함유 유기 화합물. 모르핀, 코데인, 테바인, 파파베린 등이 대표적.
- 코데인 (Codeine): 아편에 함유된 알칼로이드로, 모르핀과 유사한 구조를 가지지만 진통 효과는 약하고 진해 작용이 강하다.
- 테바인 (Thebaine): 아편에 함유된 알칼로이드로, 자체적으로는 의약용으로 쓰이지 않지만 반합성, 합성 마약의 원료로 사용된다.
- 파파베린 (Papaverine): 아편에 함유된 알칼로이드로, 모르핀과 구조가 다르며 진경 작용을 가지고 있어 경련 치료에 사용된다.
- 페난트렌 유도체 (Phenanthrene Derivatives): 아편 알칼로이드 중 화학 구조가 페난트렌 골격을 가진 화합물 그룹. 모르핀, 코데인, 테바인이 속한다.
- 벤질이소퀴놀린 유도체 (Benzyl isoquinoline Derivatives): 아편 알칼로이드 중 화학 구조가 벤질이소퀴놀린 골격을 가진 화합물 그룹. 파파베린, 나르코틴 등이 속한다.
- 메콘산 (Meconic Acid): 아편에 특징적으로 존재하는 유기산으로, 아편 감별 및 순도 측정에 사용된다.
- 양귀비 짚 (Poppy Straw): 아편 양귀비에서 씨앗을 제외한 줄기와 잎 등을 모두 포함하는 부분. 테바인 추출의 원료로 사용된다.
- WHO 필수 의약품: 세계 보건기구가 지정한 필수 의약품
- 한외마약 : 한외마약이라고 하면 마약성분을 함유하고 있으나 다른 약물이나 물질과 혼합되어 있어 마약 으로 다시 제조하거나 정제할 수 없는 약품을 말하며, 처방에 의해서만 구할 수 있다.

1장 4

- 헤로인 (Heroin): 모르핀을 화학적으로 변형하여 만든 반합성 마약. 강력한 진통 효과와 쾌락을 유발하며 중독성이 매우 높음. 디아세틸모르핀 또는 디아모르핀이라고도 함.
- 아세틸기 (Acetyl group): 화학식 CH3CO- 를 갖는 작용기. 헤로인 합성에 사용됨.
- OTC (Over-the-Counter): 처방전 없이 구매할 수 있는 일반의약품.
- 황금의 삼각지대 (Golden Triangle): 동남아시아의 주요 아편 생산 지역 (미얀마, 라오스, 태국 국경 지역).
- 황금의 초생달 지역 (Golden Crescent): 서남아시아의 주요 아편 생산 지역 (아프가니스탄, 파키스탄, 이란 국경 지역).
- 블랙타르 헤로인 (Black Tar Heroin): 멕시코에서 생산되는 순도가 낮은 흑갈색의 헤로인.
- Chasing the dragon: 순도가 낮은 헤로인을 흡연하는 방법. 연기를 용을 쫓듯이 따라가는 모습에서 유래.
- 디아모르핀 (Diamorphine): 헤로인의 의학적 명칭. 진통제 또는 아편계 약물 치료제로 사용됨.
- 뇌혈관장벽 (Blood-brain barrier): 혈액으로부터 뇌 조직을 보호하는 장벽. 헤로인은 이 장벽을 쉽게 통과하여 뇌에 빠르게 작용함.
- 마약에 대한 단일 협약 (Single Convention on Narcotic Drugs, 1961): UN에서 채택한 국제 협약으로, 마약의 생산, 유통, 사용을 규제함.

1장 5

- 펜타닐 (Fentanyl): 모르핀보다 50-100배 강력한 합성 오피오이드 진통제. 의료용으로 사용되기도 하지만, 불법적으로 제조되어 마약으로 유통되면서 심각한 사회적 문제를 야기함.
- 오피오이드 (Opioid): 아편에서 추출되거나 화학적으로 합성된 진통제. 모르핀, 코데인, 옥시코돈, 헤로인, 펜타닐 등이 포함됨.
- 옥시코틴 (OxyContin): 만성 통증 치료에 사용되는 강력한 오피오이드 진통제. 중독성이 강하여 오남용의 위험이 높음.
- 카르텔 (Cartel): 펜타닐을 생산하고 유통하는 불법 마약 조직.
- 과다복용 (Overdose): 약물을 과량으로 복용하여 생명에 위협을 주는 상태. 펜타닐의 경우, 소량으로도 과다복용이 발생할 수 있음.
- 합성 마약 (Synthetic Opioid): 천연 아편에서 추출하지 않고 화학적으로 합성하여 만든 마약. 페치딘, 메사돈, 펜타닐 등이 포함됨.
- 반합성 마약 (Semi-synthetic Opioid): 천연 아편계를 이용하여 합성되는 마약. 히드로코돈, 옥시코돈 등이 포함됨.
- 아편계 진통제 위기 (Opioid Crisis): 오피오이드 진통제의 과다 처방 및 남용으로 인해 발생하는 사회적, 공중 보건 위기.
- 카펜타닐 (Carfentanil): 펜타닐 유사체 중 하나로, 모르핀보다 최대 10,000배 강력한 효과를 나타냄. 매우 위험한 물질로, 극소량으로도 치명적일 수 있음.

1장 6

- 코카인 (Cocaine): 코카 나무 잎에서 추출되는 강력한 중추 신경계 흥분제.
- 코카 나무 (Erythroxylum coca): 남아메리카 안데스 지역에서 자생하는 식물로, 코카인의 원료가 되는 잎을 생산함.
- 코카인은 코카 나무 잎에서 발견되는 주요 알칼로이드 중 하나임.
- 코점막흡입 (Snorting): 코카인을 코를 통해 흡입하는 방법.
- 중추 신경계 (Central Nervous System): 뇌와 척수로 구성된 신경계의 핵심 부분.
- 바디패커 (Body Packer): 마약을 몸속에 숨겨 운반하는 사람.
- 바디 스터퍼 (Body Stuffer): 단속을 피하기 위해 급하게 마약을 삼키는 사람.
- 아쿠리코 (acullico): 코카잎을 둥글게 공처럼 만들어 석회와 같이 강한 알카리성 물질과 함께 씹어, 볼 점막을 통해 혈관으로 더 효과적으로 흡수될 수 있도록 하는 방법.

1장 7

- 크랙 코카인 (Crack Cocaine): 코카인을 가공하여 흡연할 수 있는 형태로 만든 마약.
- 염산 코카인 (Cocaine Hydrochloride): 코카인의 분말 형태.
- 탄산수소나트륨 (Sodium Bicarbonate): 베이킹 소다. 크랙 코카인 제조에 사용되는 물질.
- 크랙랜드 (Crackland): 브라질에서 크랙 코카인 남용자들이 모여 있는 장소를 지칭하는 용어.
- 망상성 기생충 감염 (Delusional Parasitosis): 실제로는 기생충에 감염되지 않았지만 감염되었다고 믿는 망상.
- 첨가제 (Adulterants): 크랙 코카인의 양을 늘리거나 효과를 강화하기 위해 첨가되는 물질.
- Just Say No: 1980년대 낸시 레이건이 주도한 마약 퇴치 캠페인의 구호.
- 크랙 전염병 (Crack Epidemic): 1980년대 미국에서 크랙 코카인이 급속도로 확산된 현상.
- 도파민 (Dopamine): 뇌의 신경전달물질로, 쾌락과 행복감을 느끼게 하는 역할을 함.
- Crack is wack: Crack is wack은 크랙은 좋지 않다, 크랙은 아주 이상하다 라는 의미 보다는 마약 사용을 경고하는 마약퇴치의 의미를 담고 있다.

2장 1

- 메트암페타민 (Methamphetamine): 강력한 중추신경계 흥분제로, 각성 효과와 쾌감을 유발한다.
- 필로폰 (Philopon): 메트암페타민의 한국 내 속칭 중 하나.
- 히로뽕 (Hiropon): 메트암페타민의 일본식 명칭에서 유래한 한국 내 속칭.
- 마황 (Ephedra): 한약재로 사용되며, 에페드린의 원료가 된다.
- 에페드린 (Ephedrine): 마황의 주성분으로, 기관지 확장 및 각성 효과가 있다. 메트암페타민 합성의 전구물질로 사용된다.
- 각성제 (Stimulant): 중추신경계를 자극하여 정신 기능 및 신체 활동을 활성화시키는 약물.
- 크리스탈 (Crystal): 순도가 높은 메트암페타민을 지칭하는 은어.

- 아이스 (Ice): 크리스탈과 유사하게 순도가 높은 메트암페타민을 지칭하는 은어.
- 스피드 (Speed): 메트암페타민을 지칭하는 또 다른 은어.
- 역내성 (Reverse Tolerance): 약물 복용을 중단 후 다시 복용했을 때, 이전보다 더 강한 효과가 나타나는 현상.

2장 2

- 소변 검사: 소변 샘플을 사용하여 체내의 약물 또는 대사 물질을 검출하는 방법
- 모발 검사: 모발 샘플을 사용하여 장기간의 약물 복용 이력을 확인할 수 있는 검사 방법
- 면역분석법 (Immunoassay): 항원-항체 반응을 이용하여 특정 물질을 검출하는 생화학적 분석 방법
- 가스크로마토그래피/질량분석법 (GC/MS): 기체 크로마토그래피와 질량 분석법을 결합한 분석 기법으로, 복잡한 혼합물에서 특정 물질을 정확하게 식별하고 정량화하는 데 사용
- 마약 운전: 마약류를 복용한 상태에서 운전하는 행위로, 도로교통법에 의해 금지
- 대사산물: 약물이 체내에서 대사되어 생성되는 물질
- 확증 검사: 예비 검사에서 양성 반응이 나온 경우, 결과를 확인하고 정확성을 높이기 위해 실시하는 추가적인 검사

2장 3

- LSD (Lysergic Acid Diethylamide): 강력한 환각제로, 맥각에서 추출한 라이세르그산을 기반으로 합성된 물질.
- 맥각 (Ergot): 곰팡이의 일종으로, LSD 합성의 주요 원료.
- Delysid: 산도스에서 시판한 LSD 기반 정신병 치료제의 상품명.
- μg (마이크로그램): 무게의 단위로, 1μg은 100만분의 1그램. LSD는 극미량으로도 효과가 나타남.
- 히피 문화: 1960년대 미국을 중심으로 확산된 반체제적 문화 운동으로, LSD가 상징적인 역할을 함.
- Blotter (종이 흡착): LSD를 흡수시킨 종이 형태로, 가장 흔하게 유통되는 형태 중 하나.
- Trip: LSD 복용 후 겪는 긍정적인 환각 경험.
- Bad Trip: LSD 복용 후 겪는 부정적인 환각 경험 (공포, 불안, 망상 등).
- PP (Persistent Psychosis, 지속적인 정신 질환): LSD 장기 사용으로 인해 발생하는 지속적인 정신병적 증상.
- HPPD (Hallucinogen Persisting Perception Disorder, 환각제 지속성 지각 장애): LSD 미사용 시에도 과거 환각 경험이 재현되는 현상 (플래시백).
- PTSD (Posttraumatic stress disorder): 외상 후 스트레스 장애

2장 4

- MDMA (3,4-메틸렌디옥시메트암페타민): 엑스터시의 주성분으로, 흥분제와 환각제 특성을 가

진 합성 약물.
- 엑스터시 (Ecstasy): MDMA 정제 형태의 속칭.
- 몰리 (Molly): MDMA 크리스탈 형태의 속칭. 순도가 높다고 알려져 있지만, 다른 물질이 혼합되었을 가능성이 높음.
- 알렉산더 슐긴 (Alexander Shulgin): 미국의 화학자이자 약리학자로, MDMA를 재발견하고 심리 치료 분야에 소개한 인물.
- 펜에틸아민 (Phenethylamine): MDMA를 포함하는 다양한 합성 약물과 자연 발생 물질의 기본 화학 구조.
- 트립타민 (Tryptamine): 환각 효과를 나타내는 신경전달물질의 일종. 알렉산더 슐긴은 트립타민 계열 약물 연구에도 기여함.
- 도리도리: MDMA 복용 후 머리를 좌우로 흔드는 모습에서 유래한 한국 내 MDMA 속칭.
- 파라다이스: 캄보디아에서 한국으로 유입된 MDMA의 이름.
- 파티 마약 (Party drug): 파티 등에서 쾌감을 얻기 위해 복용하는 약물을 통칭하는 용어. MDMA는 대표적인 파티 마약으로 분류됨.
- 탈수증 (Dehydration): 체내 수분 부족 상태. MDMA 복용 시 갈증을 느끼지 못해 탈수증 위험이 높아짐.
- 스케줄 1 (Schedule 1): 미국 마약 단속국(DEA)에서 남용 가능성이 높고 의약적 용도가 없는 약물 그룹으로 분류하는 등급.
- 사프롤 (Safrole): MDMA의 전구체 물질로, MDMA 합성에 사용되는 화학 물질.

2장 5

- 물뽕 (GHB): 감마하이드록시부티르산 (Gamma Hydroxy Butyric acid)의 속어. 무색, 무취의 액체 형태로, 중추신경계 억제 효과를 가진다. 성범죄에 악용되는 경우가 많다.
- GBL (감마부티로락톤): GHB의 전구체로, 산업 용도로 널리 사용되는 화학 물질이다. 체내에서 GHB로 변환되어 동일한 효과를 나타낸다.
- 데이트 강간 약물 (Date rape drug): 피해자의 의식을 잃게 하거나 저항 능력을 상실하게 만들어 성범죄를 용이하게 하는 약물. GHB가 대표적인 예이다.
- 반감기: 약물이 체내에서 절반으로 줄어드는 데 걸리는 시간. GHB의 반감기는 매우 짧아 복용 여부 판정을 어렵게 한다.
- 기면증: 갑작스럽게 졸음이 쏟아지거나 수면 발작을 일으키는 신경 질환. GHB의 일종인 sodium oxybate가 치료제로 사용된다.
- 버닝썬 사건: 강남 클럽 버닝썬에서 발생한 폭행 사건을 시작으로, 마약, 성범죄, 경찰 유착 등 다양한 범죄 행위가 드러난 사건. GHB 관련 범죄에 대한 사회적 관심을 높였다.
- 전구체: 특정 화학 물질을 합성하는 데 사용되는 원료 물질. GBL은 GHB의 전구체이다.

2장 6

- 프로포폴 (Propofol): 전신 마취 유도 또는 마취 유지에 사용되는 수면 마취제.
- 디프리반 (Diprivan): 프로포폴의 상품명 중 하나.
- GABA (Gamma-Aminobutyric Acid): 인체 뇌와 신체 조직에 분포하는 신경전달물질로, 뇌 활동을 억제하는 효과가 있음.
- 향정신성의약품 (Psychotropic Drug): 인간의 정신 기능에 영향을 미치는 약물로, 남용될 경우 심각한 중독 및 건강 문제를 일으킬 수 있어 법적으로 규제됨.
- 무호흡 (Apnea): 호흡이 일시적으로 멈추는 현상.
- 서맥 (Bradycardia): 심장 박동이 정상보다 느린 상태.
- 빈맥 (Tachycardia): 심장 박동이 정상보다 빠른 상태.
- 사고사 (Accidental Death): 예기치 않은 사고로 인해 발생하는 사망.
- 유탁액 (Emulsion): 서로 섞이지 않는 두 액체가 혼합되어 만들어진 액체. 프로포폴은 물에 녹지 않기 때문에 기름에 녹여 유탁액 형태로 사용.

2장 7

- 신경안정제 (Tranquilizer): 불안, 스트레스, 불면증 등을 치료하는 데 사용되는 약물로, 중추신경계를 진정시켜 신체의 긴장을 완화하고 마음을 편안하게 만드는 역할을 한다.
- 벤조디아제핀 (Benzodiazepine): 불안, 불면증, 근육 경련 등을 치료하는 데 사용되는 신경안정제 계열의 약물이다. GABA 수용체에 작용하여 중추신경계를 억제한다.
- 플루니트라제팜 (Flunitrazepam): 강력한 벤조디아제핀 계열의 수면제로, 최면, 진정, 항경련 효과가 있다. 로히프놀 (Rohypnol)이라는 상품명으로도 알려져 있으며, 데이트 강간 약물로 악용되는 경우가 있다.
- 디아제팜 (Diazepam): 벤조디아제핀 계열의 신경안정제로, 불안, 근육 경련, 발작 등을 치료하는 데 사용된다. 발리움 (Valium)이라는 상품명으로도 잘 알려져 있다.
- 로라제팜 (Lorazepam): 벤조디아제핀 계열의 신경안정제로, 불안, 불면증, 발작 등을 치료하는 데 사용된다. 아티반 (Ativan)이라는 상품명으로도 잘 알려져 있다.
- 알프라졸람 (Alprazolam): 벤조디아제핀 계열의 신경안정제로, 불안 장애, 공황 장애 등을 치료하는 데 사용된다. 자낙스 (Xanax)라는 상품명으로도 잘 알려져 있다.
- 미다졸람 (Midazolam): 벤조디아제핀 계열의 약물로, 수면 유도 및 불안 완화 효과가 있어 수술이나 시술 시 마취제로 사용된다. 기억 상실 효과가 강하다.
- 약물 유도 범죄 (Drug-facilitated crime): 약물을 사용하여 피해자를 무력화시킨 후 저지르는 범죄이다.

2장 8

- 환각성 마약 식물 (Hallucinogenic Plants): 환각을 유발하거나 정신 상태를 변화시키는 화학 물질을 포함한 식물.

- 페요테 선인장 (Peyote Cactus): 멕시코와 미국 남서부에서 자라는 가시 없는 작은 선인장으로, 메스칼린을 함유하여 환각 효과를 유발한다.
- 메스칼린 (Mescaline): 페요테 선인장의 주성분으로, 강력한 환각 효과를 나타내는 페닐에틸아민계 알칼로이드.
- 환각버섯 (Psilocybin Mushrooms): 사일로사이빈과 사일로신을 함유한 버섯으로, 환각, 정신 착란, 지각 상실 등의 증상을 유발한다.
- 사일로사이빈 (Psilocybin): 환각버섯의 주성분 중 하나로, 체내에서 사일로신으로 대사되어 환각 작용을 일으킨다.
- 사일로신 (Psilocin): 사일로사이빈이 체내에서 대사되어 생성되는 물질로, 환각 작용을 나타낸다.
- 카트 (Khat): 아프리카와 아라비아 반도에 자생하는 식물로, 카티논과 카틴을 함유하여 각성 효과를 유발한다.
- 카티논 (Cathinone): 카트의 주성분으로, 암페타민과 유사한 각성 효과를 나타낸다.
- 카틴 (Cathine): 카트의 성분 중 하나로, 카티논과 유사한 각성 효과를 가지지만 활성은 약하다.
- 크라톰 (Kratom): 동남아시아에서 자라는 상록수 나무의 잎으로, 미트라지닌과 7-수산화미트라지닌을 함유하여 진통 및 각성 효과를 나타낸다.
- 미트라지닌 (Mitragynine): 크라톰의 주요 활성 알칼로이드 중 하나로, 진통 및 각성 효과를 나타낸다.
- 7-수산화미트라지닌 (7-OH Mitragynine): 크라톰의 주요 활성 알칼로이드 중 하나로, 미트라지닌보다 강력한 진통 효과를 나타낸다.

2장 9

- 바르비탈산 유도체 (Barbiturate Derivatives): 바르비투르산을 기본 구조로 하는 화학적으로 합성된 수면 진정제. 작용 시간에 따라 장시간형, 중간시간형, 단시간형, 초단시간형으로 분류된다.
- 펜토바르비탈 (Pentobarbital): 단시간형 바르비탈산 유도체. 상품명은 넴부탈. 마취제, 경련 조절, 안락사에 사용된다.
- 페노바르비탈 (Phenobarbital): 장시간형 바르비탈산 유도체. 상품명은 루미날. 신경 안정제, 항경련제로 사용된다.
- 세코바르비탈 (Secobarbital): 단시간형 바르비탈산 유도체. 상품명은 세코날. 과거 불면증 치료제로 사용되었으나, 현재는 사용이 감소했다.
- 아모바르비탈 (Amobarbital): 중간시간형 바르비탈산 유도체. 수면제나 항경련제로 사용된다.
- 넴부탈 (Nembutal): 펜토바르비탈의 상품명.
- 루미날 (Luminal): 페노바르비탈의 상품명.
- 세코날 (Seconal): 세코바르비탈의 상품명.
- 급성 바르비탈산 중독 (acute Barbiturate poisoning): 바르비탈산 유도체의 과량 복용으로 인해 발생하는 중독 증상. 호흡 억제를 일으켜 사망에 이를 수 있다.

2장 10

- 식욕 억제제 (Anorectic agent): 중추신경계를 자극하여 식욕을 억제하는 약물.
- 지방 흡수 억제제 (Fat absorption inhibitor): 지방의 흡수를 억제하여 체중 감소를 돕는 약물.
- 펜터민 (Phentermine): 암페타민과 유사한 구조를 가진 식욕 억제제로, 중추신경계를 자극하여 식욕을 억제한다. 의존성과 남용 가능성이 있어 규제를 받는다.
- 펜플루라민 (Fenfluramine): 식욕 억제제로 사용되었으나 심장 판막 질환과 관련된 부작용으로 인해 시장에서 철수되었다.
- 암페프라몬 (Amfepramone): 식욕 억제제로 사용되었으나 향정신성 의약품으로 규제를 받는다.
- 시부트라민 (Sibutramine): 한때 비만 치료제로 사용되었으나 심혈관계 부작용으로 인해 판매가 금지되었다.
- 데스메틸시부트라민 (Desmethylsibutramine): 시부트라민의 유사물질로, 불법 유통되는 경우가 있다.
- 로카세린 (Lorcaserin): 뇌 내 세로토닌 수용체에 작용하여 식욕을 억제하는 약물. 암 발병 위험 증가로 인해 시장에서 퇴출되었다.
- 마진돌 (Mazindol): 노르에피네프린의 재흡수를 차단하여 식욕을 억제하는 약물. 남용 가능성으로 인해 향정신성의약품으로 규제된다.

2장 11

- 지페프롤 (Zipeprol): 1970년대 프랑스에서 개발된 비몰핀계 진해제. 기관지 천식 치료제로 사용되었으며, 과량 복용 시 환각 작용을 일으킬 수 있어 남용 문제가 발생했다.
- 덱스트로메토르판 (Dextromethorphan): 비마약성 진해제로, 기침을 멎게 하는 효과가 뛰어나 감기약에 널리 사용되었다. 과량 복용 시 환각 작용을 일으킬 수 있어 남용 문제가 발생했다.
- 진해거담제 (Antitussive and Expectorant): 기침을 멈추게 하고 가래를 제거하는 약물.
- 환각 작용 (Hallucination): 실제 존재하지 않는 것을 지각하는 현상. 약물 남용 시 나타날 수 있는 주요 증상 중 하나이다.
- 병용 투여 (Concomitant Administration): 두 가지 이상의 약물을 함께 복용하는 행위. 약물 간 상호작용으로 인해 예상치 못한 부작용이 발생할 수 있다.

2장 12

- 케타민 (Ketamine): 해리성 마취제로, 진통 효과와 환각 효과를 동시에 가지고 있어 의학적 용도 외에 남용되는 경우가 많음.
- 해리성 마취 (Dissociative Anesthesia): 의식은 있지만 통증을 느끼지 못하는 상태로, 주변 환경과의 분리감을 경험하게 됨.
- PCP (Phencyclidine): 케타민의 초기 대안으로 개발되었으나, 심각한 부작용으로 인해 사용이 제한됨.
- 라세믹 혼합물 (Racemic Mixture): 광학 이성질체인 레보형과 덱스트로형을 동일한 비율로 혼합한 것.
- 레보형 (Levorotatory): 케타민의 광학 이성질체 중 하나로, 항우울 효과가 있음.

- 덱스트로형 (Dextrorotatory): 케타민의 광학 이성질체 중 하나로, 주로 진통제로 사용됨.
- K-홀 (K-Hole): 고용량의 케타민 복용 시 경험하는 자신의 몸과 주변 환경으로부터 완전히 분리된 느낌.
- 약물 유도 범죄 (Drug-Facilitated Crime, DFC): 약물을 이용하여 피해자를 무력화시킨 후 저지르는 범죄 행위.

3장 1

- 신종 마약 (New Psychoactive Substances, NPS): 1961년 마약 단일조약과 1971년 향정신성 의약품 조약에 포함되지 않지만, 남용될 경우 건강에 심각한 위험을 초래할 수 있는 물질.
- UNODC (유엔마약범죄연구소): 마약 및 범죄 관련 문제에 대한 연구, 정책 개발, 기술 지원을 제공하는 유엔 산하 기관.
- 합성 대마류 (Synthetic Cannabinoids): 대마초의 활성 성분인 THC와 유사한 효과를 내도록 화학적으로 합성된 물질.
- 펜에틸아민류 (Phenethylamines): 암페타민과 유사한 구조를 가진 합성 물질로, 각성 효과와 환각 효과를 나타낼 수 있음.
- 합성 캐치논류 (Synthetic Cathinones): 카트(Khat) 식물에 함유된 캐치논과 유사한 구조를 가진 합성 물질로, 각성 효과와 환각 효과를 나타낼 수 있음.
- 펜타닐 유도체 (Fentanyl Analogues): 펜타닐과 유사한 화학 구조를 가진 합성 오피오이드로, 매우 강력한 진통 효과를 나타내지만 중독성이 강하고 과다 복용 시 치명적일 수 있음.
- 니타진류 (Nitazenes): 펜타닐보다 더 강력한 합성 오피오이드 계열 물질로, 소량으로도 치명적인 결과를 초래할 수 있음.
- 배스솔트 (Bath Salt): 목욕용 소금으로 위장하여 판매되는 신종 마약으로, 주로 합성 캐치논류 물질을 함유하고 있음.
- MDPV (Methylenedioxypyrovalerone): 강력한 각성 효과를 가진 합성 캐치논의 일종.
- α-PVP (α-pyrrolidinovalerophenone): 강력한 각성 효과를 가진 합성 캐치논의 일종.
- 좀비 마약: 강력한 환각 작용을 일으켜 극단적인 행동 변화와 심각한 정신적 영향을 미치는 신종 마약. 사용자가 극도의 폭력성을 나타내거나 자해 행위를 하는 등 비정상적인 행동을 보이게 함.

3장 2

- 합성대마 (Synthetic cannabinoids): 대마의 주 환각 성분인 테트라하이드로칸나비놀(THC)과 유사한 환각 효과를 내는 합성 화학물질.
- THC (테트라하이드로칸나비놀): 대마초에 존재하는 주 환각 성분.
- JWH 시리즈: 존 윌리엄 허프만 교수가 개발한 합성대마 화합물 시리즈.
- AM 시리즈: Alexandros Makriyannis 교수가 개발한 합성대마 화합물 시리즈.
- HU 시리즈: 라파엘 메쿨람 교수가 이끄는 연구 그룹이 개발한 합성대마 화합물 시리즈.
- K2, Spice: 합성대마를 지칭하는 대표적인 이름.

3장 3

- 펜에틸아민 (Phenethylamine): 페닐기와 에틸아민기가 결합된 기본적인 화학 구조를 가진 화합물. 많은 신경전달물질과 약물의 기본 골격으로 사용된다.
- MDMA (3,4-메틸렌디옥시메탐페타민): 엑스터시라고도 알려진 합성 페네틸아민류로, 행복감과 친밀감을 증가시키는 효과가 있지만, 남용 위험성이 높다.
- 2C 시리즈: 벤젠 고리에 두 개의 메톡시(-OCH₃) 그룹이 2번과 5번 탄소에 결합된 구조를 가진 페네틸아민 유도체. 환각 효과를 나타내는 다양한 종류의 화합물이 존재한다.
- D 시리즈: 페네틸아민의 1,4-디헥소펜에틸아민(D-DOP) 기반으로 한 페네틸아민 유도체. 강력한 환각 효과를 가지며 독성이 강한 물질도 포함한다.
- PiHKAL (Phenethylamines I Have Known And Loved): 알렉산더 슐긴 박사가 저술한 책으로, 페네틸아민 화합물의 합성 방법과 약리활성에 대한 상세한 정보를 담고 있다.
- 신경전달물질 (Neurotransmitter): 신경 세포 사이에서 신호를 전달하는 화학 물질.
- 중추신경계 (Central Nervous System): 뇌와 척수로 구성된 신경계의 핵심 부분으로, 신체의 모든 기능을 조절하고 통합하는 역할을 한다.

3장 4.

- 합성 케티논 (Synthetic Cathinones): 천연 마약인 케티논의 화학 구조를 변형해 합성한 물질.
- 케티논 (Cathinone): 동부 아프리카와 중동에서 오랫동안 사용된 카트 식물에 함유된 천연 마약 성분.
- 배스 솔트 (Bath Salts): 합성 케티논이 주로 유통되는 이름 중 하나. 법망을 피하기 위해 사용된다.
- 메틸론 (Methylone): MDMA의 동족체로, 합성 케티논의 일종.
- 메페드론 (Mephedrone, 4-MMC): 메스케치논의 유사체로, 합성 케티논의 일종.
- MDPV: 피로발레론 동족체로, 강력한 흥분 효과를 가진 합성 케티논의 일종.
- 유틸론 (Eutylone, N-ethylbutylone): 합성 케티논의 일종으로, 최근 미국에서 가장 많이 압수된 종류 중 하나.
- 피로발레론 (Pyrovalerone): 합성 각성제로, 중추 신경계를 자극하는 효과가 있다.
- 동족체 (Analog): 화학 구조가 유사한 물질. 마약류에서 동족체는 법망을 피하기 위해 구조를 약간 변형한 물질을 의미하는 경우가 많다.
- β-케토 (Beta-Keto): 화학 구조에서 β-탄소 위치에 케톤 (C=O) 그룹이 있는 것을 의미한다. 케티논은 암페타민의 β-케토 동족체이다.

3장 5

- 피페라진류 (Piperazines): 피페라진 고리를 기본 구조로 하는 화합물 군. 피페라진 고리는 6원자 고리에 두 개의 질소 원자가 포함된 형태이다.
- BZP (benzylpiperazine): 암페타민과 유사한 환각 효과를 나타내는 피페라진계 신종마약.
- TFMPP (1-(3-trifluoromethylphenyl) piperazine): MDMA와 유사한 환각 효과를 나타내는 피페라진계 신종남용물질.

3장 6

- 트립타민류 (Tryptamines): 자연적으로 발생하는 신경전달물질인 세로토닌(serotonin, 5-HT)의 구조를 기반으로 한 화합물군.
- 세로토닌 (Serotonin, 5-HT): 인간의 중추신경계에서 중요한 역할을 하는 신경전달물질로, 기분, 수면, 식욕 등을 조절하는 데 관여한다.
- 사일로신 (Psilocin): 마약 버섯에 함유된 환각 성분 중 하나.
- 사일로사이빈 (Psilocybin): 마약 버섯에 함유된 환각 성분 중 하나로, 체내에서 사일로신으로 전환되어 효과를 나타낸다.
- DMT (디메틸트립타민, Dimethyltryptamine): 강력한 환각 효과를 나타내는 트립타민계 화합물.
- LSD (리세르그산 디에틸아미드, Lysergic acid diethylamide): 강력한 환각 효과를 나타내는 합성 트립타민계 화합물.
- TiHKAL (Tryptamines I have known and loved): 알렉산더 슐긴이 저술한 책으로, 트립타민류 화합물의 합성법, 효과, 경험 등을 상세하게 기록하고 있다.

3장 7

- 알킬 니트리트류 (Alkyl nitrites): 알킬기(R)가 니트리트기(-ONO)와 결합된 화학 화합물 그룹.
- 레크리에이션 용도 (Recreational use): 오락이나 즐거움을 위해 사용하는 것.
- 임시마약류 (Temporary narcotics): 마약류와 유사한 환각성 또는 의존성을 지닌 물질로서, 마약류관리법에 따라 임시로 지정하여 관리하는 물질.
- Poppers: 알킬 니트리트류를 함유한 제품을 지칭하는 일반적인 용어. 주로 작은 유리병에 담겨 판매됨.

3장 8

- 임시마약류: 신종 마약류 중 마약류로 지정되기 전, 일시적으로 규제하는 물질. 국민 건강을 보호하고 유통 및 사용을 억제하기 위해 지정된다.
- 포괄적 마약규제 법률 (Generic legislation): 유사한 화학 구조나 작용 기전을 가진 물질들을 하나의 범주로 묶어 규제하는 방식.
- 유사물질 규제 (Analog Contorl): 기존에 규제되는 마약과 유사한 효과나 작용을 보이는 물질을 분류하는 방식.

4장 1

- 대마 (大麻): 대마초를 포함하여 그 수지, 그리고 이들을 원료로 제조된 모든 제품을 아우르는 넓은 범위.
- 대마초 (大麻草): Cannabis Sativa L. 종을 지칭하며, 수지에서 추출한 성분과 화학적으로 동일한 합성물질도 포함.
- 마리화나 (Marijuana): 대마초의 잎과 꽃술 부분을 건조한 것. 일반적으로 THC 함량이 높은 것을 지칭.

- 원추화서: 중심축을 따라 꽃이 나열된 원뿔모양의 꽃차례
- 수상: 꽃이 줄기 모양의 축을 따라 빽빽하게 배열된 꽃차례
- 헴프 (Hemp): 대마 식물 중 건조 중량 기준으로 THC 함량이 0.3% 미만인 경우를 지칭하며, 섬유, 종이, 식용유 등 산업용으로 활용.
- THC (테트라하이드로칸나비놀): 대마초에서 향정신성 효과를 나타내는 주요 활성 성분.
- CBD: Cannabidiol, 대마에 함유된 칸나비노이드의 일종.
- 강모 (剛毛): 대마잎의 껍질 세포가 변형되어 빳빳하고 끝이 뾰족하게 발달한 털.
- 선모 (腺毛): 대마잎에 존재하는 털로, 수지와 정유를 함유하고 있어 대마초의 특징적인 화학성분을 포함.
- 마엽 (麻葉): 대마초의 잎을 지칭하는 전통적인 중국어 명칭.
- 마근 (麻根): 대마초의 뿌리를 지칭하는 전통적인 중국어 명칭. 주로 약용으로 활용.
- 마자인 (麻子仁): 대마초의 종자를 지칭하는 전통적인 중국어 명칭. 주로 약용으로 활용.

4장 2

- 대마 수지 (Cannabis Resin): 대마초의 꽃과 잎에서 분리된 트리코메 (작은 털)의 농축물. 해시시 (Hashish) 또는 해쉬 (Hash)라고도 불림.
- 트리코메 (Trichome): 대마초 식물, 특히 꽃 부분에 존재하는 작은 털. 칸나비노이드와 테르펜을 포함하여 대마초의 향정신성 효과와 향기를 내는 물질을 생성하는 역할.
- 칸나비노이드 (Cannabinoid): 대마초에 함유된 화학 물질의 총칭. THC와 CBD가 대표적이며, 신경계에 작용하여 다양한 효과를 나타냄.
- THC (Tetrahydrocannabinol): 대마초의 주요 향정신성 성분. 뇌의 칸나비노이드 수용체에 결합하여 환각, 도취감, 불안, 기억력 저하 등의 효과를 유발.
- 해시시 (Hashish): 대마 수지의 또 다른 이름. 대마초의 트리코메를 압축하여 만든 농축된 형태.

4장 3

- 칸나비노이드 (Cannabinoid): 대마초에서 파생된 화학 구조를 가진 화합물들의 총칭.
- $\Delta 9$-THC (델타-9-테트라하이드로칸나비놀): 대마초의 주요 향정신성 활성 성분.
- 칸나비놀 (CBN): THC가 산화되면서 자연적으로 형성되는 칸나비노이드로, 약한 향정신성 효과와 수면 유도 효과를 가짐.
- 칸나비디올 (CBD): 대마초에서 발견되는 주요 화합물로, 향정신성 효과가 없으며, 항염증, 항불안, 항경련 작용 등의 효과를 가짐.
- 이성질체 (Isomer): 분자식은 같지만 화학 구조가 다른 화합물.

4장 4

- 액상 대마: 대마의 활성 성분인 THC를 액체 형태로 추출하거나 합성하여 만든 물질.

- 대마 카트리지: 전자담배 기기에 사용되는 특수한 부속품으로, 액상 상태의 대마를 담는 용기.
- 증기화 흡입 (Vaping): 전자담배를 사용하여 액상 대마를 기체화시켜 흡입하는 방법.

4장 5

- 헴프 (Hemp): THC 함량이 낮은 대마 품종으로, 산업적 목적으로 재배됨.
- 의료용 대마: 의학적 목적으로 사용되는 대마 또는 대마 성분 의약품.
- 기호용 대마: 오락 또는 기분 전환 목적으로 사용되는 대마.
- 칸나비노이드: 대마에 함유된 화학 물질의 총칭. THC, CBD 등이 대표적임.
- WHO (세계보건기구): 국제 연합의 전문 기구로서, 국제 보건 사업을 수행함.

사진 출처

30쪽 양귀비 꽃: https://pixabay.com/ko/users/didgeman-153208/?utm_source=link-attribution&utm_medium=referral&utm_campaign=image&utm_content=4246241

31쪽 아편수확: Harvesting opium (Public Domain, https://commons.wikimedia.orgwindex.phpcurid=2699338).jpg

33쪽 아편: Opium (By DMTrott - Own work. Originally published in The Honest Drug Book [ISBN 978-0995593602]., CC BY-SA 4.0, httpscommons.wikimedia.orgwindex.phpcurid=72036871).jpg

34쪽 양귀비 씨: 개인소장 사진

양귀비 짚 과 씨: By Avriette at the English-language Wikipedia, CC BY-SA 3.0, https://commons.wikimedia.org/w/index.php?curid=25326888

37쪽 모르핀 구조: By NEUROtiker - Own work, Public Domain, https://commons.wikimedia.org/w/index.php?curid=1753219

39쪽 피하주사기:By William Rafti of the William Rafti Institute - Transferred from en.wikipedia to Commons by PanaromicTiger., Attribution, https://commons.wikimedia.org/w/index.php?curid=6709116

43쪽 코데인 구조: By NEUROtiker - Own work, Public Domain, https://commons.wikimedia.org/w/index.php?curid=1753216

44쪽 코데인 시럽: By Stickpen - Own work, Public Domain, https://commons.wikimedia.org/w/index.php?curid=12131197

49쪽 헤로인 : By Mpv_51 at English Wikipedia - Transferred from English Wikipedia, Public Domain, https://commons.wikimedia.org/w/index.php?curid=546164

50쪽 MART PRODUCTION님의 사진: https://www.pexels.com/ko-kr/photo/7231469/

50쪽 백색헤로인, 갈색헤로인: 개인 소장 사진

57쪽 펜타닐 치사량: By United States Drug Enforcement Administration (DEA). - One Pill Can Kill. US Drug Enforcement Administration (DEA).   Public Domain, https://commons.wikimedia.org/w/index.php?curid=138685543

58쪽 펜타닐 분말 : By DEA - DEA Microgram Bulletin, June 2006 (archived copy) 〉, Public Domain, https://commons.wikimedia.org/w/index.php?curid=5693522

62쪽 펜타닐 패치: JTBC 방송 내용 사진

68쪽 MART PRODUCTION님의 사진: https://www.pexels.com/ko-kr/photo/7230392/

68쪽 코카인 잎 : 개인소장 사진

70쪽 Unsplash의 Colin Davis

76쪽 By The U.S. Food and Drug Administration - Publicizing Dangers of Crack Cocaine (078), Pub-

275

81쪽   lic Domain, https://commons.wikimedia.org/w/index.php?curid=33628165

81쪽   By Argv0 - Own work, CC BY-SA 4.0, https://commons.wikimedia.org/w/index.php?curid=44743583

83쪽   Unsplash의 Andy T

89쪽   필로폰결정체 : 개인소장 사진

91쪽   다양한 메트암페타민 압수품: 개인소장

102쪽   소변시료: 개인 사진

102쪽   마약검사소변: 개인 사진

105쪽   모발에서 마약 검출원리: AI에 의한 그림

109쪽   LSD 구조: https://pixabay.com/ko/illustrations/%ED%99%94%ED%95%99-%EA%B5%AC%EC%A1%B0%EC%8B%9D-2991157/ 및 AI활용

110쪽   달 모양의 LSD흡착종이, 4등분되어 있는 달모양 후면 사진: 개인 사진

110쪽   LSD가 묻어 있는 캔디: 개인사진

115쪽   MDMA 제형 DEA public domain

124쪽   GHB 구조; By NEUROtiker - Own work, Public Domain, https://commons.wikimedia.org/w/index.php?curid=1672648

128쪽   GHB powder: United States Department of Justice - Source: USDOJ Transferred from en.wikipedia to Commons by Ronhjones., Public Domain

130쪽   GBL 구조: By Harbin - Own work, Public Domain, https://commons.wikimedia.org/w/index.php?curid=3558934

130쪽   GBL http://www.usdoj.gov/dea/programs/forensicsci/microgram/mg0504/ mgo504.htm!

135쪽   프로포폴 구조: By Harbin - Own work, Public Domain, https://commons.wikimedia.org/w/index.php?curid=5710636

135쪽   프로포폴 제제: By Erich gasboy at English Wikipedia - Transferred from en.wikipedia to Commons., Public Domain, https://commons.wikimedia.org/w/index.php?curid=3579847

144쪽   벤조디아제핀계 구조: By NEUROtiker - Own work, Public Domain, https://commons.wikimedia.org/w/index.php?curid=1967515

146쪽   플루니트라제팜 (로히프놀): By Jermund9 - Own work, CC BY-SA 4.0, https://commons.wikimedia.org/w/index.php?curid=38768145

149쪽   알프라졸람 (자낙스) : By Editor182 (talk) - I (Editor182 (talk)), Public Domain, https://commons.wikimedia.org/w/index.php?curid=18261464ㄹ

149쪽   로라제팜 (아티반): By Nsaum75 - Own work, CC BY-SA 3.0, https://commons.wikimedia.org/w/index.php?curid=5956395

155쪽   페요트 선인장: Public Domain, https://commons.wikimedia.org/w/index.php?curid=500120

157쪽   환각버섯 : By Arp - This image is Image Number 6514 at Mushroom Observer, a source for mycological images., CC BY-SA 3.0, https://commons.wikimedia.org/w/index.php?curid=12066335

160쪽 카트 잎: By User:Katpatuka - With kind permission of / Mit freundlicher Erlaubnis vom Botanischen Garten Ruhr-Universität Bochum, Public Domain, https://commons.wikimedia.org/w/index.php?curid=506551

163쪽 크라톰 잎: By Manuel Jebauer - Own work, CC BY-SA 3.0, https://commons.wikimedia.org/w/index.php?curid=14480649

166쪽 바르비탈산 유도체의 핵심 구조: By Manuel Almagro Rivas - Own work, Public Domain, https://commons.wikimedia.org/w/index.php?curid=47183119

168쪽 펜토바르비탈 (넴부탈) 캅셀: By Fuzzform - From the Department of Justice website.[1], Public Domain, https://commons.wikimedia.org/w/index.php?curid=9076414

170쪽 페노바르비탈 구조 : By Fuse809 at English Wikipedia, CC BY-SA 3.0, https://commons.wikimedia.org/w/index.php?curid=30038433

172쪽 세코바르비타(세코날) 캅셀: By US gov - US gov, Public Domain, https://commons.wikimedia.org/w/index.php?curid=9076438

173쪽 마릴린 몬로 사망 기사: By New York Daily Mirror - source (after en-wiki), Public Domain, https://commons.wikimedia.org/w/index.php?curid=47505180

180쪽 펜플루라민 구조 : By Brenton (talk) - Own work, Public Domain, https://commons.wikimedia.org/w/index.php?curid=34065122

181쪽 다양한 펜터민 제제: Public Domain, https://commons.wikimedia.org/w/index.php?curid=2516475

182쪽 펜디메트라진 제제: By Taken from the U.S. Department of Justice Public Domain, https://commons.wikimedia.org/w/index.php?curid=9076421

182쪽 마진돌 구조: By Fuzzform - Own work, CC BY-SA 3.0, https://commons.wikimedia.org/w/index.php?curid=4795059

183쪽 로카세린 구조: By Radio89 - Own work, Public Domain, https://commons.wikimedia.org/w/index.php?curid=21387572

186쪽 지페프롤 구조: By Edgar181 - Own work, Public Domain, https://commons.wikimedia.org/w/index.php?curid=2428768

186쪽 지페프롤 제제 : 개인 사진

188쪽 덱스트로메토르판 구조: By Fvasconcellos - Own work, Public Domain, https://commons.wikimedia.org/w/index.php?curid=4306944

188쪽 덱스트로메토르판 제제: 개인사진

215쪽 유통되는 JWH-018 제제: By Psychonaught - Own work, Public Domain, https://commons.wikimedia.org/w/index.php?curid=8394107

218쪽 펜에틸아민 구조: By Fuse809 - Own work, Public Domain, https://commons.wikimedia.org/w/index.php?curid=33021458

222쪽 MDPV 구조: By Harbin - Own work, Public Domain, https://commons.wikimedia.org/w/index.php?curid=2896895

226쪽 피페라진 구조: AI 활용
228쪽 트립타민 구조: By Own work – File:Tryptamine structure.png, GPLv3, https://commons.wikimedia.org/w/index.php?curid=22460335
230쪽 유통되는 poppers 제제: By Taken from the Home Office website, Public Domain, https://commons.wikimedia.org/w/index.php?curid=2211152
240쪽 대마씨앗: https://pixabay.com/ko/users/primeshot-11070977/?utm_source=link-attribution&utm_medium=referral&utm_campaign=image&utm_content=6517690
241쪽 작은 털이 붙어 붙어 있는 꽃부분 : https://commons.wikimedia.org/w/index.php?curid=13622545
242쪽 유통과정의 대마수지 일부 : 개인 사진
247쪽 대마 카트리지: By New York State Department of Health – NYSDOH Announces Update on Investigation into Vaping-Associated Pulmonary Illnesses, CC BY 2.0, https://commons.wikimedia.org/w/index.php?curid=81959934